AF266759

L'ÉCOLE MENAISIENNE

AMENNAIS

D

SAINTETÉ

D'AIX ET DE MARSEILLE

ition

PARIS

LIBRAIRIE PLON

PLON, NOURRIT ET Cie, IMPRIMEURS-ÉDITEURS

RUE GARANCIÈRE, 10

1887

Tous droits réservés

LAMENNAIS

L'ÉCOLE MENAISIENNE

LAMENNAIS

PAR

Mᵍʳ RICARD

PRÉLAT DE LA MAISON DE SA SAINTETÉ

PROFESSEUR HONORAIRE AUX FACULTÉS D'AIX ET DE MARSEILLE

Quatrième Édition

PARIS

LIBRAIRIE PLON

E. PLON, NOURRIT ET Cⁱᵉ, IMPRIMEURS-ÉDITEURS

RUE GARANCIÈRE, 10

1887

DU MÊME AUTEUR

L'ÉCOLE MENAISIENNE.

I. LAMENNAIS (4ᵉ *édition*).
II. GERBET, SALINIS et ROHRBACHER (3ᵉ *édition*).
III. LACORDAIRE.
IV. MONTALEMBERT.

En préparation :

VIE DE MGR DE LA BOUILLERIE, évêque de Carcassonne, archevêque coadjuteur de Bordeaux, 1 fort volume in-8º.

PARIS. TYPOGRAPHIE DE E. PLON, NOURRIT ET Cⁱᵉ, RUE GARANCIÈRE, 8.

LAMENNAIS

PAR

Mgr RICARD

PRÉLAT DE LA MAISON DE SA SAINTETÉ
PROFESSEUR HONORAIRE DES FACULTÉS D'AIX ET DE MARSEILLE

Quatrième Édition

PARIS

LIBRAIRIE PLON

E. PLON, NOURRIT et Cⁱᵉ, IMPRIMEURS-ÉDITEURS

RUE GARANCIÈRE, 10

1887
Tous droits réservés

PRÉFACE

DE LA DEUXIÈME ÉDITION.

La nouvelle édition de cet ouvrage diffère notablement de sa devancière. Je dois à mes lecteurs l'explication de cette différence.

Lorsque j'imprimai, à Marseille, les leçons que je venais de consacrer au chef de l'École Menaisienne, j'étais loin d'espérer que cette publication, uniquement entreprise pour répondre aux indulgentes sollicitations de mes auditeurs à la Faculté, dépasserait ainsi la région et trouverait un pareil accueil sur les points les plus divers.

Bon nombre d'évêques se sont occupés de mon volume et m'ont fait parvenir, la plupart spontanément, des appréciations qu'il ne me conviendrait peut-être pas de reproduire. Du moins, il me sera permis de dire que j'ai trouvé dans la bienveillance de mes chefs en Israël un encouragement auquel j'obéis en réimprimant cet ouvrage.

a

La presse de toutes nuances s'est aussi occupée de cette étude avec un empressement que je dois, — il n'y a aucun mérite à le reconnaître, — à l'importance du sujet que je traite et non point à la manière dont il est traité : je ne puis me dissimuler combien celle-ci demeure insuffisante.

Enfin, plusieurs anciens disciples de la Chesnaie se sont mis obligeamment à mon service pour rectifier et compléter ce que j'avais dit de leur illustre maître.

On remarquera vite que ces divers éléments d'informations ont été largement mis à profit pour refondre et corriger cette édition nouvelle. Puisse-t-elle, en prouvant la sincérité du biographe, répondre à tous les desiderata que la précédente avait soulevés! J'ai voulu dire la vérité, sans passion comme sans faiblesse, et j'ai considéré comme un devoir de mettre en lumière l'influence du fondateur de cette École, qu'il faut connaître et étudier de très-près, sous peine de se heurter à une énigme, quand on veut ensuite se rendre compte du mouvement des idées dans le camp catholique depuis un demi-siècle. On s'en convaincra, j'espère, en lisant ces pages; et, à défaut des autres mérites que je n'ai pas su leur donner, on y reconnaîtra la sincérité *de l'auteur. Je les avais écrites sans parti pris : je les réédite sans esprit de système et sans vaine complaisance en ma manière d'apprécier ces difficiles questions. A mon sens, prétendre imposer ses opinions est d'un sot; les exposer et les discuter loyalement est d'un sage.*

POST-SCRIPTUM

DE LA QUATRIÈME ÉDITION.

A ce qui précède, je n'ai qu'un mot à ajouter, en publiant, pour la quatrième fois, cet ouvrage auquel l'indulgence du public a fait une fortune qui a dépassé toutes mes plus ambitieuses espérances.

J'utilise, dans cette réimpression, toutes les critiques, bienveillantes ou non, que l'on a bien voulu m'adresser. Si, sur quelques autres points, je n'ai pas cru pouvoir y faire droit, daignent mes contradicteurs ne pas le trouver trop mauvais, eu égard à la docilité de mes nombreux amendements.

Puis, sur le conseil d'amis autorisés, je crois devoir y ajouter les appréciations dont plusieurs prélats éminents ont daigné honorer l'ensemble et les divers éléments de ces modestes études sur une École qui, au jugement du vénérable cardinal archevêque de Paris, méritait d'avoir un historien [1].

[1] Nous devons aussi l'expression de notre profonde reconnaissance à MM. le marquis de Ségur, Gabriel de Belcastel, Émile Ollivier, A. de Pontmartin, etc., etc., qui ont bien voulu honorer l'auteur et l'œuvre de témoignages auxquels j'attribue la plus grande et à coup sûr la meilleure part de la faveur du public.

Marseille, ce 21 novembre 1886.

LETTRES ET APPRÉCIATIONS ÉPISCOPALES

Lettres de Son Éminence le cardinal Donnet,
ARCHEVÊQUE DE BORDEAUX.

Bordeaux, le 25 novembre 1882.

MON TRÈS-CHER CHANOINE,

Peu de biographies peuvent offrir autant d'intérêt que la *Vie de Mgr Gerbet,* mais j'ajoute que peu de biographes étaient capables de faire ressortir aussi bien les traits de sa belle et douce figure. Difficilement, on trouverait sujet mieux achevé. La brièveté de votre livre est son seul défaut. Cette critique trahit la joie que m'a procurée sa lecture.

Tout le monde saura apprécier le service que vous rendez en exposant à nos regards les grandes physionomies de l'histoire contemporaine. L'oubli, fils de l'ingratitude, est une des fautes les plus ordinaires de notre temps. Vous rappelez à notre souvenir les faits dont nous avons été le témoin et l'admirateur, et vous donnez en exemple à la génération présente les hommes qui ont si noblement servi la cause immortelle de l'Église, apprenant à tous, par le récit de la chute retentissante de celui qui pouvait être le bon génie du dix-neuvième siècle, à se maintenir dans l'obéissance au chef auguste qui la gouverne dans la vérité et dans la charité.

C'est plus qu'un homme en effet que vous avez voulu peindre dans votre ouvrage, c'est votre temps. Vous avez eu raison d'élargir votre cadre : un grand homme, en effet, n'est-il pas l'expression de la société au sein de laquelle Dieu l'a fait vivre?

Dans la rapidité de votre récit, vous faites passer sous nos yeux les principaux personnages de notre époque. Nous voyons revivre l'abbé Astier, ce professeur original de l'Académie de Besançon, que le futur évêque de Nîmes appelait « un des « hommes les plus singuliers et les plus habiles de son temps ». Vous faites apparaître Jouffroy, cette Victime du Doute, dont les tortures morales sont célèbres, et qui prétendait renverser la foi du séminariste Gerbet, en lui objectant le zodiaque de Denderah. Sous votre plume renaissent Mgr Doney, ce défenseur si persévérant des vraies doctrines de l'Église romaine ; Mgr de Salinis, dont l'union avec M. Gerbet rappelle l'attachement de David et de Jonathas : Gerbet et Salinis, deux illustres amis qui, se complétant l'un par l'autre, prirent un ascendant considérable sur la jeunesse française.

Voici Lamennais, ce lutteur qui avait séduit le contemplatif et doux abbé Gerbet et l'avait entraîné à la Chesnaie, pour y fonder une espèce d'Ordre religieux, mi-parti bénédictin, mi-parti séculier. Lacordaire, Montalembert, l'abbé Migne, Albert de la Ferronnays, M. de Ratisbonne, dont vous racontez la conversion, revivent dans les pages de votre livre, écrit avec un style simple et élégant tout à la fois. Quel intérêt dans le récit des faits que vous nous exposez! Y a-t-il éloge mieux senti et mieux exprimé que celui que vous faites des Sulpiciens? Votre amour de l'étude se retrouve dans les pages où vous célébrez le régime des séminaires et la solidité des amitiés qui s'y forment. On assiste avec vous à la fondation de l'*Avenir* et du *Mémorial catholique,* dont l'abbé Gerbet fit la fortune. On prend part aux luttes de votre héros contre le rationalisme et le gallicanisme. On pleure avec lui la chute du grand révolté.

Elles sont délicieuses, vos pages consacrées à Juilly. Vous avez rappelé que j'avais voulu attacher Mgr Gerbet à la Faculté de théologie de ma ville archiépiscopale ; vous renouvelez par là mes regrets de n'avoir pu réussir. Si vous avez su dépeindre notre grand évêque de Perpignan comme philosophe, comme poëte, vous avez su le montrer admirable dans son épiscopat.

Je vous remercie de nous avoir peint le cœur aimable, la nature fine et délicate, l'esprit rempli de pénétration de votre héros, que Sainte-Beuve appelait « l'un des hommes les plus « savants, les plus distingués et les plus vraiment aimables « que puisse citer l'Église de France ».

Si Sainte-Beuve, mon cher chanoine, eût connu vos pages si bien inspirées, il vous eût décerné les mêmes éloges, et je vous les décerne à sa place.

Agréez, mon très-cher chanoine, l'assurance de mes meilleurs sentiments.

    † FERDINAND, Card. DONNET, *Archev. de Bordeaux.*

Bordeaux, le 22 novembre 1882.

MON BIEN CHER CHANOINE,

Dans votre lettre du 4 novembre, accompagnant la biographie de NN. SS. Gerbet et Salinis, vous vous félicitez de ce que je vous ai donné une preuve que la mort de Sa Grandeur Mgr de la Bouillerie n'a point diminué la bienveillance qu'Elle avait su m'inspirer pour vous. Certes, sa seule recommandation était pour moi un titre sûr, mais vous en avez d'autres et auxquels on ne saurait résister : votre piété, votre talent et votre ardeur infatigable pour le travail. *Lamennais, Gerbet et Salinis, Lacordaire,* et tout récemment encore notre si regretté Coadjuteur, n'accusent-ils pas en vous une fécondité inépuisable d'esprit et de cœur, et un louable emploi des instants que vous laissent vos fonctions à la Faculté théologique d'Aix?

Quant au volume que vous m'avez envoyé en hommage, et qui est intitulé *Gerbet et Salinis,* je vous félicite d'avoir ainsi uni ces deux hommes éminents que Dieu avait créés pour ne faire qu'un cœur et qu'une âme.

Il y avait là un écueil sérieux, celui de vous répéter, pour ainsi dire, à chaque page. Cet écueil, vous l'avez évité, et vos deux héros, vivant de la même vie du cœur, conservent cependant leur physionomie particulière, physionomie ravissante qui inspire la plus haute estime et pour leurs vertus et pour leur magnifique talent.

Je vous remercie également d'avoir rappelé, avec une délicatesse exquise, ce que j'ai fait pour l'abbé de Salinis dans une circonstance vraiment critique. C'est, en effet, un de mes plus doux souvenirs que celui d'avoir deviné les services que ce grand cœur pouvait rendre à l'Église en général, et à l'église de Bordeaux en particulier.

Recevez donc, mon très-cher chanoine, et mes félicitations et mon approbation d'ailleurs si bien méritée.

† FERDINAND, Card. DONNET, Archev. de Bordeaux.

Lettres de Son Éminence le cardinal Guibert,
ARCHEVÊQUE DE PARIS.

Paris, le 27 avril 1882.

MON CHER PROFESSEUR,

J'ai reçu votre dernière étude sur Lacordaire; je vous en remercie, et vous assure que je la lirai avec plaisir et avec fruit, comme les deux premières sur Lamennais et Mgr Gerbet. J'ai déjà lu quelques chapitres de l'écrit sur Lacordaire. Mais je suis tellement absorbé par les affaires et les préoccupations du moment, que ce n'est que dans les entr'actes que je puis saisir quelques instants pour reposer mon esprit dans cette lecture. J'en suis très-satisfait...

Je vous renouvelle, mon cher professeur, l'assurance de mes sentiments affectueux et dévoués.

† J. HIPP., Card. GUIBERT, Arch. de Paris.

Paris, le 5 novembre 1882.

MON CHER ABBÉ,

J'avais déjà reçu le *Lamennais* corrigé et amplifié, et je viens de recevoir *Gerbet et Salinis,* qui a subi la même opération. Vous faites bien de modifier ainsi le langage du professeur, toujours un peu animé, et de le ramener à la simplicité de la narration historique. Cette étude sur l'École Menaisienne est intéressante et sera lue avec plaisir par ceux qui viendront après nous...

Je vous renouvelle, mon cher abbé, mes sincères remercîments pour l'envoi de vos livres et l'expression de mes sentiments affectueux.

† J. HIPP., Card. GUIBERT, Arch. de Paris[1].

Lettre de Mgr Forcade, archevêque d'Aix.

Aix, 6 novembre 1882.

CHER MONSIEUR,

Je vous remercie sincèrement de votre gracieux envoi. Ce sera avec un vif intérêt que je lirai votre étude sur deux évêques qui méritent, à tous les titres, d'être comptés parmi les plus grands de ce siècle...

Agréez, cher Monsieur, l'expression de mes sentiments bien dévoués en Notre-Seigneur.

† AUGUSTIN, Arch. d'Aix.

[1] L'auteur a reçu de l'Éminentissime Cardinal deux autres lettres non moins bienveillantes, qui ont trouvé leur place naturelle dans le corps même de l'ouvrage.

a.

Lettre de Mgr de Langalerie, archevêque d'Auch.

Condom (en tournée), 7 novembre 1882.

CHER MONSIEUR L'ABBÉ,

.....Je ne veux pas tarder d'un jour à vous remercier d'un livre qui, écrit avec votre plume et votre cœur, fera de plus en plus connaître notre vénérable ami commun, Mgr de Salinis.

Mes sentiments bien affectueux et bien dévoués en Notre-Seigneur.

† PIERRE-HENRY, *Arch. d'Auch.*

Lettres de Mgr Ramadié, archevêque d'Albi.

Albi, le 31 octobre 1881.

MONSIEUR LE CHANOINE,

Ce n'est pas, tant s'en faut, à mes excuses que vous avez droit, mais à ma sincère reconnaissance.

Votre livre sur Mgr Gerbet, si digne de vos éloges, m'impose cette dette. Ce grand évêque a rendu de grands services à l'Église, et il a donné au diocèse de Perpignan et à son siége surtout une illustration dont j'ai bénéficié en lui succédant. Merci donc pour votre beau travail; on vous lira avec bonheur, non-seulement à Perpignan, mais partout où Mgr Gerbet a laissé des souvenirs ineffaçables. Merci donc d'avoir bien voulu donner longue vie, en leur donnant place dans votre livre, aux quelques lignes d'admiration bien légitime que j'ai écrites sur ce parfait prélat. Je n'ai fait, au reste, en les écrivant, que traduire faiblement le sentiment public.

Recevez, Monsieur le chanoine, l'expression de mes meilleurs et de mes reconnaissants sentiments.

† ET. EM., *Arch. d'Albi.*

Albi, le 24 avril 1882.

MONSIEUR LE CHANOINE,

Parmi tant d'excellents écrits sur Lacordaire, le remarquable livre que vous venez de publier sur cette grande figure occupe un rang distingué. Je n'hésite pas, si j'en juge par l'impression profonde qu'il m'a faite, à le placer dans les premiers rangs.

Vos pages élevées communiquent les sentiments élevés qu'elles révèlent; elles ont la vertu d'imprimer de douces et salutaires émotions; par leur couleur splendide, elles font revivre votre héros.

A mon avis, ce travail très-sérieux est un service rendu à l'Église et à la France. Laissez-moi vous en remercier.

Recevez, Monsieur le chanoine, l'assurance de mon religieux dévouement en Notre-Seigneur.

† ET. EM., *Arch. d'Albi.*

Albi, le 6 novembre 1882.

CHER MONSEIGNEUR,

J'admire l'emploi que vous faites de vos loisirs. Dieu vous a doué d'activité et d'intelligence; vous en faites un usage bien utile, en faisant connaître des hommes qui ont rendu de grands services à l'Église et qui, à mon humble avis, lui auraient été plus utiles encore, s'ils n'avaient pas appartenu à une École qui a fait du mal, en voulant faire beaucoup de bien. Vous écrivez, vous, Monseigneur, de façon à effacer ce mal, et à maintenir ce bien. Je vous en remercie. Que Dieu vous en récompense...

Recevez, cher Monseigneur, l'assurance de mon affectueux dévouement en Notre-Seigneur.

† ET. EM., *Arch. d'Albi.*

Lettre de Mgr Guilbert, archevêque de Bordeaux.

Amiens, le **26** décembre 1881.

Monsieur l'abbé,

Je viens vous remercier de votre bonne lettre et de votre volume *Lamennais et son école,* que vous avez eu la bonté de m'adresser. Votre travail, que j'ai lu, m'a beaucoup intéressé. J'y ai trouvé vos appréciations justes et pleines de tact et de délicatesse.

Seulement je me rappelle avoir lu, il y a quelques années, dans le journal *le Moniteur,* une triste correspondance entre Sainte-Beuve, je crois, et le pauvre abbé de Lamennais, qui n'était pas à l'avantage de ce dernier et m'a convaincu qu'il était entré dans le sacerdoce sans vocation, ce qui ne m'empêche pas de croire, comme vous, qu'il a été d'une piété sincère à une époque de sa vie, et de regretter la guerre qui lui fut faite et fut, pour lui et son orgueil, une épreuve trop forte. Je souhaite et veux toujours espérer que la miséricorde de Dieu ne l'a pas abandonné à ses derniers moments.

Veuillez, Monsieur l'abbé, agréer, avec mes remerciments, l'assurance de mes sentiments respectueux et dévoués.

† A. V. F., *Év. d'Amiens.*

Lettres de Mgr Mermillod, év. de Lausanne et Genève.

Monthoux, 27 juillet 1882.

Cher Monseigneur,

.....J'arrive de Rome, où j'ai passé sept mois... J'ai appris du cardinal archevêque de Paris que vous avez publié plusieurs études sur Lamennais, Mgr Gerbet, le P. Lacordaire, etc. Voudriez-vous m'adresser ces volumes au plus tôt?...

Priez pour l'évêque exilé qui vous envoie ses hommages, ses félicitations et ses bénédictions.

     † Gaspard MERMILLOD, *Évêque d'Hébron, V. A. de Genève.*

                    Monthoux, 5 novembre 1882.

CHER MONSEIGNEUR,

Je reçois votre nouveau travail, et je vous en remercie... J'admire votre fécondité et votre talent à faire revivre ces grandes figures catholiques. Je me promets de le relire à loisir, y puisant des inspirations de foi et y goûtant un grand charme littéraire.

Merci encore. Priez pour moi et croyez-moi votre respectueux en Notre-Seigneur

     † GASPARD, *Évêque d'Hébron, V. A. de Genève.*

Lettre de Mgr Caraguel, évêque de Perpignan.

                  Perpignan, le 30 septembre 1884.

MONSIEUR L'ABBÉ,

J'ai reçu avec un vrai plaisir votre travail sur Mgr Gerbet, un de mes illustres prédécesseurs sur le siége de Perpignan... C'est de tout cœur que je vous bénis, que je vous remercie et que je vous prie d'agréer l'assurance de mon parfait dévouement en Notre-Seigneur.

     † ÉMILE, *Évêque de Perpignan.*

Lettre de Mgr de Cabrières, évêque de Montpellier.

Montpellier, le samedi saint 1882.

MONSIEUR LE CHANOINE,

Je vous suis très-reconnaissant d'avoir bien voulu me ménager la joie de lire votre beau travail sur la vie du T. R. Père Lacordaire. Je suis de ceux qui, par rapport à ce grand homme, diraient volontiers : *De illo nunquam satis!* Cette pure et noble physionomie est si attachante! Elle est si pénétrée des plus sublimes rayons du génie et de la foi!

Aussi, trouverai-je dans la lecture de votre intéressante étude sur ce grand caractère plus de satisfaction et de profit encore que dans celle, si utile et si agréable pourtant, de vos leçons sur Lamennais et sur Mgr Gerbet!

J'ai mis le mot *d'agréable,* parce qu'il traduisait une des impressions que j'avais ressenties. Mais, hélas! comment rendre ce qu'il y a d'amer à sonder les mystères de l'âme de Lamennais! Enfin, vous avez parlé de lui avec un douloureux attendrissement, et vous avez bien fait.

Merci encore, et croyez-moi, Monsieur le chanoine, votre dévoué et respectueux serviteur en Notre-Seigneur.

† FR. MARIE-ANATOLE, *Év. de Montpellier.*

Lettre de Mgr Besson, évêque de Nîmes.

Nîmes, le 6 novembre 1882.

MON CHER AMI,

.....Mille remercîments pour votre *Gerbet et Salinis.* Les nombreuses citations que vous faites de mes livres me sont fort agréables. Vérifiez toutefois si, dans la Vie du cardinal Mathieu, j'ai dit *les traités de Dumarsais,* et non *les tropes de Dumarsais.* Quand vous ferez une nouvelle édition, vous mettrez *tropes* au lieu de *traités,* et mieux encore *le traité des tropes* par Dumarsais. Voilà toute ma critique.

Mille choses bien affectueuses.

† LOUIS, *Év. de Nîmes.*

Lettres de Mgr Ardin, évêque de la Rochelle.

Oran, le 14 novembre 1881.

MONSIEUR LE CHANOINE,

.....J'ai voulu terminer la lecture de votre délicieuse étude sur Mgr Gerbet, avant de répondre à votre aimable lettre. Cet ouvrage m'a d'autant plus intéressé qu'il est écrit dans un style attrayant et qu'il me rappelle des noms qui me sont chers, parce qu'ils ont été la gloire de la Comté, mon pays natal.

Je vous remercie de tout cœur de me l'avoir envoyé et vous prie d'agréer, Monsieur le chanoine, l'assurance de mes meilleurs sentiments.

† ÉTIENNE, *Ev. d'Oran.*

Oran, le 11 novembre 1882.

MONSEIGNEUR,

Je vous suis très-reconnaissant des deux derniers ouvrages que vous avez bien voulu m'envoyer.

Vous avez déposé sur la tombe du si regretté Mgr de la Bouillerie une charmante fleur : celle de votre constante amitié pour lui. Votre cœur déborde dans ces pages si belles, qui rappellent les œuvres fécondes du grand évêque.

Je n'ai pas lu avec moins d'intérêt le rapprochement si juste que vous avez eu l'heureuse pensée d'établir dans la vie de deux autres grands pontifes, qui ont été la gloire de l'Église de France.

Veuillez agréer, Monseigneur, avec mes remercîments, l'assurance de mes sentiments respectueux et dévoués.

† ÉTIENNE, *Év. d'Oran.*

Lettres de Mgr Billard, évêque de Carcassonne.

Carcassonne, le 6 novembre 1881.

Monsieur le chanoine,

.....Avant de vous remercier, j'ai tenu à lire votre étude sur Mgr Gerbet. Si ravissant est le portrait que vous tracez de cette belle âme que, sans avoir l'honneur de vous connaître, je ne crains pas d'affirmer que *vous êtes de sa famille.* Aussi, si le diocèse de Carcassonne est fier de vous compter parmi ses chanoines, le nouvel évêque sera heureux de continuer les traditions de ses vénérés prédécesseurs...

Veuillez agréer, Monsieur le chanoine, l'assurance de mes sentiments les plus respectueux et les plus dévoués en Notre-Seigneur.

† FÉLIX-ARSÈNE, *Év. de Carcassonne.*

Nébias, le 11 mai 1882.

Monsieur le chanoine,

Je viens de lire l'étude sur le Père Lacordaire, que vous avez bien voulu m'envoyer. En vous remerciant de votre hommage, je suis heureux de vous féliciter d'avoir si bien mis en lumière la mission de celui que vous appelez à juste titre le Bossuet du dix-neuvième siècle. Vos aperçus pleins d'intérêt le font admirer et aimer davantage, si cela est possible. Vous avez surtout fait excellemment ressortir, à côté de la force de son génie, la grandeur de son caractère, « cette chose qu'il faut savoir sauver avant tout », disait-il lui-même. Hélas! comme ce caractère souffrirait, à l'heure présente, de voir bafouer et proscrire tout ce qu'il a défendu et aimé!...

Veuillez agréer, Monsieur le chanoine, l'assurance de mes sentiments respectueux et dévoués.

† FÉLIX-ARSÈNE, *Év. de Carcassonne.*

Lettres de Mgr Turinaz, évêque de Nancy et Toul.

Moutiers, le 15 avril 1882.

MONSIEUR LE CHANOINE,

Je suis trop occupé en ce moment pour avoir la liberté de vous écrire comme je le désirerais. Je tiens cependant à vous exprimer mes félicitations, mes souhaits et mes remercîments pour l'ouvrage que vous avez eu la bonté de m'envoyer. Je n'ai pu encore en parcourir que quelques pages; mais j'ai reconnu un vrai talent et cette hauteur d'âme qui sait rendre justice aux grands serviteurs de l'Église et les justifie d'attaques passionnées et iniques.

Recevez, Monsieur le chanoine, l'assurance de mes sentiments affectueux.

† CH. F., *Év. de Nancy.*

Nancy, le 3 avril 1884.

MONSEIGNEUR,

Je vous offre mes très-sincères et très-chaleureuses félicitations. Votre beau travail sur Montalembert est un éloquent et précieux hommage rendu à une noble vie, à un illustre défenseur de l'Église et de la France catholique.

Vous avez su être fidèle à la vérité et à la charité. C'est un mérite de plus, et un mérite rare dans ce temps où l'union et la paix sont plus nécessaires que jamais.....

† Cu. F., Év. de Nancy.

Lettre de Mgr Lamazou, évêque de Limoges.

Limoges, le 12 mai 1882.

Cher Monsieur l'abbé,

Depuis plus de deux mois je fais la visite de mon diocèse. Voilà l'explication de mon retard à vous remercier de l'envoi de votre étude sur le Père Lacordaire. Elle est du plus haut intérêt au point de vue religieux et social. Lacordaire est et restera une des grandes figures du dix-neuvième siècle. A un génie oratoire aussi souple que vigoureux il unissait un mâle caractère, la qualité qui manque le plus à la génération contemporaine. Il a montré quelle influence décisive une parole catholique large, mesurée, appropriée aux besoins des temps, peut exercer sur une époque indifférente et sceptique.

En outre, quel admirable religieux ! Votre étude a une grande utilité et un grand charme ; elle nous fait non-seulement mieux connaître, mais encore mieux aimer celui que l'histoire appellera le grand Lacordaire.

Veuillez agréer, cher Monsieur l'abbé, l'assurance de mon respectueux dévouement.

† Pierre-Henri, Év. de Limoges.

Lettre de Mgr Ducellier, évêque de Bayonne.

Bayonne, le 24 novembre 1882.

Monseigneur,

J'étais en visite pastorale, quand j'ai reçu votre aimable lettre d'une date déjà trop éloignée, et j'ai dû attendre mon retour à Bayonne pour vous en remercier. C'est ici seulement, en effet, que j'ai trouvé le volume que vous avez eu l'attention de m'envoyer. Je le lirai avec empressement, et, je le sais d'avance, avec plaisir, et pour l'intérêt qui s'attache au nom de Salinis si justement honoré dans notre Béarn, et pour le charme qui se dégage du livre dès les premières pages...

Recevez, Monseigneur, l'assurance de mes sentiments respectueux et dévouvés.

† ARTHUR-XAVIER, *Év. de Bayonne.*

L'auteur a également reçu les témoignages de satisfaction de Son Éminence le cardinal Desprez, archevêque de Toulouse; de NN. SS. Leüillieux, archevêque de Chambéry; de la Bouillerie, coadjuteur de Bordeaux; Foulon, archevêque de Besançon; Balaïn, évêque de Nice, ainsi que de plusieurs cardinaux et prélats de la cour romaine.

LAMENNAIS

I

LES DÉBUTS DE LAMENNAIS.

SOMMAIRE. — Saint-Malo et les Malouins. — La famille Robert de Lamennais. — La Chesnaie. — Un cœur de mère. — Pendant la Terreur. — Ils ne voient pas ce que je vois ! — Éducation. — Première communion. — Rien que la croix ! — La vocation. — Professeur de mathématiques. — Première tonsure. — A Paris. — Les Cent-Jours. — En Angleterre. — L'abbé Carron. — Il avait l'air trop bête ! — L'abbé Teysseyrre décide de la vocation de Félicité de Lamennais. — Première messe. — Morne désespoir. — Cet homme-là me pèse comme un monde ! — Prêtre, on l'est toujours !...

L'étranger que l'été amène sur les rives bretonnes admire Paramé et ses gracieuses villas, Dinard et ses châteaux, Saint-Servan mirant dans la Rance ses maisons et ses ombrages. Mais il s'arrête toujours, frappé d'étonnement, en face de Saint-Malo, ceint de ses remparts comme une forteresse du moyen âge, et assis fièrement sur son rocher battu par les flots.

A la marée basse, l'étranger court dans les algues, gravit un escalier de granit, escalade le Grand-Bey. Là, en face de la double immensité de la mer et du ciel, dort, dans un tombeau sans épitaphe, l'auteur du *Génie du Christianisme*.

Chateaubriand est une des gloires de Saint-Malo. Ce n'est pas la seule.

Madame de Sévigné y a vécu.

Duguay-Trouin y est né.

A un moment, les Malouins furent les premiers commerçants du monde. Jetant l'or à pleines mains, ils transformèrent leurs bizarres maisons de bois en maisons de granit; puis ils s'estimèrent assez riches pour prêter des millions au plus puissant des rois [1].

Aspirant à une renommée plus haute que celle d'habiles marchands, ils s'en allèrent un jour découvrir et civiliser des terres inconnues, planter avec Jacques Cartier la croix au Canada, « n'étant pas parti pour ce voyage, » dit la chronique, « sans prendre la bénédiction du révérend « évêque et père en Dieu, M. de Saint-Malo ».

Bref, dans cette pure, fière et religieuse atmosphère, on vit s'épanouir, avec les prospérités humaines, toutes les vertus qu'inspirent la foi chrétienne et un caractère magnanime, jusqu'à cet héroïsme du sire de la Barbinais, qui, nouveau Régulus, retourna à Alger se faire trancher la tête plutôt que de manquer à sa parole.

---

[1] Saviez-vous, dit un chroniqueur contemporain, que tous les Malouins sont gentilshommes? Non. Eh bien, voici l'histoire, qui n'a rien de commun avec celle de Vérone, dont tous les habitants furent déclarés nobles par Charles-Quint, qui voulait la paix avec les quémandeurs de parchemins. Les Malouins se targuent d'indépendance, et n'ont jamais rien demandé aux rois de France; au contraire, ce fut Louis XIV qui, dans un jour de détresse, leur emprunta quatorze millions; lorsque l'échéance arriva, le Roi ne put rembourser et s'avisa alors de les payer en monnaie... de roi. Il les déclara tous nobles et leur octroya le droit de porter l'épée à la cour... et leurs doléances aux oubliettes. (Voir le *Figaro* du 8 septembre 1880.)

Les hautes et superbes fortifications de Saint-Malo l'enferment hermétiquement. C'est comme un corset de pierre, dans lequel étouffe la puissante cité.

C'est là, dans cette même rue des Juifs où Chateaubriand avait vu le jour treize ans auparavant[1], à l'ombre de la vieille cathédrale qui domine la vieille cité féodale, que naquit, le 19 juin 1782, Hugues[2]-Félicité Robert de Lamennais.

I

La famille Robert était de vieille race bourgeoise. Son chef, armateur considéré et fort riche, avait fait honorablement de brillantes affaires, et avait été anobli par Louis XVI[3] pour plusieurs actes de patriotisme[4]. Au nom de Robert s'était ajouté le nom de la Mennais, en breton *menez,* qui signifie « montagne ». C'était le nom d'une métairie, située dans la commune de Trigavoc, arrondissement de Dinan.

Quatre ans avant la naissance de ce fils qui devait jeter

---

[1] Chateaubriand naquit dans la rue Saint-Vincent, dans une maison voisine de la rue des Juifs. (*Note de M. l'abbé Houet.*)

[2] Ce prénom d'*Hugues,* donné par le *Correspondant,* est inconnu dans la famille. (*Id.*)

[3] Quelques auteurs ont cru à l'anoblissement par Louis XIV, et c'est à tort que nous avions suivi leur sentiment dans la première édition. (*Id.*)

[4] Les armoiries concédées à M. de Lamennais rappelaient ingénieusement l'origine de sa noblesse. C'était un écu de sinople au chevron d'or, accompagné en chef de deux *épis de blé,* et, en pointe, d'une ancre. (DE LA GOURNERIE. Introduction, p. 10.)

une si grande illustration sur ce nom nouveau, le grand-
père maternel de l'enfant avait acheté une terre dont le
nom est resté non moins célèbre et qui exerça, par l'influence mystérieuse des lieux et des paysages sur l'esprit
de l'homme, une action si grande sur le développement
intellectuel et la formation morale du futur chef de l'École
Menaisienne.

C'est la terre de la Chesnaie, à deux lieues de Dinan.

Aucun lieu n'était plus propre à l'étude et à la méditation. La maison avait été bâtie par le père de madame de
Lamennais, au milieu des bois, sur la lisière de la forêt de
Coëtquen. Des landes où ne poussaient alors que des
bruyères et des ajoncs, des champs à peine cultivés, un
étang encaissé entre des rochers et dont les eaux profondes
reflétaient les longues branches des hêtres et des chênes
séculaires, donnaient à la Chesnaie un aspect calme, mais
un peu triste [1].

A ces harmonies de la nature se joignit l'influence d'un
tempérament bilieux et hypocondriaque. Dès qu'il eut la
libre manifestation de ses premières pensées et de ses premiers sentiments, tout le monde remarqua que l'enfant
était naturellement triste.

Puis, ce sourire charmant qui avait veillé sur son berceau et qui seul parvenait à épanouir cette nature mélancolique, le sourire de sa mère, s'éteignit, en 1789, au
moment où ce fils préféré atteignait sa septième année [2].

La pensée de la mort de madame de Lamennais laissa

[1] DE LA GOURNERIE, *Lettres inédites de J. M. et F. de Lamennais,*
Introduction, p. 65.

[2] C'est la date donnée par Roparlz et quelques autres. Mais la
vraie date est 1787. (*Note de M. l'abbé Houet.*)

dans le cœur de l'enfant une de ces plaies profondes qu'un rien ravive, et, chose qui ne surprendra point ceux qui ont étudié ce caractère si singulièrement trempé, ce souvenir réveillait en lui une colère sourde contre la Providence et une sorte de jalousie contre les jeunes gens qui avaient encore leur mère.

Mais rien ne remplace un cœur de mère. C'est le chef-d'œuvre de la création. Pour arrêter le lion de Florence, il fallut une mère, à genoux, suppliant la bête fauve de lui rendre son enfant. Pour dompter cet autre lion, dont les rugissements rempliront la première moitié de ce siècle, il fallait un héros, et tout espoir s'éteignit quand la mère du lionceau fut morte.

Puis, on était en 1789. Le besoin, la soif de réformes qui amena la convocation des états généraux, trouva, dans l'Église et dans la monarchie, un concours et une bénédiction qui permettent d'affirmer, avec tous les esprits de bonne foi, que la Révolution partit d'un mouvement chrétien.

Hélas! le mouvement fut bientôt dévié. A force d'excès et d'orgies sanglantes, le règne de la Terreur succéda à la généreuse résurrection des forces vives de la France. Le clergé fidèle se cacha ou s'enfuit, les églises se fermèrent ou ne se rouvrirent que pour servir au culte immonde d'une chair publique.

L'enfant, à peine sorti des bras de sa mère mourante, nourri dans la vieille foi catholique et monarchique, — en Bretagne, c'était tout un, — grandit tout naturellement dans l'horreur de ceux qui traquaient alors les prêtres comme des bêtes fauves [1].

---

[1] Foisset, *Vie du P. Lacordaire*, t. Ier, p. 105.

Ses biographes nous le montrent, assistant la nuit en cachette, sous la Terreur, aux messes d'un prêtre non assermenté, dans une mansarde, devant une table transformée en autel, l'oreille au guet pour écouter si la police soupçonneuse n'avait point découvert ces nouvelles catacombes où l'Église était redescendue après quatorze siècles de splendeurs au grand jour.

Les fidèles, ramassés et tremblants autour du prêtre proscrit, s'interrompaient dans leurs prières pour regarder et reconnaître chacun des nouveaux arrivants : un traître pouvait se glisser dans leurs rangs, et, en ces temps de troubles, tout était suspect. L'enfant, fier de la confiance qu'on avait en sa discrétion absolue, sentit se développer là le germe de la sombre mélancolie qui le caractérisa de bonne heure, et y conçut cette haine vivace qu'il nourrit si longtemps contre le dix-huitième siècle et la Révolution.

II

Comment son instruction ne se serait-elle pas ressentie du malheur des temps?

Féli (abréviation de Félicité), — c'est le nom qu'on lui a donné jusqu'à la fin dans sa famille, — n'avait eu proprement de maîtres que lui-même : il n'en accepta malheureusement jamais d'autres [1].

---

[1] FOISSET, *loc. cit.*, p. 106.

Or, si jamais nature d'enfant eut besoin de sentir le joug de l'éducation qui redresse et transforme, c'était bien celle-là. Je n'en citerai qu'un trait, que je relève dans ses *OEuvres inédites*.

Un jour, il se promenait avec la bonne chargée de veiller sur lui, et il marchait lentement sur les remparts de Saint-Malo. La mer était furieuse. Soulevée par une violente tempête, elle venait déferler en rugissant aux pieds des murs de granit. « Je crus voir l'infini, dit Lamennais, et sentir Dieu! » Étonné de ce qui se passait dans son âme, une immense complaisance en lui-même s'empara de lui, il se retourna fièrement vers la foule des promeneurs vulgaires, et se dit : « Ils regardent ce que je regarde, mais ils ne voient pas ce que je vois! » Il avait huit ans [1]!...

[1] M. Caro, dans ses belles *Études morales sur le temps présent*, dit à ce propos : « L'Océan a laissé à cette âme quelque chose de « son infini et de sa tristesse. M. de Lamennais apportait dans la vie « un fonds d'impressions sombres, un goût d'amertume, une dispo-« sition à sentir plus vivement et plus profondément que les autres « ces blessures de la médiocrité haineuse ou de la frivolité humaine, « ces injures et ces brutalités du sort auxquelles les hommes vrai-« ment forts n'opposent qu'un mépris hautain ou une résignation « fière. Ajoutez à ces dispositions innées une imagination d'une viva-« cité et d'une étendue peu communes, qui doublait pour lui l'in-« tensité des sensations et agrandissait démesurément toutes les per-« spectives. Plus vaste et plus haute que forte, âpre et tourmentée, « soulevée de temps à autre dans ses mobiles profondeurs, mêlant « alors au flot troublé de la foi le sable et le limon de ses passions « irritées, puis retombant du haut de ses colères dans un calme qui « était moins un repos qu'une défaillance, et se traînant pénible-« ment sur les rivages dévastés de sa vie avec le gémissement d'une « lassitude désespérée, telle fut cette âme, trop fidèle image de « l'Océan natal. » (CARO, *M. de Lamennais d'après sa correspon-dance*.)

Plus tard, il aimait à raconter cette anecdote, et ne manquait jamais d'ajouter : « Toutes les fois que mes souvenirs « se reportent vers ces temps éloignés, une telle pensée « d'orgueil dans un enfant de huit ans me fait encore fré- « mir [1]. »

Les deux maîtres qu'il eut n'effacèrent pas dans son âme les premières impressions qu'elle avait reçues.

Il fut élevé tant bien que mal par son oncle Robert des Saudrais, traducteur d'Horace et de Job, grand ennemi des jacobins et des philosophes, et par son frère l'abbé Jean-Marie, douce figure qui mériterait une étude spéciale et à laquelle nous consacrerons un chapitre.

Mais, à côté des maîtres qu'on voit, les enfants précoces en ont généralement d'autres qu'on ne voit pas : ce sont les grands écrivains dont ils dévorent les ouvrages avec d'autant plus d'avidité qu'on ne les leur impose pas.

Pour dompter ce caractère rétif, M. Robert des Saudrais avait imaginé, dit-on, de l'enfermer dans sa bibliothèque. Fatale prison, qui plut si bien à Féli, qu'il s'y fit remettre sans cesse [2].

A l'âge où les autres enfants apprennent le rudiment, le jeune Félicité, enfermé pour ses mutineries dans une vaste bibliothèque, y lisait tous les auteurs qui lui tombaient sous la main, anciens et modernes, sacrés et profanes.

Là, une imagination de feu, une curiosité sans frein, emportaient cet esprit sans repos vers les études les plus divergentes, comme vers les lectures les plus périlleuses. Il dévorait pêle-mêle les langues et les livres, sans aucun plan suivi, et, par conséquent, sans songer à se faire un

---

[1] LAMENNAIS, *Œuvres inédites*, t. Ier, p. 8.
[2] Art. du *Commerce breton* de Saint-Malo, août 1861.

corps de connaissances liées entre elles et solidement coordonnées. Aussi, loin d'être, comme on l'a écrit, l'un des hommes les plus complets de son temps, ne devait-il jamais devenir ni un humaniste, ni un philosophe, ni surtout un théologien [1].

Vers l'âge de douze ans, l'enfant de génie s'était passionné pour ce Rousseau qu'il devait un jour attaquer avec tant de violence, mais pour lequel il conserva toujours une secrète sympathie.

M. Ferraz, l'éminent professeur de philosophie à la Faculté des lettres de Lyon, à qui j'emprunte ces détails, conclut ainsi ses remarques sur l'éducation de Lamennais :

« Cette éducation ne fut ni aussi complète ni aussi profonde qu'on s'est plu à le dire. Elle offrit, au contraire, comme celle de la plupart des solitaires, d'assez grandes lacunes, car elles expliquent celles que nous trouverons plus tard dans son esprit et dans ses œuvres. Réduit, par la délicatesse de sa santé et par l'état de ses finances, à vivre au fond de la Bretagne, à deux lieues de Dinan, dans sa solitude un peu sauvage de la Chesnaie, il n'apprend point à connaître la société, avec la diversité et la richesse des aspects qu'elle présente à l'observateur. Ces passions, qui font l'éternel objet des méditations des moralistes, et dont l'étude est si propre à vous remplir d'indulgence en même temps que de calme et de sérénité, il ne les analyse pas; ces opinions, qui se donnent si ardemment carrière, en s'appuyant sur des raisons à peu près également plausibles, il ne les compare pas; ces lettres profanes elles-mêmes, qui peuvent suppléer jusqu'à un

___

[1] Foisset, *loc. cit.*, p. 106

certain point à la connaissance directe de la vie, parce qu'elles en reproduisent la fidèle image, il ne les cultive presque pas... Il s'habitue à considérer sous un angle étroit toutes les choses humaines. De là ce singulier mélange d'ignorance en matière pratique et de vigueur en matière spéculative, qui distingue la plupart de ses ouvrages, et le caractère un peu chimérique dont ils portent trop souvent l'empreinte. Par ce côté, Lamennais nous paraît inférieur à de Maistre et à de Bonald, qui avaient été plus ou moins activement mêlés aux grandes affaires de leur temps, et qui possédaient le sens de la réalité à un degré plus ou moins remarquable [1]. »

Ce qui est certain, du moins, c'est que, perdu dans cet abîme de lectures incohérentes, où les livres philosophiques du dix-huitième siècle tenaient une grande place, Féli de Lamennais y vit périr sa foi, et, avec la foi, l'innocence de ses premières années [2].

Il en fait lui-même l'aveu dans une lettre écrite le 17 février 1809, et qui a été imprimée au recueil de ses correspondances : « Quand je réfléchis sur ma vie passée, « sur cette vie *toute de crimes,* que les austérités les plus « rigoureuses, la pénitence la plus sévère et la plus longue « ne seraient pas suffisantes pour expier [3]... »

Sans doute, il peut y avoir quelque exagération dans cette confession d'une âme excessive toujours et en tout, mais les biographes ont conservé un souvenir devant lequel il faut bien s'incliner.

On sait ce qu'est dans la vie d'un chrétien ce moment

[1] FERRAZ, *Traditionalisme et ultramontanisme,* p. 166 et suiv.
[2] FOISSET, *loc. cit.,* p. 106.
[3] Lettre de F. de Lamennais à M. Bruté, 17 février 1809.

où, appelé à la plus mystérieuse des opérations de la grâce divine en nous, il est tout d'un coup élevé à une participation si directe et si intime de la Divinité, qu'il en est tout transfiguré et se sent grandir en un instant de toute la hauteur qui sépare la créature de l'infini.

Je veux parler de la première participation à la communion eucharistique.

C'est une heure solennelle dans une vie d'homme que l'heure de la première communion.

Au-dessus des trophées de Marengo et des splendeurs du soleil d'Austerlitz, le grand capitaine des temps modernes plaçait, avec une naïve fierté, le souvenir de sa première communion.

Quand l'heure en fut venue, — interrogez votre mémoire, que vous soyez demeuré croyant ou que les orages de la vie vous aient ballotté sur les rivages de l'incrédulité, — quand l'heure vint de vous asseoir à cette table, entrevue longtemps à travers les ombres des plus saints désirs, quand votre mère tressaillit, parce qu'on vint lui dire que le fils de ses entrailles allait devenir le temple de son Dieu, une révolution s'empara de votre être, et, ouvrant la porte de votre âme au divin visiteur qui frappait, parmi les flots d'encens, au bruit des saints cantiques, vous vous écriâtes, avec un accent qu'on n'oublie plus quand il a retenti une fois dans les échos d'une âme humaine : « Entrez, Seigneur, tout est prêt, entrez et soyez le maî- « tre ! »

Le petit enfant de Saint-Malo se cabra contre les pieux attraits de cette journée.

Il avait douze ans.

Un prêtre, de ceux qu'il vénérait comme des confesseurs

de la foi, dont il entendait la messe dans le mystère de la persécution, se présenta à cette jeune âme, et lui proposa de le préparer à sa première communion.

Savez-vous quel accueil lui fit le néophyte? Il courut dans la fameuse bibliothèque, et, à la seconde leçon du catéchisme préparatoire, il apporta un tel bagage d'incrédulité que le prêtre se retira épouvanté.

Il fallut y renoncer. Le futur défenseur du catholicisme, le prêtre qui remplira bientôt du bruit de son nom l'Église entière, s'approcha de la sainte table seulement en 1804, quand, regagné à Dieu par la tendresse fraternelle de Jean-Marie, il se fut décidé à faire sa première communion.

Il avait vingt-deux ans.

Mais, tout aussitôt, par une de ces contradictions dont sa vie abonde, à cet âge où d'ordinaire les jeunes gens se laissent entraîner aux séductions de la vie, il se roidit contre les ardeurs qui le dévorent, et le voilà qui se tourne vers Dieu, avec un élan qui fait presque peur [1] :

« Oh! s'écrie-t-il, j'ai trop aimé les joies amères du
« monde, les consolations du monde, les espérances du
« monde! Maintenant, je ne veux que la croix, la croix
« seule, la croix de Jésus et encore la croix. Je vivrai sur
« le Calvaire en esprit d'amour, de renoncement et de
« sacrifice absolu. Oh! quelle vie! quelle douce, quelle
« heureuse vie! C'est le ravissement de mon cœur d'être
« crucifié avec Jésus par les souffrances, les contradic-
« tions, les mépris, les rebuts, les ingratitudes, les haines,
« les outrages, les persécutions et tout ce qui peut le plus
« crucifier mon cœur et ma chair!... Je veux m'abreuver

---

[1] LADOUE, *Vie de Mgr Gerbet*, t. Ier, p. 69.

« à longs traits des saintes délices de l'humiliation. Mon
« Dieu! mon Dieu! encore une fois, la croix, la croix, et
« rien que la croix [1]! »

III

Toute créature raisonnable a une voie, hors de laquelle
le but de son passage sur cette terre est difficilement
atteint. C'est ce qu'on nomme la Vocation.

Grande et périlleuse mission de déterminer une vocation. Combien le savent, pour l'avoir appris trop tard et
après une douloureuse expérience!

Féli de Lamennais se posa bientôt la question fatale.

Que serait-il?

En vain son père, homme d'ailleurs fort instruit, avait-
il voulu se reposer sur lui des soins de son commerce : il
rencontra dans cette nature, exceptionnellement douée
pour les spéculations de l'esprit, une répugnance invincible à se plier à celles du négoce.

Le fils aîné, Jean-Marie, s'était senti de bonne heure
fortement entraîné vers l'état ecclésiastique. Un troisième
fils se destinait à la marine, et l'honorable armateur perdit
bientôt toute espérance de reposer sur une tête chère
l'avenir de sa maison.

Un jour, il exprimait sa peine à M. de Pressigny, le
dernier évêque de Saint-Malo, et ce saint prélat, qui a

[1] LAMENNAIS, *Lettres inédites* (recueil de M. Henri de Courcy),
17 mars 1809.

laissé chez les Malouins un haut renom de vertu, prédit, assure-t-on, à M. de Lamennais père, que ses enfants deviendraient la gloire du clergé français, et lui conseilla de ne point contrarier les vues que la Providence pouvait avoir sur eux[1].

A vingt-deux ans, Lamennais se posa le redoutable problème.

Il venait de se convertir et il vivait dans cet élan d'exaltation mystique dont j'ai cité quelques aspirations.

Il était alors professeur de mathématiques à Saint-Malo, obligé de travailler pour vivre, car la grande fortune de son père avait été emportée dans la tourmente révolutionnaire. L'emprunt forcé et les corsaires avaient ruiné le riche armateur.

Tout d'un coup, Féli se décida à entrer dans la cléricature; c'était en 1809. Il revêtit l'habit ecclésiastique et se fit tonsurer.

Ce premier pas franchi, il s'arrête, indécis, incertain de sa voie.

Pendant six ans, il hésite, il interroge, il écoute, sans pouvoir se décider.

En 1814, nous le trouvons à Paris, luttant contre la pauvreté, dans une méchante mansarde de la rue Saint-Jacques.

Il se compromet en faveur des Bourbons, et, quand la nouvelle se répandit que l'aigle impériale volait du golfe Juan sur Paris, de clocher en clocher, poussée par l'impérieuse volonté du captif de l'île d'Elbe, le jeune Féli ne se crut en sûreté ni à Paris ni à Saint-Malo. Il passa le détroit et se réfugia en Angleterre.

[1] MIRECOURT, *Lamennais,* p. 18.

Après avoir longtemps erré sans ressource, il finit par trouver un asile et un directeur.

L'asile lui fut ouvert par trois demoiselles nobles, en qui nul orage ne put déraciner les sentiments d'affectueuse estime qu'elles conçurent dès lors pour celui qui demeurera toujours pour elles « le bon, le cher, le très-cher abbé Féli ».

Ces saintes filles l'amenèrent à leur directeur, un prêtre éminent, le Vincent de Paul de l'émigration, le saint abbé Carron, dont Lamennais conserva toujours le portrait, et de qui il écrivait : « Quel homme! ou plutôt quel saint!... « Dieu m'avait préparé en ce pays le secours dont j'avais « besoin... Pleine d'amour pour un enfant rebelle, la Pro- « vidence m'a conduit au terme où elle m'attendait [1]. »

L'abbé Carron le recommanda à la belle-sœur de lord Stafford, pour l'éducation de ses enfants. Mais cette grande dame, physionomiste distinguée, ne l'invita pas même à s'asseoir, et le renvoya d'un ton dégagé, parce qu'il *avait l'air trop bête* [2]!

Elle ne fut pas la seule à juger ainsi cet homme de génie sur la mine. D'autres lui firent une réputation d'imbécillité et presque de folie, parce que cette nature indépendante se pliait mal aux exigences minutieuses de certains usages ou règlements.

Le bon abbé Carron l'encourageait, le consolait. Il avait pris d'ailleurs un grand ascendant sur un jeune homme naturellement affectueux et qui éprouvait vivement, — il l'avoue lui-même, — le besoin d'être dirigé.

Or, être dirigé, c'est une heureuse fortune, mais à la

---

[1] LAMENNAIS, *Œuvres inédites*, t. Ier, p. 218.
[2] RIGAULT, *Journal des Débats*, 23 mars 1854.

condition cependant qu'on ne fera pas, comme Lamennais, abnégation de soi-même, au point de ne plus y voir clair au dedans de soi. Consulter un directeur, c'est bien ; se consulter beaucoup soi-même, c'est encore mieux. Ainsi parlent les maîtres en spiritualité. Ainsi parle le bon sens.

Aussi n'est-ce pas sans frisson qu'on relit aujourd'hui ces paroles de l'abbé Teysseyrre, le directeur de Saint-Sulpice, qui décida la vocation de Féli de Lamennais : « Mon « cher ami, j'adore les desseins de miséricorde du Sei- « gneur sur votre âme. Je vous félicite de ce qu'il vous « prive de tout bonheur en ce monde, en sorte que vous, « n'éprouviez pas même la douceur de son amour et que « vous ne ressentiez pas même la gloire du sacerdoce. « Vous allez à l'ordination comme une victime au sacri- « fice... [1]. »

Ces paroles font frissonner, quand on songe à ce qui suivit cette première messe, où Lamennais, nouveau prêtre, affirme avoir entendu très-distinctement Dieu lui dire, quand il tenait l'hostie nouvellement consacrée dans ses mains tremblantes : « Je t'appelle à porter ma croix, rien « que la croix, ne l'oublie pas [2] ! »

C'était à Vannes, en 1816.

Hélas ! le pas décisif une fois franchi, le jeune prêtre s'en repentit amèrement. Il tomba, — on le sait aujourd'hui [3], — dans un morne désespoir qu'il renferma toute sa

---

[1] *Œuvres inédites*, p. 259.

[2] LADOUE, *loc. cit.*, p. 71.

[3] Il lui en a singulièrement coûté pour prendre sa dernière résolution. M. Carron, d'un côté, moi, de l'autre, *nous l'avons entraîné*, mais sa pauvre âme est encore ébranlée de ce coup. (*Lettre de l'abbé Jean à M. Bruté*, 8 juin 1816)

vie en lui-même, mais qui éclate pourtant, dans deux ou trois lettres, en quelques mots rapides et heurtés :

« Je revins hier de Saint-Sulpice », écrit-il à son frère, après avoir reçu le sous-diaconat. « Cette démarche m'a prodigieusement coûté. »

Et plus tard : « Quoique M. Carron m'ait plusieurs fois « recommandé de me taire sur mes sentiments, — je crois « pouvoir et devoir m'expliquer avec toi une fois pour « toutes. Je suis et ne puis qu'être extraordinairement « malheureux[1]. » Puis il ajoute ce trait énergique : « Tout « ce qui me reste à faire est de m'arranger de mon mieux, « et, s'il se peut, de m'endormir au pied du poteau où l'on « a rivé ma chaîne[2]. »

En conclurons-nous que les directeurs de Lamennais se sont trompés et qu'il s'est trompé lui-même, quand il a cru, comme eux, être appelé à la redoutable et sublime dignité de prêtre catholique[3] ?

[1] Lettre de F. de Lamennais à son frère, le 25 juin 1816. Quelques jours après, comme on lui avait fait entendre que sa dernière lettre était un peu trop vive, il avoue qu'il aurait pu mettre plus de mesure dans l'expression ; mais le fond n'est que trop vrai, on ne peut guère s'abuser sur ce qu'on sent. « Quoi qu'il en soit », continue-t-il, « le mieux est d'éviter de part et d'autre de traiter à l'avenir un « pareil sujet. Tout ce qui me le rappelle de près ou de loin me « cause une émotion que je ne suis pas le maître de modérer. » (*Lettre du 2 juillet* 1816.)

[2] A la fin de 1815, il écrivait à sa sœur, madame Forgues, le 14 décembre : « Ce n'est sûrement pas mon goût que j'ai consulté, me décidant à reprendre l'état ecclésiastique. »

[3] Le *Temps* a publié, sur la jeunesse de Lamennais, une étude fort curieuse de M. Schérer, d'après une partie de la correspondance inédite du célèbre écrivain, publiée par M. A. Blaize, son neveu. Il s'en détache quelques faits bien saillants : « La vocation religieuse « de Lamennais resta longtemps douteuse, on pourrait dire qu'elle

Dieu me garde de trancher ces questions, ardues et délicates entre toutes, des voies de la Providence, des appels de Dieu et des secrets de la vocation[1].

« le resta toujours. A vingt ans, il était inquiet, essayant de tout,
« donnant à l'étude le temps que lui laissait le comptoir de son
« père; passionné de musique, des mathématiques, des langues;
« très-fort sur la flûte et l'escrime; ayant un duel, un vrai duel,
« dans lequel il blessa son adversaire, et qui risqua plus tard d'éle-
« ver entre lui et la prêtrise un empêchement canonique. Tantôt il
« pensait à faire sa fortune, tantôt il dédaignait les affaires comme
« trop prosaïques. Fatigué de l'uniformité de sa vie, il écrivait cette
« boutade : « L'ennui naquit en famille, — une soirée d'hiver! »
Aussi, lorsqu'à trente-quatre ans il se laissa ordonner prêtre, ce
fut sans vocation réelle, ses lettres en font foi. M. Schérer résume
fort justement l'opinion générale sur Lamennais : « Que reste-t-il
« aujourd'hui sur Lamennais? Avant tout, un souvenir, et ce sou-
« venir est une énigme. Inhabile à comprendre tant de mobilité
« ou de sincérité, le public ne sait trop que penser de ce prêtre
« qui a voulu mourir loin des secours de l'Église, de ce fougueux
« défenseur de l'absolutisme papal, devenu l'avocat non moins fou-
« gueux du radicalisme démocratique. Lamennais est là, dans l'his-
« toire de la première moitié du siècle, comme le héros équivoque
« d'une éloquente et éclatante apostasie. » (*Le Temps*, 29 novembre
1866.)

[1] Un prélat éminent m'a fait l'honneur de m'écrire que j'aurais pu
affirmer plus catégoriquement que Lamennais fut ordonné sans
vocation. C'est aussi l'avis de M. Emmanuel Cosquin, dans l'article,
d'ailleurs fort bienveillant, qu'il a consacré à la première édition de
cet ouvrage dans le *Français* du 25 mars 1882 : « Dans un livre sur
Lamennais et son école, tout récemment publié, dit M. Cosquin,
M. l'abbé Ricard, professeur à la Faculté de théologie d'Aix, a étudié
bien des questions intéressantes au point de vue psychologique
comme au point de vue philosophique ou religieux. Nous permettra-
t-on d'en examiner ici une, tout particulièrement importante, ce
nous semble, et dont la solution nous paraît éclairer, pour ainsi dire,
toute la vie du prêtre apostat, la question de la vocation sacerdotale de Lamennais? Si, comme cela est à nos yeux démontré, le
malheureux a été poussé sans vocation dans les ordres, les conséquences ne devaient-elles pas, à moins d'efforts surhumains de sa

Ce que je sais, c'est qu'on peut être appelé et devenir
infidèle à l'appel qu'on a entendu! Mais ce que je sais
aussi, c'est que rien n'est lamentable comme l'état d'une
âme hors de sa voie, soit qu'elle ait pris celle qui ne lui
convenait point, soit que, se trouvant dans sa voie propre,
elle ait perdu la ligne droite et l'esprit de son état.

IV

C'était en 1848.

Lacordaire entrait, pour la première fois, à l'Assemblée
constituante, vêtu de sa blanche robe de Frère prêcheur.

Lamennais l'aperçoit. Il baisse les yeux et semble regarder très-attentivement une feuille de papier placée sur
son pupitre.

— Savez-vous qui nous arrive là? lui dit un de ses voisins, car, comme nous le racontons ailleurs[1], le restaura-
teur des Dominicains de France était allé s'asseoir sur les
bancs de l'extrême gauche, sur cette même montagne où
siégeait Lamennais.

Celui-ci ne répond pas. Le voisin insiste :

— Mais retournez-vous donc. C'est Lacordaire!...

Lamennais ne bouge pas. Le voisin lui tire la manche :

part, en être tôt ou tard déplorables? Il nous semble qu'après la
publication de la correspondance de Lamennais, très-bien étudiée sur
ce point, lors de son apparition en 1867, par la revue des Pères
Jésuites, la lumière est pleinement faite, et nous croyons pouvoir
être ici beaucoup plus affirmatif que ne l'est M. l'abbé Ricard. »

[1] LACORDAIRE (t. III des Études sur l'*École Menaisienne,* chap. X).

— Là, voyez-vous, tout à fait au-dessus, il est là !

— Eh ! pour Dieu, laissez-moi, dit Lamennais poussé à bout. Ne comprenez-vous pas que cet homme me pèse sur les épaules, comme un monde ?

Il n'osa pas dire : comme un remords [1] !

Oui, comme un remords ! Le disciple était resté fidèle à la grâce de son ordination. Le maître, hélas ! avait prévariqué !...

A quelques jours de là, M. de Lamennais était à la tribune. De cette voix sombre et caverneuse qui faisait tressaillir, il débitait une de ces harangues enfiellées, où la haine de l'Église, qu'il avait si glorieusement servie, débordait en une sorte de torrent de rage et de fureur mal concentrée.

Tout à coup, il s'interrompt, et, enveloppant la Chambre entière d'un regard enflammé, il s'écrie d'une voix stridente comme un sarcasme : « Quand j'étais prêtre !... »

— Monsieur, cria aussitôt un interrupteur, prêtre, on l'est toujours !...

Oui, prêtre, on l'est toujours, sur terre et dans l'autre monde. C'est un sceau de bénédiction sur une âme, quand elle est fidèle, que ce caractère du sacerdoce catholique ; c'est un sceau maudit pour les prévaricateurs !

---

[1] Barbey d'Aurevilly, *Lamennais*, p. 169.

II

L'ABBÉ JEAN-MARIE DE LAMENNAIS.

L'éminent religieux qui a succédé au fondateur de l'Institut de Ploërmel [1] était un jour admis à l'audience de
Pie IX.

Ce pape, dont la figure souriante et le fin regard domine-
ront l'histoire ecclésiastique de ce temps, l'interrogeait sur
les souvenirs que je cherche précisément à faire revivre.

Le visiteur dit au Pape :

[1] Dans ce chapitre, nous avons suivi les données biographiques de
l'auteur des notices sur *Les hommes illustres du clergé de France,*
dans le volume qu'il a consacré à l'abbé Jean-Marie. (Paris, 1876,
Bray et Retaux, éditeurs, in-12.)

— Saint Père, les deux de la Mennais étaient deux hommes de génie, mais d'un génie bien différent. Si l'un avait le génie des lettres, l'autre avait au suprême degré le génie du bien, des œuvres utiles, et par-dessus tout l'amour de l'Église.

Pie IX avait la repartie prompte, et il trouvait toujours le mot juste :

— Oh ! oui, répondit-il, l'abbé Jean était bon, bien bon !...

Il s'arrêta, puis, avec un accent de douloureuse amertume :

— Hélas ! ajouta-t-il, ils n'étaient pas frères [1] !

I

Étrange parole, dont j'ai voulu faire l'épigraphe de cette courte étude sur le frère de Lamennais.

Deux hommes, à l'aube de leur vie, dormirent dans le même berceau.

Sur les genoux de la même mère, ils ont bégayé la même prière. Tous deux ont aimé l'Église dès leur enfance et reçu ses leçons.

L'un d'eux, — le plus jeune, — entraîné par la fougue de la jeunesse, a quitté un instant la voie régulière et pieuse que leur avaient tracée des maîtres communs, il y rentra, avec le secours de l'autre, et on les retrouve, travaillant ensemble, dans la paix de l'âme et dans la fer-

[1] Circ. du F. Cyprien, sup. gén. de l'Institut, 5 mai 1862.

veur, à des œuvres de régénération religieuse et de salut social.

L'Église accueille avec joie leur entrée dans le sacerdoce.

L'un d'eux surtout, — toujours le plus jeune, — est considéré par l'Église comme un champion ardent et intrépide, comme une sorte d'archange victorieux, qui combat l'enfer et terrasse le schisme.

Mais, un jour, l'archange a touché l'arbre maudit du bout de son aile, ces ailes pures qu'un rien ternit et brûle.

C'en est fait : les ténèbres recouvrent cette âme lumineuse; le poison gagne cette belle intelligence, et ce front marqué du génie ne brille plus que des sinistres lueurs de l'orgueil humain.

Félicité de la Mennais n'écoute plus son frère; il méprise ses conseils, il le repousse de ses bras.

Cet autre Tertullien, cet homme qu'on allait appeler le Bossuet de son siècle, persiste dans ses égarements, et, d'erreur en erreur, d'apostasie en apostasie, il roule jusqu'au fond de l'abîme.

Où est aujourd'hui sa renommée?

Qu'est-il resté des applaudissements qui enivrèrent le prêtre révolté? — Plus rien, pas même un écho! Pour les retrouver, il faut la patience d'un chercheur, qui ne recule pas devant le fastidieux labeur d'une longue exploration, dans les journaux, — hélas! chose bien éphémère qu'un journal et ses louanges! — et les gazettes de l'époque.

La renommée de l'humble prêtre, de celui des deux frères qui est demeuré fidèle, se perpétue, et, après avoir *achevé sa fonction* sur la terre, ce *défunt* parle encore par ses œuvres et les fils de ses œuvres!

Pie IX l'a dit : « Ces deux hommes n'étaient pas frères ! »

L'un a donné aux ennemis de la Foi des gages à jamais lamentables ; il a eu des complicités à faire tressaillir, jusqu'aux pieds de Dieu même, l'âme de sa mère chrétienne.

L'autre, ferme dans sa croyance, intrépide dans la prédication de la saine doctrine, est resté constamment, partout et toujours, le fils soumis de l'Église et l'infatigable ouvrier de la vigne sainte. Son nom glorieux est inscrit dans les Annales sacrées du dix-neuvième siècle : il ne s'effacera plus de ce livre d'or de l'apostolat, et de nombreuses générations viendront, au vingtième siècle, quand on ne parlera plus de Félicité, s'incliner avec amour sur la tombe vénérée de Jean-Marie !

II

Le prince de Croï, grand aumônier de France, cherchait, en 1822, à s'adjoindre des *releveurs de ruines*, afin de rendre à l'Église de France sa séve perdue depuis de longues années.

M. de Croï demanda pour vicaire général un prêtre breton qui depuis vingt ans donnait les preuves d'une intelligence supérieure et d'une activité rare.

Difficilement, il triompha des résistances de l'humble prêtre, si digne d'être élevé et si capable de remplir une charge difficile.

On réussit enfin à vaincre ses scrupules.

Les évêques que le nouveau vicaire général de la grande

aumônerie choisit lui-même et proposa directement à la nomination du Roi, furent des prélats dont il connaissait les vertus, ne s'en fiant point à des recommandations plus ou moins suspectes ou à des témoignages passionnés, pour les choisir ou les rejeter.

La plupart des nouveaux évêques le conservaient pour guide et pour conseiller. Il leur écrivait des lettres comme savait en écrire saint François de Sales.

Et, chose admirable, cet homme, qui dirigeait les évêques après leur avoir donné la mitre, cet homme qu'ils appelaient leur père, dont ils proclamaient la sagesse et la prodigieuse habileté administrative, refusa constamment pour lui-même un siége épiscopal.

Convaincu que l'unique moyen de porter remède aux maux de la patrie était de purifier la source même des générations, il avait créé une ruche chrétienne, destinée à former des instituteurs pour l'enfance, et il renonça à toute dignité ecclésiastique pour s'ensevelir dans l'humble direction de cet établissement, au frontispice duquel on peut lire encore les paroles divines du Maître, dont s'inspira le fondateur de l'Institut de Ploërmel : *Sinite parvulos venire ad me!*

Éloquente devise, qui explique la vie et résume l'œuvre de l'ancien vicaire général de la grande aumônerie, l'abbé Jean-Marie de Lamennais.

III

Il naquit à Saint-Malo, en 1780, le 8 septembre, deux ans avant Féli, et fut baptisé par l'évêque.

C'est l'évêque encore qui, prévoyant les déviations révolutionnaires, lui fit faire sa première communion et le
confirma. Il avait neuf ans.

« Souvent, la vue d'un enfant de l'Église attire soudai-
nement le regard d'un autre Siméon, blanchi dans les
travaux d'un laborieux apostolat. On le voit poser avec
attendrissement les deux mains sur cette jeune tête et
contempler respectueusement ce visage sur lequel il vient
de découvrir la trace de Dieu [1]. »

L'évêque de Saint-Malo sentait trembler sous lui le sol
que sa chaire épiscopale consacrait depuis tant de siècles.
Certes, ce n'était ni l'Église catholique ni la Bretagne qui
pouvaient s'alarmer au seul mot de liberté, mais il ne fallait pas être grand prophète pour entrevoir que la nouvelle
devise allait bientôt mentir et que la France, oubliant le
baptistère de Reims et le couronnement de Charlemagne,
essayerait de rester un grand peuple en effaçant de ses
chartes le titre de nation très-chrétienne.

L'ange de l'Église de Saint-Malo parla à Mgr de Pressigny, et, à la demande du pontife attristé : « Que pensez-
vous que sera cet enfant? » l'ange répondit : « Il relèvera
les ruines d'Israël. »

Aussi, quand l'évêque dut prendre le bâton de l'exil, un
petit enfant se trouva sur sa route, lui aussi un bâton à la
main et un paquet de hardes sous le bras. On l'interroge.
— « Monseigneur, répond l'enfant, vous êtes mon évêque ;
je veux être prêtre, et je vous suis! » On eut toutes les
peines du monde à le retenir à la maison paternelle.

A quelque temps de là, un proscrit frappait à la porte

[1] Mgr DE LÉSÉLEUC, *Oraison funèbre de Jean-Marie de Lamennais,*
prononcée à Ploërmel, p. 6.

de cette maison hospitalière : — « N'est-ce pas, dit le jeune adolescent, que vous ne nous quitterez plus? Je servirai votre messe tous les jours. »

Et il ajoute : « Je serai prêtre aussi, moi; je me dévouerai à cette religion qu'on veut détruire, et je travaillerai toute ma vie pour que le peuple n'abandonne pas le culte de ses pères [1]. »

Une larme descendit sur la joue du prêtre. Il se cacha à Saint-Malo. L'abbé Vielle, — c'était le nom du proscrit, — initia Jean-Marie aux premières études cléricales.

Au retour de l'exil, Mgr de Pressigny vit arriver à ses pieds l'enfant qu'il avait béni et qui venait d'atteindre sa vingt-deuxième année.

— Ainsi donc, dit-il, c'est bien décidé, Jean, vous voulez entrer dans les ordres. Mais savez-vous à quoi cela vous engage? Venez, mon fils, je vais vous l'apprendre.

Il conduisit le jeune homme rue de Vaugirard, à Paris.

— Nous sommes, dit le prélat, dans la chapelle de l'ancienne abbaye des Carmes. Ici même, une foule d'évêques et de prêtres, il y a neuf ans, ont été sabrés ou fusillés, en haine de la foi. Voici la large tache de sang, qui n'est point effacée, et les bourreaux vivent encore. Pensez-vous, mon fils, qu'ils ne recommenceront pas?

— Avec la grâce de Dieu, monseigneur, j'aurai la force. Être ministre de Dieu et martyr, n'est-ce pas double bonheur?

L'évêque attira le jeune homme dans ses bras :

— Je vous avais bien jugé, mon fils. Préparez-vous à l'ordination.

[1] BÉLOUINO, *Panégyrique de J. M. de Lamennais,* prononcé à Saint-Brieuc, p. 20.

C'était le 21 décembre 1801. Jean-Marie de Lamennais reçut le sous-diaconat. Il reçut la prêtrise trois ans après, à Rennes.

Nommé vicaire à Saint-Malo, il s'abandonna aux labeurs du ministère avec un zèle si oublieux de lui-même que sa santé dépérit rapidement, et les médecins le condamnèrent au repos absolu.

Il l'alla prendre à la Chesnaie, où la miséricorde de Dieu attendait Féli, que l'exemple et les exhortations de son frère décidèrent à revenir aux pratiques religieuses.

Nous reviendrons sur ce séjour à la Chesnaie, « où », disait le jeune prêtre, « nous avons défendu, mon frère et moi, à l'ennui de s'approcher de nous, et il n'a pas osé se présenter une seule fois à notre porte ».

C'est l'époque des premières publications de Féli, qu'il nous faudra étudier avec soin dans un prochain chapitre. Elles furent faites en collaboration avec Jean.

L'abbé Jean n'avait pas fait de séminaire.

Une fois rétabli, il voulut essayer de la vie de Saint-Sulpice [1], où, sous la direction de M. Duclaux, il développa

[1] Ce séjour de l'abbé Jean de Lamennais à Saint-Sulpice est un rêve de ses biographes qui, sachant que les deux frères avaient passé quatre mois à Paris au commencement de 1806 et qu'ils s'étaient liés d'amitié avec Gabriel Brulé, entré depuis deux ans à Saint-Sulpice, n'ont trouvé rien de mieux que d'y enfermer Jean durant environ trois mois, tandis que, en réalité, les deux frères passèrent tout ce temps au séminaire des *Missions étrangères* où ils étaient descendus au mois de janvier pour soigner leur santé. Le vrai séminaire de l'abbé Jean ne se fit pas à Saint-Sulpice sous la direction de M. Duclaux, mais à Saint-Malo, sous la direction de M. Vieille, où il se forma, dès avant la fin de la Révolution, à la science et aux vertus sacerdotales qui lui permirent de présider bientôt, avec son ancien maître, à la rénovation des études et des mœurs ecclésiastiques dans son cher diocèse de Saint-Malo. (*Note de M. l'abbé Houet.*)

merveilleusement cette force immuable de vérité et de justice qui fut le fond de son caractère. Il apprit à lui unir la grâce délicate, l'attrait irrésistible de l'accueil et du sourire, et cette merveilleuse aptitude de se prêter à tout et à tous qu'il conserva jusqu'à la vieillesse.

Il connut, à Saint-Sulpice, Gabriel Bruté, le futur apôtre de l'Amérique; l'abbé Émery, qui sera bientôt l'âme du clergé français; Hyacinthe de Quélen, plus tard archevêque de Paris, qui écrira un jour à son ancien condisciple : « Mon cher ami, aimez-moi toujours dans la foi chrétienne et bretonne : vous le devez au tendre retour dont je vous donne la fidèle assurance. » Et le charmant correspondant de répondre : « Adieu, je vous aime trop pour essayer de vous dire combien je vous aime[1] ! »

Après divers essais du ministère à Saint-Malo, où il s'appliqua surtout à la direction d'une école ecclésiastique très-florissante sous un tel maître, et fermée en 1812 par ordre de l'Empereur, le jeune vicaire reçut de l'évêque de Saint-Brieuc une lettre où il était dit :

— Venez, nous vivrons comme deux frères, nous aidant et nous encourageant à porter le fardeau de l'épiscopat que vous partagerez avec moi. Vous me le rendrez moins pesant. Je tâcherai de vous le rendre le moins désagréable possible.

Lorsqu'il reçut cette lettre, Jean avait écrit à l'abbé Bruté :

— Mon bon ami, hier je dis à mon imagination : Va, je te suivrai, pénétrons ensemble dans l'avenir. Nous marchâmes pendant cinq minutes, la tête me tournait. Cependant, ma pauvre raison eut encore assez de force pour me

[1] Lettre inédite du 3 juin 1835.

2.

dire : Jean, dans une heure peut-être, tu ne seras plus ici-bas, pourquoi donc veux-tu savoir ce qui se passera demain? Attends dans une profonde paix, confie-toi en Celui qui peut tout et qui ne trompe jamais. Tu as sa parole; cette parole a créé le monde, et tu craindrais que le monde fût plus puissant qu'elle [1]!

La lettre de Saint-Brieuc lui répondit, et il s'en alla prendre un logement chez l'évêque, dont il devint le commensal et l'ami intime.

L'évêque mourut au bout de peu de temps, et le conseil des chanoines n'hésita pas à nommer le jeune homme vicaire capitulaire, c'est-à-dire à remettre entre ses mains la direction du diocèse.

Le chapitre ne tarda pas à se féliciter d'avoir si bien choisi. Aux Cent-Jours, il fallut tout le courage et toute la prudence du jeune grand vicaire pour sauver le diocèse de Saint-Brieuc des réactions jacobines. Lui-même, — il nous l'apprend, — il vécut pendant trois mois sous le poignard, au milieu de menaces et d'outrages sans nombre, croyant qu'on revenait aux plus mauvais jours de 93 et que sa visite aux Carmes était une prophétie.

Mais l'énergique fermeté de l'abbé de Lamennais et les coups droits qu'il leur portait en pleine poitrine déconcertèrent les dissidents, qui se contentèrent de maugréer à la sourdine.

Un peintre a fait son portrait à cette époque, et nous l'avons encore.

Sans doute, cette figure pèche comme régularité des lignes, mais il y a, dans l'ensemble, un cachet de beauté

[1] Lettre du 18 juillet 1807.

mâle et une incontestable révélation de son génie particulier.

Front vaste et prédominant, indice d'une belle intelligence.

De grands yeux bleus, limpides et doux, qui s'illuminaient d'une sainte hardiesse aux heures du combat.

Sa constitution s'était affermie au point de le rendre capable d'affronter les plus rudes fatigues.

Passé maître en équitation, on l'a vu faire trente lieues à cheval, dans la même journée, pour aller à l'autre bout du diocèse, et, le lendemain, on le retrouvait, tranquille et doux, dans son cabinet de Saint-Brieuc. Le plus souvent, on ne s'était pas même aperçu qu'il eût quitté la ville.

Racheter les biens ecclésiastiques, restaurer les séminaires, ouvrir leurs portes à de vaillantes recrues, organiser des missions, convertir les pères et préserver les fils des séductions du siècle : c'était le plan du jeune vicaire capitulaire. Il le réalisa, tout en travaillant au retour des malheureux apostats, qui avaient oublié leurs devoirs sous la Terreur[1].

---

[1] Jean-Marie dut quitter le diocèse, après avoir quelque temps rempli les fonctions de grand vicaire auprès du nouvel évêque, M. de la Romagère, fort saint homme, mais gallican outré et d'un jugement qui souvent faisait défaut jusqu'à l'extravagance. M. Frayssinous l'appelait « un original fieffé », et Féli, parlant de lui, disait : « Ce n'est pas qu'il n'ait de la piété et du zèle à sa façon. Mais quel « pauvre homme! Qu'il est ennuyeux! Il fait des vers, les récite et « les chante même volontiers. A la mission de Clermont, quoi que « pussent dire les missionnaires, il s'obstina jusqu'au bout à dé- « ployer ses talents. Pendant la communion générale des hommes, « le voilà qui entonne, au milieu du chœur, d'une voix rauque et « chevrotante :

« Ce n'est pas petite affaire
« De chanter la communion.

« Juge de l'effet... » (14 août 1818.)

IV

Il est temps de parler du plus beau titre de gloire de cet apôtre.

C'était au mois de juin 1819.

Féli, alors à Paris et en train d'écrire le second volume de son *Essai sur l'indifférence,* entendit parler de la grande fondation que Jean faisait en Bretagne.

Saisi d'enthousiasme, il s'écria :

— Quelle belle œuvre !... Si je n'étais pas prêtre, je me ferais *petit frère* pour l'instruction du peuple.

C'est Chateaubriand qui l'a dit : « Celui qui fonde une famille religieuse se prolonge sur la terre. Son action dans la société humaine échappe à tous les calculs et reste le secret de Dieu. »

On l'a bien vu pour le fondateur des *Petits Frères.*

Dès 1824, l'Institut établit sa maison mère à Ploërmel, et il compte cent trente-trois instituteurs, exerçant dans les écoles bretonnes.

Les fondations se multiplient, et aujourd'hui c'est par milliers que se comptent ces humbles religieux. La maison de Ploërmel a donné naissance à un nombre prodigieux d'établissements, en France et aux colonies.

« Il y a dans les forêts de l'Afrique et de l'Inde un arbre dont chaque branche, se projetant d'abord aussi loin que le permet le poids de son feuillage, arrive doucement à appuyer son extrémité sur la terre, produit au point de contact des racines et de nouveaux rameaux, et forme un nouveau tronc qui étend à son tour ses fruits et son ombrage, si bien qu'au bout de quelques années ce groupe majestueux est à la fois un arbre et une forêt. Chaque rejeton vit de sa propre vie, et pourtant le vieux tronc primitif continue de partager entre tous sa séve toujours abondante et son inépuisable fécondité [1]. » C'est l'image des développements de l'Institut de Ploërmel.

Mais il ne faut pas croire que ce prodigieux développement se soit accompli sans résistances. Les dernières années de la Restauration furent laborieuses, et, en 1830, il fallut lutter pied à pied.

— Quel homme! s'écriait un municipal de Guingamp qui avait entamé une lutte contre l'œuvre populaire de l'abbé Jean. Je n'ai jamais vu son pareil; on le chasse de la cave, il monte au grenier!

Un beau jour, la Chambre des députés fut saisie de la question par quelques députés hostiles, parmi lesquels M. Salverte, lequel affirma, en pleine tribune, que les Frères de Ploërmel étaient de véritables moines, liés par des vœux irrévocables.

Le fondateur publia aussitôt sa réponse, dont un passage est devenu historique

— Et moi, j'affirme, écrivait-il, que les Frères ne prononcent aucun vœu monastique. Il y a sans doute des rapports de dépendance entre eux et leurs supérieurs; mais n'y en a-t-il pas aussi entre le soldat et ses chefs, et, à cause de cela, prétendra-t-on que les soldats sont des moines? Je ne connais pas de loi qui me défende, par

---

[1] De Léséleuc, *Oraison funèbre*, etc., p. 25.

exemple, de promettre, même devant Dieu, à l'honorable M. Salverte d'être son très-obéissant serviteur, et qui s'oppose à ce que je l'appelle : Mon Révérend Père !

Quand on lut ce paragraphe à la Chambre, il excita des éclats de rire homériques.

Le député Salverte en devint presque fou ; car jusqu'à la clôture de la session, ses collègues ne l'abordaient plus qu'en s'inclinant avec respect devant lui, en disant :

— Bonjour, mon Révérend Père.

Les saillies du spirituel abbé sont demeurées célèbres.

Il avait la réplique leste et le trait vif.

Un jour, — il était alors vicaire général de la grande aumônerie, — son habit de cour, taillé à grands frais au profit d'un prêtre qui n'a pas toujours sacrifié aux grâces dans l'agencement de son costume, ce fameux habit de cour, dont il riait aux éclats, quand il le porta pour la première fois, n'avait pas tardé à perdre beaucoup de sa fraîcheur et à ressembler aux soutanes et aux petits collets de Saint-Brieuc, devenus légendaires par leurs coutures échappées, leurs taches bien dessinées et leurs accrocs persévérants.

Cette négligence de tenue exposait le digne homme aux taquineries des dames de la cour, qui l'agaçaient sans cesse à ce propos.

Mais la riposte ne se faisait pas attendre, même devant le Roi.

— Eh ! mesdames, s'écria-t-il un jour, ne voyez-vous pas que ma toilette fait pénitence pour les excès de la vôtre ?

— Bravo ! voilà qui s'appelle répondre, dit Louis XVIII, d'autant plus porté à donner à ces paroles une entière approbation, que lui-même n'était pas très-soigné dans sa mise. Bravo, monsieur le grand vicaire. Le beau sexe a trop de coquetterie, nous n'en avons pas du tout, cela fait compensation.

Une autre fois, un de ses religieux, de nature fantasque et capricieuse, s'avisa d'écrire, à propos d'un certain clocher que le Père faisait bâtir à la maison mère :

— La tour que notre Père fait bâtir à Ploërmel est une haute folie.

On crut devoir montrer la lettre à M. de Lamennais, qui répondit au Frère, courrier par courrier :

« Tu trouves, mon cher enfant, que la tour de Ploërmel est une haute folie!... Je ne regrette qu'une chose, c'est qu'elle ne soit pas encore assez haute, pour que je puisse découvrir d'ici tout ce que tu fais de travers là-bas. »

Une autre fois encore, en tournée de visite dans ses maisons, pendant la récréation qu'il égayait de ses joyeuses causeries :

— Mon Père, lui demanda un religieux, y a-t-il du nouveau à Ploërmel?

— Mais oui; nous y avons reçu, le mois dernier, cinq dames normandes, dont nous n'avons pas à nous plaindre. Elles sont très-convenables sous tous les rapports. Ce qu'il y a de bon et de rare, c'est qu'elles savent parler et se taire quand il le faut. Bien plus, s'il leur arrive de toujours parler ensemble, elles s'accordent on ne peut mieux : c'est un plaisir.

— Et que font ces dames à Ploërmel? demandent les Frères qui tombent positivement des nues.

— Ce qu'elles font?... Elles nous rendent service. Elles

sont très-haut et fort bien placées ; nous les trouvons utiles pour l'ordre et la régularité de la maison.

Les visages surpris, les yeux écarquillés amusaient beaucoup le bon supérieur.

Il se décida néanmoins à mettre un terme à l'ébahissement, et il donna le mot du logogriphe.

On juge des éclats de rire et des bravos, lorsqu'on apprit que les « dames normandes » étaient des cloches, provenant de la fonderie de Villedieu, en Normandie.

L'anecdote a une variante.

D'après cette variante, M. de Lamennais aurait laissé en suspens ses auditeurs, sans expliquer l'énigme, et ceux-ci, prenant à part le Frère conducteur, lui auraient dit :

— Mais enfin, vous devez savoir cela, vous? Quelles sont ces dames qui logent à Ploërmel?

— Eh quoi! grands innocents que vous êtes, vous ne comprenez pas que ce sont nos cloches! Est-ce que cinq dames pourraient parler toutes ensemble, en restant d'accord?

V

Je me suis attardé avec complaisance sur ces souvenirs anecdotiques, parce qu'ils peignent bien cette aimable physionomie qui, par tant de côtés, contraste si fort avec celle de Féli.

D'ailleurs, pour bien comprendre ce dernier, durant les années qu'il consacra au service de la défense religieuse,

il fallait se rendre compte des influences et du contact
de ce frère aîné, si gai, si spirituel, et en même temps si
pieux et si humble.

Cette nature de Breton aimable gagnait tous les cœurs.

Les enfants l'adoraient.

Les religieux l'idolâtraient.

Le clergé ne songea pas une seule fois à contester son
mérite ni à critiquer ses œuvres.

M. Guizot lui a consacré plusieurs passages de ses
graves *Mémoires*. On y lit :

« La congrégation de l'Instruction chrétienne, fondée en
Bretagne par l'abbé J. M. de Lamennais, attira particulièrement mon attention. Le nom du fondateur, son esprit
cultivé, son entier dévouement à son œuvre, son habileté
pratique, son indépendance envers son propre parti, sa
franchise dans ses rapports avec le pouvoir public, tout en
lui m'inspirait une entière confiance, et il y répondit au
point de provoquer lui-même l'inspection du gouvernement
dans ses écoles. »

Ce n'est pas cependant que le prêtre fît jamais aucune
concession indigne de lui. Il savait, vis-à-vis de tous, conserver son indépendance et la faire accepter.

Un jour, à la fin d'une audience, M. de Salvandy, ministre de l'instruction publique, lui dit :

— A propos, mon cher abbé, voici un ouvrage que je
viens d'approuver, comme livre de lecture, pour les écoles
de petits enfants, vous seriez bien aimable de l'adopter
dans celles de vos Frères.

M. de Lamennais feuilleta le volume et ne tarda pas à
y reconnaître un recueil de balivernes romantiques, composé par quelque bas bleu de la connaissance du ministre.

— N'est-il pas vrai que vous me ferez ce plaisir? ajouta M. de Salvandy, sans remarquer que son interlocuteur fronçait le sourcil.

— Désolé de vous refuser, monsieur le ministre... Je ne peux pas, je ne peux vraiment pas!... Mes écoles sont instituées pour faire connaître Jésus-Christ, et le livre que vous me présentez n'en dit pas un mot.

C'est lui qui écrivait, dans le célèbre Mémoire sur son Institut :

« La congrégation des Frères de l'Instruction chrétienne a été fondée, à Saint-Brieuc, en 1817. Trois jeunes Bretons qui savaient à peine quelques mots de français en formèrent le noyau.

« A cette époque, il n'existait en Bretagne que six ou sept écoles publiques, dans lesquelles les enfants du peuple fussent reçus gratuitement, et elles étaient toutes placées dans les villes.

« La nouvelle congrégation eut pour but de fournir des instituteurs chrétiens à nos pauvres campagnes, si complétement dénuées de tout moyen d'instruction, et qui, je dois le dire, en sentaient si peu l'importance; mais, pour la répandre au milieu d'elles, il était nécessaire que les maîtres d'école inspirassent aux familles une grande confiance par le titre et l'habit religieux, et, de plus, que la dépense des écoles fût très-modique. »

Il entrait ensuite dans de charmants détails sur les privations de la première heure et les provisoires dont il fallut longtemps se contenter.

« Plus on était mal, dit-il, mieux tout allait. C'était le bon temps. »

Et il ajoute, avec un accent du cœur :

« O pauvreté, ô simplicité de nos anciens jours, que vous m'étiez chères, et que je vous regrette!... »

Et ne croyons pas que cette vie si active, ces préoccupations de la piété, nuisissent en rien au goût si vif de l'abbé Jean pour les travaux de l'intelligence.

Personne n'eut à un plus haut degré l'amour de la lecture et de l'étude.

Quand il était malade, il affirmait très-sérieusement aux médecins que les livres seuls pouvaient le guérir.

Il avait réuni une des plus belles bibliothèques qui existassent alors, remplie d'ouvrages précieux et d'éditions rares.

— Pour avoir tant de beaux et bons livres, vous avez dû dépenser bien de l'argent, mon cher supérieur? lui disait un prêtre, émerveillé de ces richesses bibliographiques.

— Non, mon ami, cela m'a coûté quelques défaillances de l'estomac, mais fort peu de chose en plus.

— Des défaillances d'estomac? fit l'interlocuteur, avec un geste qui doublait le point d'interrogation.

— Oui. Je n'en suis pas mort, comme vous le voyez, et, Dieu merci! j'ai des livres. Du reste, voici le mot de l'énigme, mon cher curé.

Quand je suis à Paris, au lieu de dîner à l'hôtel, j'achète deux sous de pain, deux sous de fromage, et je fais, dans ma chambre, sans inviter personne, un repas modeste, qui ne m'a jamais donné d'indigestion, au contraire. Par ce moyen j'économise, et je vais me promener sur les quais, où je bouquine de droite et de gauche. Ces brocanteurs de la capitale ont de véritables trésors qu'ils ne connaissent pas. Mon dîner me revient à quatre sous, et souvent pour trois sous j'ai un chef-d'œuvre. Quand je reste seulement là-bas une quinzaine, vous figurez-vous ce que je rapporte?

Il disait vrai. Toutes les fois qu'il revenait de Paris, on était sûr que son bagage privé, consistant en un sac de nuit, se trouvait accru de trois ou quatre énormes caisses, pleines de livres.

Chez lui, d'ailleurs, ce n'était pas de la bibliomanie, ni même pure satisfaction de bibliophile.

Un prélat, qui l'a beaucoup connu, disait :

« On peut affirmer que le supérieur de Ploërmel connaissait à fond chaque ouvrage de cette riche collection de livres. Sa ténacité à garder la mémoire de ce qu'il avait lu plongeait ses religieux dans la stupeur. Il n'était étranger à aucune branche de l'érudition ecclésiastique ou profane, et ce fut peut-être l'homme le plus universellement érudit de son siècle. »

VI

Tel fut le frère du fondateur de l'École Menaisienne, l'homme qui a contribué à donner à cette école son grand et catholique éclat des temps primitifs.

Lorsqu'il mourut, il y a quelques années à peine, — car il parvint, malgré les labeurs d'une activité prodigieuse, à la plus extrême vieillesse, — la douleur fut universelle.

Il a laissé un souvenir immortel.

Il reste la gloire la plus pure de la Bretagne contemporaine et la vraie gloire du nom de Lamennais.

A Ploërmel, trois générations l'avaient connu, l'avaient respecté, l'avaient aimé.

Quand la vieille cité bretonne érigera une statue à ce bienfaiteur de l'humanité, qu'elle a vu, pendant près d'un demi-siècle, passer et repasser dans ses murs de granit, en faisant chaque jour un bien nouveau, la France entière applaudira Ploërmel, comme elle a applaudi, récemment, la capitale normande, procédant avec tant d'enthousiasme à l'érection d'un monument à l'abbé de la Salle.

VII

Lorsqu'il mourut, l'abbé Jean emporta dans la tombe une douleur dont il ne se guérit pas, depuis que son frère, l'abbé Féli, l'avait précédé dans la mort, sans consentir à le recevoir, sans vouloir entendre parler du fier et glorieux compagnon d'armes d'autrefois [1].

Depuis la rupture, dit son pauvre neveu, le panégyriste du révolté, l'abbé Jean avait cherché la résignation dans le développement de son œuvre, il fonda de nouvelles écoles pour les pauvres, « et cette âme, si élevée et si tendre,

---

[1] Nous trouvons dans les *Notes inédites* de M. Aurélien de Courson, à la date de septembre 1853, le passage suivant : « Aujourd-« d'hui, le pauvre abbé Jean-Marie m'a parlé du mal que, sans s'en « douter, le Père Rozaven et quelques autres adversaires de Féli « lui ont fait, en suspectant sa bonne foi, *dans un temps où la foi* « *remplissait bien réellement son cœur.* Quelle responsabilité ! »

conclut M. Blaize, trouva sa consolation dans le sentimen t
du devoir accompli et dans le sourire des enfants et des
mères ».

La consolation ne fut jamais complète [1].

Dans les premiers jours de mars 1854, quand il apprit,
à Rennes, la mort de son frère, l'abbé Jean revint à Ploërmel, accablé, méconnaissable; plusieurs jours s'écoulèrent
sans qu'il prît aucune nourriture, et il fut plus d'un mois
sans recouvrer le sommeil.

Au mois de juin, il voulut revoir, afin d'y célébrer la
messe pour l'âme du défunt, la Chesnaie, la chère et studieuse solitude, où les deux frères avaient été si heureux,
et où nous les suivrons dans notre prochain chapitre.

Au sortir de la chapelle, ses yeux s'arrêtèrent sur le
pavillon qu'avait constamment habité, à toutes les époques,
l'auteur de l'*Essai sur l'indifférence*.

Il étendit vers l'une des fenêtres ses mains tremblantes,
comme s'il y voyait apparaître la chère image de celui qu i

---

[1] C'est encore dans les précieuses *Notes de voyage* de M. de Courson que je lis ceci : « Arrivé avant-hier (8 septembre 1853) à
« Ploërmel, maison des frères. Le pauvre abbé Jean-Marie souffrant
« et d'une mortelle tristesse. La santé de son frère décline, et il
« craint qu'il ne s'enfonce de plus en plus dans sa réaction contre le
« Pape *qui a refusé de marcher derrière lui*. Le pauvre Jean-Marie
« n'a pas l'ombre d'espoir que son frère se convertisse. L'autre soir,
« après le souper, étant venu, selon sa coutume, s'asseoir au pied
« de mon lit, il m'a fait part de toutes ses anxiétés sur la fin de
« Féli. — Je sais par les Blaize, me disait-il, que le malheureux
« persiste dans son irritation contre quiconque se permet de lui sou-
« mettre la moindre observation. Il n'y a jamais eu d'orgueil plus
« effrayant que celui-là. Béranger lui-même n'a pas eu toute liberté
« de lui dire ce *que devait être un ancien prêtre*, même après
« avoir rompu avec l'Église. Aussi le pauvre abbé Jean, pleurant à
« chaudes larmes, a-t-il fini par me dire : — Son orgueil lassera la
« miséricorde de Dieu, j'ai peur qu'il ne finisse en réprouvé!... »

avait quitté ce monde, et il s'écria, d'une voix coupée de sanglots :

— Féli ! Féli !... où es-tu ?...

Et il tomba sans connaissance dans les bras des Frères qui l'accompagnaient [1].

[1] De Léséleuc, *Oraison funèbre*, etc., p. 43.

III

OEUVRES COMMUNES.

Le 16 août 1807, l'abbé Jean-Marie de Lamennais écrivait :

— Nous nous sommes retirés (Féli et moi) dans une
maison de campagne, qui nous appartient, située à une
lieue et demie de Dinan, et nous avons défendu à l'ennui
d'approcher de nous. Il n'a pas osé encore une seule fois
se présenter à notre porte. Mais la santé n'a pas été si
docile. Cependant, mon état n'est pas plus mauvais, et le
médecin prétend que n'être pas plus mal, c'est être
mieux...

Puis, avec cette joyeuse humeur que nous lui connaissons, et que ne purent vaincre, à aucune époque, ni la
maladie ni la souffrance, il ajoute, avec sa pointe accoutumée d'ironie spirituelle :

— Je veux bien en croire ce cher Esculape, et même, si cela continue, je ne désespère pas de mourir en bonne santé.

I

Cette maladie de l'abbé Jean devait avoir pour résultat la conversion de son frère, plus jeune que lui de deux ans.

Féli, qui jusqu'alors avait essayé de s'étourdir dans les dissipations coupables et n'y avait trouvé qu'une ivresse pleine d'amertume, devint tout à coup réservé, solitaire, ami de l'étude.

Un de ses biographes le dit :

« Sous la double influence de l'affection et de la science fraternelle, il retrouva la foi qu'il avait perdue. A partir de ce moment, les études sacrées absorbèrent son activité dévorante. Il se familiarisa avec le latin, le grec, l'hébreu, afin de posséder comme la sienne toutes les langues de l'Église ; il y joignit l'anglais et l'allemand, pour être en mesure de répondre à tous les systèmes et à tous les sectaires [1]. »

Pendant trois années les deux frères ne se quittent plus, vivant ensemble, priant ensemble, travaillant ensemble. Leurs études sont communes et visent au même but.

Il en sortit trois œuvres capitales, sur lesquelles il nous faut porter notre attention.

---

[1] DE LA GOURNERIE, *loc. cit.*, p. 26.

3.

II

La première éveilla fortement les susceptibilités du régime impérial, qui en fit saisir les exemplaires chez l'éditeur. Celui-ci put néanmoins en dérober aux recherches de la police un certain nombre.

L'œuvre fut lue et commentée.

Beaucoup d'esprits droits et d'âmes sincèrement chrétiennes en firent publiquement l'éloge.

Elle contribua puissamment à montrer que la protection accordée à l'Église, au sortir de la Révolution, par Bonaparte, dégénérait en un asservissement du Saint-Siége et des âmes.

L'ouvrage est intitulé : *Réflexions sur l'état de l'Église en France pendant le dix-huitième siècle et sur sa situation actuelle.* Il parut en 1808.

Écrit au milieu des bois, dans cette solitude de la Chesnaie si inconnue alors, aujourd'hui si célèbre, ce livre annonçait à l'Église des champions dignes d'elle.

Les vues abondent dans ce travail.

On y gémit hautement de l'insuffisance des études dans le clergé, quant à l'exégèse biblique et aux langues orientales.

Bien plus, les solitaires de la Chesnaie, devançant leur siècle, comme il arrive souvent au génie, y réclament une foule de réformes, que la fin du dix-neuvième siècle, alors à son aurore, ne devait pas suffire à réaliser.

On demandait [1] les Conciles provinciaux, — les synodes diocésains, — les Retraites ecclésiastiques, — les Conférences doctrinales entre prêtres, — la vie de communauté dans les presbytères, — la restauration de l'instruction cléricale par des congrégations enseignantes, — l'évangélisation des paroisses par des missionnaires, — l'éducation confiée à des instituts religieux d'hommes et de femmes, — le retour aux prescriptions du droit canonique, — le rétablissement des officialités ou tribunaux destinés à garantir l'honneur et les intérêts des simples prêtres contre les dénonciations plus ou moins suspectes auxquelles les évêques peuvent être exposés à prêter l'oreille.

Je n'ai pas à me prononcer sur la valeur de ces réformes. C'est à l'Église de juger quelles sont celles qu'il convient d'adopter. Mais je dois, fidèle historien, constater que l'initiative qui les demandait déjà en 1808 fut acclamée avec enthousiasme par le clergé et les catholiques. C'est un signe qu'il est toujours imprudent de méconnaître...

Les *Réflexions sur l'état de l'Église en France* touchaient donc à une grande question, vitale pour notre chère Église de France, et, pour la résoudre, elles en appelaient aux règles de l'Église universelle, fixées par les Conciles, les Constitutions des Papes et l'expérience des siècles, celle des rapports, des droits et des devoirs du corps épiscopal et du clergé inférieur.

Malheureusement, on sortait de la Révolution. Il fallait courir au plus pressé. La restauration religieuse semblait exiger qu'on parlât beaucoup plus de devoirs que de droits. Puis, les traditions du gallicanisme et du jansénisme aidant,

---

[1] FOISSET, *Vie du P. Lacordaire*, t. Ier, p. 107.

l'exemple du régime impérial essentiellement autocrate suggéra d'adopter une façon de gouverner qu'on a justement appelée le système dictatorial. Mais il ne faut pas l'oublier, la dictature n'a jamais été et ne saurait jamais être qu'un régime essentiellement transitoire.

Dans un style [1] un peu travaillé peut-être, et d'un mouvement un peu trop uniforme, mais qui n'en sent pas moins une excellente école et présage les grands ouvrages qui suivront, les *Réflexions sur l'état de l'Église en France* établissaient donc que l'obéissance pour le prêtre ne consiste pas à renoncer au bénéfice des lois ecclésiastiques qui la règlent et à se taire, quand il se croit lésé ou puni à tort ; mais elles étaient aussi appelées à traiter la question des origines du pouvoir et du droit divin dans les gouvernements des nations.

Les auteurs n'hésitaient pas à se déclarer partisans de la monarchie héréditaire en France, car Lamennais, qui devait finir par professer les doctrines de la démocratie, et même de la démagogie, a d'abord été un ardent royaliste.

Pour lui, la monarchie de droit divin est la seule véritable, la seule légitime, parce qu'elle descend du ciel, — du moins il l'affirme. — Pour lui, l'idéal du roi, du vrai roi, c'est Louis XIV, ce monarque, dit-il, qui se distingue par sa « noble décence » et par la « majesté de ses mœurs ». — Cela se trouve à la page 19 de l'ouvrage que j'examine en ce moment.

Par une habile diversion, — qui ne fut pas encore assez habile pour tromper le régime impérial, — les *Réflexions* prennent une tangente et s'inclinent, en passant, devant

---

[1] FOISSET, *loc. cit.*, p. 107.

« l'homme de génie, qui vient, disaient-elles, de *refonder* en France la monarchie et la religion ! »

Hélas ! les habiles trouvent encore plus habiles qu'eux. On était en 1808. Déjà le général Miollis occupait Rome, et Fouché, qui dirigeait la police impériale, supprima le livre.

Les deux frères de Lamennais ne l'ont jamais pardonné à Napoléon.

Jean-Marie lui-même, si bon et si facile à accepter les situations qu'il ne pouvait pas empêcher, ne s'est jamais départi du jugement rigoureux qu'il porta dès lors sur le premier Empereur.

Il déclara jusqu'à la fin cet homme capable de sacrifier le monde entier à sa personnalité dévorante, et l'opinion qu'il avait de l'oncle, il la reporta, sinon totalement, du moins en partie, sur le neveu.

— Autrefois, disait-il, j'ai connu le lion, et nous avons tous été menacés de sa griffe. Maintenant, c'est le renard que je vois. Il flatte l'Église, mais j'ai peur que ce ne soit pour la trahir et pour la déchirer plus tard.

Une anecdote peindra les suites de la mesure de Fouché sur l'esprit des auteurs des *Réflexions*.

Vers le milieu du second empire, et surtout après la guerre d'Italie, le fondateur de Ploërmel, devenu très-vieux, mais conservant toute la force et toute la vivacité de son caractère, ne se gênait pas, peut-être pas assez, — car l'Église et la loi de Dieu veulent qu'on respecte toujours le pouvoir établi, — pour manifester son indignation et ses ressentiments.

Napoléon III faisait sa fameuse tournée en Bretagne. On était au mois d'août.

Les Frères se trouvaient réunis pour la retraite annuelle, qui se fait tous les ans vers cette époque, et comme Napoléon ne devait pas honorer Ploërmel de sa présence, plusieurs membres de l'Institut s'imaginèrent que M. de Lamennais jugerait convenable de choisir une députation, qui irait présenter à l'Empereur les hommages respectueux de l'Institut tout entier, soit à Vannes, soit à Lorient, soit à Napoléonville, — à moins, disaient-ils, que le Père ne préférât y aller lui-même.

Donc, on chargea des délégués de sonder là-dessus M. de Lamennais.

Celui-ci avait l'habitude de se coucher de bonne heure et d'attendre le sommeil en s'occupant d'affaires avec l'un ou l'autre des directeurs de la maison.

Il était au lit, lorsque les délégués vinrent frapper à sa orte.

— Allez ouvrir, et voyez ce qu'on demande, Frère Joseph-Marie, dit-il au religieux qui causait avec lui ce soir-là.

— Mon Père, ce sont dix ou douze de nos Frères, qui désirent vous parler.

— Bon, qu'ils entrent.

Les délégués parurent, se rangèrent en ligne au fond de la pièce, et celui qui devait prendre la parole s'avança près du lit, en disant :

— Nous venons vous consulter, mon Père, afin de savoir si vous êtes d'avis que la maison de Ploërmel, à l'exemple d'autres communautés religieuses, envoie quelques-uns de nous saluer Sa Majesté.

A ces mots, le vieillard, surpris et rouge d'indignation, se dressa sur son séant :

— Mon Frère, dit-il, vous allez vous rendre à la chapelle,

et vous resterez une demi-heure devant le Saint Sacrement,
pour lui demander pardon d'être venu me faire une proposition semblable!

Le délégué se retira confus. — Déjà ses compagnons,
voyant éclater l'orage, s'étaient empressés de quitter la
chambre et se trouvaient au bas de l'escalier.

— Comprend-on pareille chose? continuait M. de Lamennais, qui ne se calmait pas encore; pourquoi ne me de-
mandent-ils pas aussi permission d'aller saluer Victor-
Emmanuel, Cavour ou Garibaldi?...

III

Revenons à la Chesnaie, où la vie des deux frères eût
été d'une sérénité parfaite, sans les craintes que donnait la
santé de Jean.

Mais nous savons le secret de cet homme dans ses mala-
dies. Tout son *Codex* pharmaceutique tenait dans une
phrase :

— Je ne connais pas d'autre remède pour guérir toute
espèce de maux que les livres.

Jean et Féli se plongeaient à qui mieux mieux dans les
livres.

Mais l'esprit a besoin de repos, comme le patron de
l'aîné des Lamennais, l'aigle de Patmos, le démontra un
jour en jouant avec la perdrix apprivoisée.

Or, je ne sais pas de meilleur repos pour l'esprit que le
cœur : le cœur repose l'esprit !

Les deux frères le savaient, et, dans l'intervalle de leurs

fiers travaux sur la philosophie de l'histoire contemporaine et plus tard sur l'importante question dont ils s'occupèrent ensuite, comme je vais le dire bientôt, leur cœur cherchait l'aliment et la quiétude de leur grand esprit.

Pour le trouver, ils rebroussèrent chemin jusqu'au seizième siècle.

Une figure douce et forte les y attira et les y fixa.

En 1506, au château de Châtillon, dans le pays liégeois, naissait un enfant de noble race, destiné par sa famille princière à briller à la cour de Charles-Quint. Il fut le page favori de ce grand prince. Mais, à quatorze ans, le noble adolescent entendit l'appel du ciel. Il quitta la cour et alla s'ensevelir dans l'abbaye bénédictine de Liesse.

Dix ans après, — il n'avait que vingt-quatre ans, — le suffrage des moines lui confia la crosse abbatiale, tant la sagesse devança chez lui les années.

Devenu abbé, il établit, avec force et suavité, la réforme dans son monastère, y fit fleurir science et vertu.

Un trait peindra ce caractère. Quand Philippe II mourut, ce prince, austère et rigide, sentit le besoin d'adoucir ses derniers moments, sans rompre avec la sévère ligne de sa vie tout entière. Comme autrefois Samson, il se dit : « Qu'y a-t-il de plus doux que le miel? Qu'y a-t-il de plus fort que le lion? C'est aux lèvres du lion que je demanderai le rayon de miel qu'il me faut pour mourir », et il manda le jeune abbé bénédictin, qu'il avait connu à la cour de son père et qui l'assista à son agonie.

L'abbé s'appelait Louis de Blois.

Cette physionomie, forte et douce, devait attirer les Lamennais : cela leur ressemblait si bien, à ce moment-là surtout!

En 1809 parut, sous le titre de *Guide spirituel,* le résultat de leur commerce assidu avec le Bénédictin du seizième siècle.

C'est un livre qu'on lit encore, et dont les âmes pieuses ont fait leurs délices pendant plus de cinquante ans, alors que la librairie ascétique n'était pas encore inondée par le torrent des publications qui l'ont envahie depuis, et où, trop souvent, on ne sait lequel le plus regretter, de la mièvrerie d'un style langoureux ou de la médiocrité du fond, ce qui explique, — pour le dire en passant, — l'affadissement progressif et continu de la piété contemporaine.

On sortait des traités spirituels du dix-huitième siècle, désespérément secs et distillant l'ennui goutte à goutte, tant ces ouvrages ascétiques, même ceux des ennemis les plus déclarés du jansénisme, se ressentent de l'influence fatale exercée par cette hérésie diabolique sur le caractère de la direction des âmes.

Le *Guide* de Lamennais, sans tomber dans les ridicules popularisés par nos petites images dévotes où l'on ne voit que cœurs blessés et colombes qui becquettent, rompait avec les fastidieuses traditions des spirituels en renom, et ouvrait aux âmes une voie large, avec de beaux horizons illuminés par le sourire de Dieu, où le cœur respire à l'aise dans la dilatation de la vraie piété catholique, qui n'est point cet encapuchonnement dont certains types de dévotes avaient popularisé le ridicule consommé.

IV

J'aborde le dernier des trois ouvrages qui constituent dans l'histoire bibliographique la collaboration littéraire et philosophique des deux frères Lamennais.

« Dès 1802, dit un biographe de l'abbé Jean, nous le voyons préoccupé de la question souveraine de l'autorité de l'Église et de la recherche des origines de l'histoire ecclésiastique. Il a deviné la menace du schisme sous les habiletés diplomatiques du Concordat ; il a compris le point d'appui que le despotisme cherchait dans les prétendues libertés gallicanes, et, avec l'ardeur, la ténacité, l'unité de vues qui furent toujours les qualités éminentes de son esprit, il prépare déjà les matériaux de ce livre capital, et pour lequel Féli ne fut que son collaborateur [1]. »

Dans cet ouvrage, auquel Féli prêta sa plume et Jean son érudition, rien ne fait encore pressentir le Lamennais de l'avenir. Nulle âpreté de ton, nulle amertume de sentiments. Le controversiste est plein de modération, il est maître de lui et singulièrement tempéré. Le calme des champs, la paix de l'âme et l'influence fraternelle ont dompté Féli.

Pour comprendre l'influence des recherches qui remplissaient ce livre, il nous faut revenir sur certains incidents graves de notre histoire ecclésiastique depuis la constitution civile du clergé. L'histoire d'ailleurs en vaut la peine.

---

[1] ROPARTZ, *La vie et les œuvres de J. M. de Lamennais*, p. 30.

Un jour, l'abbé Émery se promenait dans la cour du séminaire, à Saint-Sulpice, quand on vint l'avertir qu'un cardinal demandait à le voir. La visite d'un cardinal au séminaire et à l'abbé Émery, déjà alors l'oracle du clergé français, n'était point chose rare. Le supérieur se rendit au parloir, où l'Éminence attendait. C'était le cardinal Fesch.

Quand il sortit, l'abbé Émery était soucieux.

— Messieurs, dit-il, en rejoignant la récréation, l'Empereur me mande à Fontainebleau. Je ne sais pas ce qu'il veut me dire. Peut-être veut-il me consulter sur ses démêlés avec le Pape? Peut-être va-t-il supprimer la compagnie? Ainsi, il faut beaucoup prier pour moi, afin que Dieu m'inspire des réponses convenables.

L'abbé Émery partit pour Fontainebleau. Le César le fit attendre trois jours avant de lui donner audience. L'abbé passa une grande partie de ce temps dans la chapelle du château, priant pour les princes de la branche de Valois, qui l'avaient fait bâtir, et pour lesquels, disait-il, il y avait bien longtemps qu'on ne faisait plus de prières.

Puis, il préparait ses phrases, et arrangeait son petit discours.

— Sire, dirait-il au puissant empereur, je suis sur le bord de ma tombe : aucun intérêt humain ne peut agir sur moi; mais le seul intérêt de Votre Majesté m'oblige à lui déclarer qu'il est très-important pour elle de se réconcilier avec le Pape, et qu'autrement elle est exposée à de grands malheurs.

Hélas! l'excellent abbé en fut pour ses préparatifs oratoires.

En effet, introduit à l'audience, pendant qu'il s'inclinait

jusqu'à terre et commençait : « Sire... » l'Empereur s'approchait vivement et prenait le bon sulpicien par l'oreille en la lui secouant avec force.

C'était une gentillesse que Napoléon se permettait quelquefois vis-à-vis de ceux dont il était content. Il se la permit avec le prince-primat ; ce dernier s'en plaignit plus tard à l'abbé Émery, qui lui répondit :

— Monseigneur, j'ai reçu la même faveur que Votre Altesse ; je n'osais pas m'en vanter, mais, à présent que je la partage avec un aussi grand seigneur que vous, je vais le dire à tout le monde.

Après lui avoir tiré l'oreille, Napoléon commença à débiter au supérieur de Saint-Sulpice un long monologue contre le Pape, et il le termina en disant :

— Pie VII est un très-brave homme, malheureusement environné de cardinaux encroûtés d'ultramontanisme, qui lui donnent de mauvais conseils.

Puis, il ajouta :

— Avec cela, il est bien étonnant que vous, qui avez appris toute votre vie la théologie, vous et tous les évêques de France, vous ne trouviez aucun moyen canonique pour m'arranger avec le Pape. Quant à moi, si j'avais seulement étudié la théologie pendant six mois, j'aurais bientôt débrouillé toute chose, parce que, — il porta le doigt à son front, — Dieu m'a donné l'intelligence. J'aurais un quart d'heure d'entretien avec Pie VII. Je ne parlerais pas si bien latin que le Pape ; mon latin serait un latin de cuisine ; mais bientôt j'aurais éclairci toutes les difficultés.

L'abbé Émery se permit de sourire, et il fit un signe qui disait :

— Vous êtes bien heureux de vous croire en état de

savoir toute la théologie en six mois, tandis que je ne la sais pas, moi qui l'ai étudiée toute ma vie.

L'huissier annonça que le roi de Bavière, le roi de Wurtemberg et le roi de Hollande se présentaient à l'audience.

— Qu'ils attendent! dit sèchement l'Empereur.

Et il entama avec l'abbé Émery, sans plus se soucier autrement des rois qui faisaient antichambre, une longue discussion sur les rapports de son gouvernement avec l'Église, cherchant à amener, par toute espèce de séductions, le vieux sulpicien à dire comme lui.

Le vénérable octogénaire tint bon.

Loin de s'irriter, l'Empereur se radoucit, et il le disait plus tard à quelques prélats courtisans qui lui faisaient observer que M. Émery, accablé d'un grand âge, lui avait peut-être déplu :

— Vous vous trompez ; je ne suis pas irrité contre l'abbé Émery : il a parlé comme un homme qui sait et qui possède son sujet ; c'est ainsi que j'aime qu'on me parle. M. Émery ne pense pas comme moi ; mais chacun doit avoir ici son opinion libre.

Cette leçon de suprême dédain à la courtisanerie d'évêques trembleurs fut donnée, à propos de la convocation du Concile de 1811, dans la fameuse séance préparatoire où M. Émery tint tête à l'Empereur, qui voulait, en s'appuyant sur Bossuet, démontrer qu'on pourrait bien se passer du pape pour gouverner l'Église de France. Le savant théologien savait son Bossuet par cœur, et il récita, de mémoire, ces magnifiques pages où le grand évêque a fixé sa croyance aux prérogatives divines de la papauté dans l'Église.

Le cardinal Fesch voulut se mettre au milieu.

— Taisez-vous, lui dit sèchement son impérial neveu, vous êtes un ignorant. Où avez-vous appris la théologie? C'est avec M. Émery, qui la sait, que je dois m'en entretenir.

Puis il ajoutait : « Un homme tel que M. Émery me ferait faire tout ce qu'il voudrait, et peut-être plus que je ne devrais. »

Malheureusement, l'abbé Émery tomba malade, et mourut le 23 avril 1811.

— Il faut lui faire des obsèques extraordinaires, dit Napoléon; je veux qu'il soit enterré au Panthéon.

Il fallut de vives instances pour qu'il consentît à ce que cette gloire du clergé français reposât modestement au milieu des siens, à Issy, maison de campagne du séminaire de Paris.

Une fois l'abbé Émery mort, Napoléon ne trouva plus en face de lui un seul homme.

« Bonaparte, dit le cardinal Pacca dans ses *Mémoires*, ne serait jamais devenu persécuteur de l'Église si, dès le principe, il eût trouvé plus de fermeté et de courage dans les évêques français, moins de facilité et de condescendance dans la cour de Rome. »

On sait comment, dans son omnipotence, Napoléon réunit les évêques ses sujets, et décora cette assemblée du titre de Concile national, auquel il proposa de décréter que, faute par le Pape d'avoir institué dans les six mois les élus de l'Empereur, ceux-ci seraient faits évêques par le métropolitain.

Il crut avoir trouvé le moyen de se passer du Pape.

On voit bien que M. Émery n'était plus là.

En effet, les évêques de la commission qui précéda le Concile, commission dont l'abbé Émery faisait partie, voulaient que l'Empereur envoyât un message au Pape pour lui demander d'accorder cette énormité. Napoléon se tourna vers l'abbé Émery :

— Et vous, dit-il, croyez-vous que le Pape fera cette concession ?

Directement interpellé, le vénérable sulpicien jeta les yeux avec déférence sur les évêques, comme pour s'excuser d'opiner contre eux.

— Sire, répondit-il, que Votre Majesté ne se fasse aucune illusion. Le Pape ne fera pas cela, il ne doit pas le faire, parce que ce serait anéantir son droit d'institution.

— Eh bien, messieurs les évêques, reprit Napoléon, vous vouliez me faire faire un pas de clerc, en m'engageant à demander au Pape une chose qu'il ne doit pas m'accorder !

On sait la lamentable conclusion de toute cette intrigue.

Napoléon connaissait la répugnance invincible de l'Europe catholique pour une papauté à la russe, dont les bénédictions paternelles seraient des coups de bâton et de knout.

Il voulait donc conserver le Pape et les évêques, mais en les subordonnant aux vues de sa politique et aux intérêts de sa dynastie, qu'il croyait perpétuelle.

Il croyait cela une idée bien neuve de son génie : « il n'était, dit Rohrbacher, que le centième répétiteur des plus pitoyables empereurs du Bas-Empire. »

La Providence, qui veille sur l'Église, — car il n'est rien au monde, dit l'histoire ecclésiastique, que Dieu aime à l'égal de la liberté de son Église, — la Providence répondit au défi du César victorieux.

Quand Pie VII le frappa des foudres de saint Pierre, il se prit à rire :

— Que prétend-il avec son excommunication ? Pense-t-il faire tomber les armes des mains de mes soldats ?

Le 9 mai 1812, il sortait, jusque-là toujours triomphant, d'un palais où il ne rentrera plus victorieux. Il commande six cent cinquante mille hommes, il a sous ses ordres huit rois qui viennent s'incliner à Dresde devant sa tête fière et demeurée couverte, il court faire la guerre à son ami Alexandre de Russie, il assiste à l'incendie de Moscou, et, contraint par les neiges de revenir en arrière, il verra, dans une triste retraite, les armes tomber des mains de ses soldats, désormais impuissantes à les retenir [1]!...

J'ai dû rappeler ces souvenirs attristés pour expliquer le grand travail des deux solitaires de la Chesnaie.

Il est intitulé : *Tradition de l'Église sur l'institution des évêques.*

On y établit, par l'autorité de l'Évangile et de la tradition, que la juridiction spirituelle a été donnée *immédiatement* à Pierre seul, pour la communiquer aux autres pasteurs. De siècle en siècle, on entend la même voix sortir de toutes les églises.

La première partie de cet ouvrage, digne des Bénédictins des grands siècles, commence par l'histoire des patriarches, tous institués par l'autorité de saint Pierre, et dont les priviléges, parmi lesquels il faut compter le pouvoir de confirmer les évêques, n'étaient qu'une émanation de la primauté du siége apostolique.

La seconde et la troisième partie sont consacrées à

---

[1] ROHRBACHER, *Histoire universelle de l'Église catholique,* t. XIV, pp. 455-475.

prouver que la doctrine de l'Église d'Occident n'a jamais différé sur ce point de celle de l'Église orientale.

L'histoire des conciles de Constance et de Bâle, de la pragmatique sanction et du concile de Trente, prouve qu'en France on n'a jamais mis en question le droit des Pontifes romains sur la confirmation des évêques, droit que l'Église gallicane, fidèle aux principes qu'elle avait hérités de ses saints fondateurs, s'est plu à proclamer jusque dans ces derniers temps, avec une fermeté et une constance aussi honorables pour elle que désespérantes pour les novateurs.

Ces novateurs, la *Tradition* les réfute vigoureusement, depuis l'apostat Antoine de Dominis, jusqu'aux jansénistes Richer, Van Espert, Ellies Dupin, Tabaraud et autres [1].

Pendant leurs promenades, les deux frères s'entretenaient des maux de l'Église, des efforts que faisaient Napoléon et ses évêques de cour pour affaiblir l'autorité du Pape.

Le plus jeune disait, comme d'inspiration :

— Telle ne peut pas être la tradition de l'Église, il faut chercher dans les conciles et dans les Pères.

De retour à la maison, ils cherchaient dans les livres, et ils trouvaient qu'ils avaient bien deviné, et que, depuis deux siècles, les jansénistes et autres sectaires avaient prodigieusement altéré les faits et les doctrines.

Et ils rédigeaient leurs découvertes.

Puis, ils en cachaient soigneusement les feuillets, de peur que la police impériale ne vînt à mettre la main dessus.

____

[1] ROHRBACHER, *loc. cit.*, p. 602.

L'ouvrage ne put paraître qu'en 1814.

Il produisit une grande impression, moins grande cependant que si les auteurs eussent eu le courage, ou plutôt la possibilité, de le publier en 1811.

IV

LE PREMIER VOLUME DE L'*Essai sur l'indifférence*.

I

Quatre ans après la publication du dernier ouvrage que
nous venons d'étudier, le nom de celui qui avait rédigé la
Tradition de l'Église sur l'institution des évêques, ce nom
que nul ne savait la veille, devenait, tout d'un coup, le
premier nom de l'Église de France.

Le tome premier de l'*Essai sur l'indifférence en matière
de religion* venait de paraître.

On était en 1818.

Quand on ouvre ce livre, aujourd'hui encore, après soixante ans entassés sur ce charbon, couvert des cendres du passé, on en sent encore la chaleur, et si l'on vient, comme nous, de fermer le livre de la *Tradition,* on ne s'explique pas cette soudaine transfiguration. Puis, quand on écoute le concert bruyant et enthousiaste qui s'élève autour de ce livre, on se demande pourquoi une si prompte apothéose.

Sans doute, les temps étaient changés ; en remuant la France à une plus grande profondeur qu'on ne saurait le dire, le retour de Napoléon en 1815 avait ravivé au plus haut point des passions qu'on croyait éteintes à jamais : elles provoquaient et enflammaient naturellement les passions contraires. Je ne dis pas cela au hasard, je raconte ce que nos pères ont vu et ce que la génération qui nous a précédés a consigné dans ses livres et dans ses souvenirs.

Sans doute encore, ordonné prêtre à trente-quatre ans, le 9 mars 1816, deux ans après la publication de la *Tradition de l'Église,* M. Félicité de Lamennais s'était senti un homme nouveau : la flamme sacerdotale brûlait dans son âme, elle y avait allumé l'éloquence [1].

Voilà, à mon sens, ce qui explique la transformation de l'écrivain :

Quelques jours avant son ordination, le 19 février 1816, il avait reçu de son maître vénéré, l'abbé Carron, une lettre qui nous émeut encore, quand nous la relisons à une si longue distance, surtout quand on la relit devant la fosse où le jeune prêtre qui la reçut repose sans que la croix ombrage ses restes mortels.

---

[1] FOISSET, *loc. cit.,* p. 109.

« Que votre lettre m'a fait de bien, mon tendre fils »,
— écrivait le bon prêtre de qui Lamennais a dit :
« M. l'abbé Carron a rendu un véritable service à la reli-
« gion en publiant les *Vies des justes*. Elles sont toutes émi-
« nemment propres à édifier, à instruire, à faire aimer et
« bénir la religion. Il en est une qui, si jamais elle est
« écrite, ne produira pas moins sûrement les mêmes effets,
« c'est celle de l'auteur [1]. » — « Que votre lettre m'a fait
de bien, mon fils, comme elle m'a fait verser de douces
larmes! Je bénis de toute mon âme notre cher et divin
Maître des dispositions qu'il met en votre âme, et je le
conjure de les y conserver : mais je crois », ajoutait le
sage directeur, comme s'il eût pressenti l'avenir, « je
crois, mon bien bon ami, qu'il n'est pas prudent de
demander à Dieu des croix et que nous devons nous borner
à solliciter l'amour des souffrances, laissant à notre Dieu le
soin de nous exposer à celles qu'il ne jugera pas au-dessus
de notre faiblesse. Il n'y a pas eu de jour, je dirais mieux,
de moment, depuis votre départ, où je n'ai prié de toute
mon âme pour mon bien-aimé fils en Jésus-Christ. Dites
à votre bon frère, en l'embrassant, que l'esprit d'égoïsme,
si répandu en France, m'a bientôt gagné, et qu'il faudra
bien qu'il me rende le trésor que je lui ai confié. — Pourquoi, mon Féli, cette vilaine mélancolie? Est-ce que le bon
chrétien n'est pas comme dans un festin continuel? Est-ce
que le simple souvenir de Dieu ne nous donne pas la joie?
Memor fui Dei et delectatus sum [2]... »

Triste, inquiet, en proie à cette mélancolie que pour-
suivait chez son cher Féli le vénérable abbé Carron, le

---

[1] LAMENNAIS, art. de l'*Ami de la religion*, 16 juin 1818.
[2] Lettre de l'abbé Carron à F. de Lamennais, 19 février 1816.

jeune prêtre cherchait sa voie, toujours, partout, écoutant les voix du siècle et s'impatientant de la solitude, sentant bouillonner en lui une ardeur qu'il prend pour du zèle, et qui n'est que de l'impatience.

Dès lors, tandis que son frère travaille à « édifier tou-« jours quelque coin des merveilles de Jérusalem », comme disait saint François de Sales, Féli songe à faire une immense ruine de tout ce qui l'a précédé, et à bâtir sur le terrain déblayé un monument neuf, vraiment neuf, où n'entrera aucune pierre des murs démolis.

Le 14 avril 1817, il écrit à son père :

« La chose la plus essentielle est de mettre sa conscience « à l'abri. Il n'y a que cela de solide et de durable. Tout le « reste passe, et bien tristement, et bien vite. Plus je vis « et plus je réfléchis, plus je me confirme dans la convic-« tion qu'il n'existe ici-bas de sagesse et de bonheur que « dans un christianisme pratique. Hors de là, je ne vois « que folie et misère sans ressource. J'espère rendre ceci « sensible pour tout homme de bonne foi, dans un ouvrage « auquel je travaille depuis un an. »

Mais tout ceci nous explique, jusqu'à un certain point, la transformation de l'écrivain : cela ne suffit point à nous faire comprendre le prodige du succès qui l'acclama.

Qui nous dira ce secret?

Écoutons l'abbé Lacordaire :

« Cent quatorze ans avaient passé sur la tombe de Bossuet, cent trois ans sur celle de Fénelon, soixante-seize ans sur celle de Massillon, le seul des hommes célèbres que Louis XIV eût oublié derrière lui, lorsqu'il jeta sur son règne ce regard dont a parlé M. de Chateaubriand, pour s'assurer qu'il emportait le reste des « splendeurs de

la monarchie ». Massillon fut laissé au siècle incrédule qui
allait s'ouvrir comme un reproche doux et ingénieux, afin
qu'il fût dit un jour que les derniers sons éloquents de
l'ancienne Église de France étaient sortis d'une bouche qui
avait annoncé la parole de Dieu à Louis XIV. Après que la
mort eut fait taire cette bouche harmonieuse, l'Église de
France eut encore des hommes distingués, des savants,
des controversistes, des prédicateurs; elle n'eut plus de
ces noms qui vont loin dans la postérité. Au moment même
de sa ruine, l'abbé Maury manqua d'une gloire élevée,
parce qu'il n'avait qu'infiniment d'esprit, et que la gloire
vient du cœur comme « les grandes pensées ». — Il y avait
donc soixante-seize ans qu'aucun prêtre catholique n'avait
obtenu en France le renom d'écrivain et d'homme supérieur, lorsque apparut M. de Lamennais, avec d'autant plus
d'à-propos que le dix-huitième siècle avait tout récemment repris les armes. Son livre, destiné à le combattre,
était une résurrection admirable des raisonnements antiques et éternels qui prouvent aux hommes la nécessité
de la foi, raisonnements rendus nouveaux par leur application à des erreurs plus vastes qu'elles n'avaient été dans
les siècles antérieurs. Sauf quelques phrases où le luxe de
l'imagination annonçait une sorte de jeunesse qui rehaus-
sait encore la profondeur de l'ouvrage, tout était simple,
vrai, énergique, entraînant; c'était de la vieille éloquence
chrétienne, un peu dure quelquefois. Mais l'erreur avait
fait tant de mal, elle se reproduisait de nouveau avec tant
d'insolence, malgré ses crimes et sa nullité, qu'on prenait
plaisir à la voir châtiée par une logique de fer. L'enthousiasme et la reconnaissance n'eurent pas de bornes; il
y avait si longtemps que la vérité attendait un vengeur!

En un seul jour, M. de Lamennais se trouva investi de la puissance de Bossuet [1]. »

C'est être bien hardi que d'oser ajouter quelque chose quand Lacordaire a parlé. Mais il faut ajouter un mot l'explication que l'éloquence vient de vous donner par la magie du style lacordairien, pour achever de révéler le secret du succès prodigieux qui, d'un seul bond, plaça le jeune écrivain à la hauteur d'un Père de l'Église.

Je viens de relire ce premier volume de l'*Essai sur l'indifférence*.

Depuis Origène et saint Augustin, on n'a rien écrit de plus beau. Cet homme a la taille d'un apologiste de génie, et les vieux docteurs catholiques durent tressaillir, dans leur tombe, devant ce coup de maître qui s'intitulait un *Essai*.

Puis, quand on est le fils de son siècle, qu'on a senti les battements de la vie qui vous entoure, oh! alors, on devine que Lamennais fut un génie!

Oui, cet homme-là avait compris son temps : c'est si rare toujours, c'était encore plus rare alors [2]. Le vieil épiscopat français se morfondait dans des palais peu fréquentés ; l'an-

---

[1] LACORDAIRE, *Considérations sur le système philosophique de M. de Lamennais,* t. VII des Œuvres complètes, p. 35.

[2] S'il y a une vérité en fait de principes administratifs, c'est que tout administrateur, tout politique, tout homme d'État ou d'Église, doit, avant tout, connaître son temps. Et ici, qu'il nous soit permis de saluer, sur la Chaire de Pierre, l'homme des temps nouveaux. Avant de monter sur le siége pontifical, le cardinal Pecci écrivait des pages merveilleuses sur l'*Église et la civilisation,* pages empreintes d'un admirable sentiment des besoins de la société contemporaine. Devenu Léon XIII, il veille sur elle, il guide les pasteurs, il encourage le troupeau. Dans cette mêlée ardente, où le difficile est beaucoup moins de faire son devoir que de le connaître, les évêques et le clergé, pour être de leur temps, n'ont qu'à regarder du côté de Rome et à écouter la parole qui vient du Vatican!

cien clergé gallican se contentait de maudire la révolution devant un clan privilégié, qui se restreignait de plus en plus.

Lamennais posa hardiment la main sur le cœur de son siècle, il en compta les pulsations, et soudain il tressaillit : il avait compris de quelle maladie profonde son siècle était malade !

Aussi, quelle commotion électrique dans le jeune clergé d'alors, ce jeune clergé où vibrent toujours les pensées généreuses que tout prêtre rapporte de l'ordination ! Du clan des vieillards du sanctuaire sortait déjà une clameur de malveillance et de méfiance. Mais les prêtres, jeunes et ardents, se rangeaient de toutes parts autour du nouveau défenseur de l'Église.

Frayssinous se vit tout d'un coup délaissé.

Celui-là s'était borné à se mettre sur la défensive vis-à-vis de l'incrédulité. Lamennais, lui, prenait contre elle une offensive hardie et entraînait tous ceux qui se laissent séduire par l'audace et la vaillance. Aussi l'auteur des *Conférences* disait-il après l'avoir lu : « En voilà un qui va nécessairement grandir, pendant que moi je diminuerai : *Illum necesse est crescere, me autem minui* [1]. »

Lamennais eut contre lui la plupart des docteurs de Sorbonne, il eut pour lui M. de Bonald : « Laissez, » lui écrivait le célèbre philosophe, « laissez coasser toutes ces « grenouilles [2]. »

Joseph de Maistre l'engageait à ne pas même se défendre contre ses agresseurs : « Ne laissez pas dissiper votre

---

[1] Je crois pouvoir te redire le jugement de Frayssinous : *cet ouvrage réveillerait un mort !* (Lettre de Lamennais à son frère, 9 janvier 1818)

[2] Lettre du 11 mai 1818.

« talent, lui écrivait-t-il. Vous avez reçu de la nature un
« boulet, n'en faites pas de la dragée [1]. »

M. de Lamennais, nous le verrons plus tard, ne suivit
ce sage conseil qu'à moitié. Ce prêtre breton avait l'humeur guerroyante de ses ancêtres, et son frère Jean disait
fort bien de lui : « Dieu l'a fait soldat [2] ! »

II

Analyser un livre, quelque beau qu'il soit, c'est le disséquer, et, dès lors, lui enlever son charme principal,
celui de l'union entre ses parties et de la couleur qui les
revêt. L'Apollon du Belvédère et la Vénus de Milo n'ont
plus de charme si vous les étendez sur les tables de dis-
section, dans nos amphithéâtres d'hôpital.

D'ailleurs, je vais toucher à des questions d'une délicatesse extrême, et, quelle que soit ma confiance en mon
lecteur, il y a toujours à craindre de froisser une opinion
respectable et de s'exposer à mécontenter un sentiment,
Puis, un mot qui a déplu devient l'objet de commentaires,
et quand il arrive à d'autres que des lecteurs bienveillants,
détaché de son contexte, enluminé de commentaires qui
ne valent pas ceux de saint Thomas d'Aquin sur les épîtres
de saint Paul, il devient le point de départ de griefs impla-
cables.

Il paraît, du reste, que le mal n'est pas particulier à

[1] Lettre de J. de Maistre à Lamennais, 6 septembre 1820.
[2] Lettre de l'abbé J. M. Lamennais à l'abbé Bruté, 11 mai 1818.

notre temps, et que, dans l'Église, il est aussi ancien que l'Église même.

De son temps déjà, un des premiers apologistes du Christianisme, saint Justin, l'écrivait à Rome, en plein centre de la catholicité :

« Prononcez, dit-il, dix mille paroles où il n'y ait rien à
« redire, mais laissez échapper une syllabe qui déplaise, qui
« ne soit point parfaitement claire ou tout à fait exacte, on
« ne fera aucune attention à ce que vous aurez dit de bien,
« mais on s'acharnera sur cette pauvre syllabe, et l'on
« s'efforcera d'en faire sortir quelque chose de faux et
« d'impie [1]. »

N'est-ce pas, cher lecteur, que ces paroles d'un Père de l'Église primitive semblent écrites tout exprès pour certains contradicteurs que vous connaissez et que vous coudoyez?...

Sous le bénéfice de cette double observation, je n'hésite plus à tout dire, même ce qui pourra déplaire.

III

Les premières années du dix-neuvième siècle ont été marquées par un mouvement de régénération sociale qui n'a peut-être pas encore été suffisamment étudié dans ses causes, apprécié dans ses éléments caractéristiques et dans ses conséquences.

Les uns se contentent de crier à tue-tête que la Révolution

---

[1] Saint Justin, *Dialogue avec le Juif Tryphon.*

fut l'œuvre de Satan et que les principes de 89 sont le grand mal de notre époque. — Les autres, au contraire, ne voient plus rien en deçà de la proclamation des Droits de l'homme, et, pour eux, l'histoire de la France commence avec la Constituante.

La vérité est que, dès que la France put respirer librement du côté du ciel, les croyances catholiques, longtemps comprimées, se manifestèrent par des démonstrations où il était difficile de ne pas lire l'âme du pays.

C'est que, malgré toutes les excitations du philosophisme incrédule, malgré les persécutions iniques des terroristes, le peuple français était resté profondément attaché à ses vieilles croyances.

L'incrédulité avait surtout exercé ses ravages parmi les classes lettrées, parmi les hommes qui dirigeaient le mouvement scientifique.

D'abord agressive et raisonneuse quand elle s'attaquait à une religion protégée et soutenue par le pouvoir, elle était descendue, par une pente naturelle, à un matérialisme abject, à un indifférentisme brutal.

Cet état de sommeil, disons mieux, cet état de mort ne pouvait pas durer, surtout en France. Aussi, dès les premières lueurs du siècle nouveau, un sentiment vague encore, comme une aube indécise, se montrait à l'horizon noir.

Ce fut la gloire et l'honneur de Chateaubriand de l'avoir compris, et il y aurait plus que de l'injustice à ne pas attribuer au *Génie du Christianisme* une part immense dans le mouvement de régénération dont le grand écrivain donna le signal.

Sans doute, encore une fois, ce n'est pas encore le plein jour, ce n'est pas encore la lumière complète, mais c'est comme ces irradiations, ces jets, ces élancements de rayons lumineux qui précèdent le lever du soleil.

Incontestablement, l'auteur des *Martyrs* fut l'initiateur du monde nouveau.

Chateaubriand offrit à tous les naufragés du philosophisme et de la Terreur le Christianisme comme la seule planche de salut, et il faut dire qu'ils la saisirent avec avidité [1].

Ainsi, les deux hommes qui devaient, l'un commencer, l'autre fixer le mouvement de régénération religieuse, furent deux Bretons. Le même rocher les avait vus naître, leur berceau fut baigné des mêmes flots, et tous deux furent envoyés, comme une ironie de la Providence, du fond de leur Bretagne, la province sauvage et illettrée que Paris regardait en pitié, comme les apôtres furent envoyés jadis pour railler les philosophes et les docteurs de la Loi [2].

Mais n'anticipons point.

Avec Chateaubriand et le *Génie du Christianisme,* le premier pas était fait. Le Christ n'était plus l'*infâme* qu'avaient dit Voltaire et Diderot.

Une nouvelle impulsion fut donnée aux esprits par deux hommes dont la gloire, comme celle de Chateaubriand, mérite d'être saluée au passage. J'ai nommé de Maistre et de Bonald.

Le premier, dans ses belles *Considérations sur la France,* l'un des livres les plus éloquents qui soient jamais sortis de la plume d'un défenseur de la religion catholique, cherchait à expliquer la cause de tous les maux qui avaient accablé la société, en signalait le remède et en prophéti-

[1] LADOUE, *Vie de Mgr Gerbet,* t. Ier, p. 98.
[2] BARBEY D'AUREVILLY, *les Prophètes du passé* (Lamennais), p. 158.

sait la guérison. Or, c'est beaucoup pour un malade à peine convalescent que d'entrevoir la santé comme possible et de rencontrer un médecin qui prophétise avec un accent convaincu !

De Bonald, lui, élargit le point de vue, afin de rendre la démonstration plus saisissante. Il remonte jusqu'aux lois imposées par Dieu à la société humaine, et il montre que la sanction, apposée par le législateur souverain à cette *Législation primitive,* était le bonheur ou le malheur temporel

Ainsi, le *Génie du Christianisme* de Chateaubriand, les *Considérations sur la France* de de Maistre et la *Législation primitive* de de Bonald préparèrent la voie.

A côté et parallèlement s'était formée une école purement philosophique qui battait en brèche, au nom de la raison, les erreurs que les catholiques combattaient au nom des éternels principes. Dans cette première période, l'École spiritualiste, représentée par Royer-Collard et par Cousin, rendit un incontestable service.

Toutefois, ni les catholiques, ni les spiritualistes, ni les uns ni les autres, n'eurent par le fait et ne pouvaient avoir sur la société cette influence décisive qui la retourne en quelque sorte sur elle-même, pour la faire rentrer dans la voie du salut [1].

Frayssinous, l'un des plus violents adversaires de celui qui tenta et opéra cette prodigieuse évolution de la société française, le disait, en parlant de l'éloquence de l'homme à qui nous la devons : « Eh ! comment n'en serait-il pas ainsi? Cet homme-là possède un genre d'éloquence qui réveillerait un mort ! »

[1] LADOUE, *loc. cit.*, p. 99.

Pour réveiller ce mort, qui s'appelait la France des premières années du siècle, il fallait faire avouer à la société qu'elle s'était égarée, lui faire toucher du doigt son erreur, et l'entraîner de force, à coups de génie, loin des sentiers de perdition, pour faire rentrer la cavale indomptée dans les routes de la vie.

Ce fut là le rôle de Lamennais et de son école.

Écoutez-le.

Voici la première page, le premier cri de cet homme, parlant à son siècle, et ouvrant, par ces paroles presque brutales à force d'être hardies, le combat qu'il va livrer à l'indifférence religieuse de son temps.

« Le siècle le plus malade n'est pas celui qui se pas
« sionne pour l'erreur, mais celui qui néglige, qui dédaigne
« la vérité. Il y a encore de l'espoir là où on aperçoit de
« violents transports. »

C'était dire à son siècle : L'autre siècle, celui de Voltaire, celui des persécutions sanglantes de Robespierre, valait encore mieux que toi! Lui, du moins, donnait signe de vie!... C'était hardi, cela! Lamennais continue, avec une ironie de plus en plus mordante :

« Mais, dit-il, lorsque tout mouvement est éteint, lorsque
« le pouls a cessé de battre, que le froid a gagné le cœur,
« qu'attendre alors qu'une prochaine et inévitable disso
« lution? »

Ainsi donc, ô mon siècle, tu vas mourir, ou plutôt tu es mort, tu vas tomber en pourriture.

Ah! s'écrie l'ardent Breton :

« Qui soufflera sur ces ossements arides pour les rani
« mer?

« Le bien, le mal, l'arbre qui donne la vie et celui qui

« produit la mort, nourris par le même sol, croissent au
« milieu des peuples, qui, sans lever la tête, passent,
« étendent la main et saisissent leurs fruits au hasard. »

Remarquez la belle image : ces hommes qui passent,
trop faibles pour relever même la tête, trop insouciants
pour regarder, et qui cueillent, au hasard, les fruits dont
ils se nourrissent avec une bestiale indifférence.

Lamennais continue :

« Religion, morale, honneur, devoir, les principes les
« plus sacrés, comme les plus nobles sentiments, ne sont
« plus qu'une espèce de rêves, de brillants et légers fan-
« tômes, qui se jouent un moment dans le lointain de la
« pensée, pour disparaître bientôt sans retour. »

Encore une fois, quel style et quelle image!

« Non, poursuit l'implacable satirique, non, jamais rien
« de semblable ne s'était vu, n'aurait pu même s'ima-
« giner... Il a fallu de longs et persévérants efforts, une
« lutte infatigable de l'homme contre sa conscience et sa
« raison, pour parvenir enfin à cette brutale insouciance...
« Contemplant avec un égal dégoût la vérité et l'erreur,
« il affecte de croire qu'on ne les saurait discerner, afin
« de les confondre dans un commun mépris : dernier
« degré de dépravation intellectuelle, où il lui soit donné
« d'arriver : *Impius, cum in profundum venerit, contemnit.*
« Quand l'impie est descendu dans les profondeurs du
« mal, il méprise [1]. »

Je ne sais si c'est une illusion. Mais il me semble que
cette éloquence âpre, bilieuse, amère et ironique, mord
jusqu'à l'intime de l'être et produit une sorte d'épouvante

[1] LAMENNAIS, *Essai sur l'indifférence en matière de religion*,
t. Ier, p. 1.

et de contraction irrésistible, qui jette un froid dans l'âme, comme si l'acier pénétrait dans la chair vive.

Mais, après ce lugubre et éloquent tableau, il est aisé de comprendre quelle tâche immense c'était de réveiller son siècle de cet assoupissement léthargique, d'aller le forcer dans les indolences de sa conscience amollie et de reconstituer sur des bases solides la foi religieuse, dépouillée cette fois des prestiges de la poésie.

Lamennais l'entreprit.

Il avait conscience de la grandeur et de l'originalité de cette tentative. Il l'écrivait à Joseph de Maistre, quand il reprochait aux vieux théologiens, ses confrères, de s'imaginer que rien n'a changé depuis cent ans, et de continuer à prouver la religion à l'ancienne manière, par les miracles et les prophéties.

« Ils ne voient pas, dit-il, que ce genre de preuves ne « fait maintenant aucune impression sur les esprits... « Depuis que la raison s'est déclarée souveraine, il faut « aller droit à elle, la saisir sur son trône, et la forcer, « sous peine de mort, de se prosterner devant la raison « de Dieu [1]. »

Il le fait. Hardiment, il s'avance vers ce trône où la raison croit avoir assis son règne de révoltée, et, sortant des généralités dans lesquelles personne n'aime à se reconnaître, il touche sans ménagement la plaie vive de la société, il y promène un fer impitoyable, et la convulsion heureuse s'annonça par le succès de cette hardiesse, « vrai coup de tonnerre dans un ciel plat et silencieux ».

D'un coup d'œil, qui est celui du génie, l'abbé de

[1] Lettre du 18 mai 1820.

Lamennais, tout le long de ce premier volume de l'*Essai sur l'indifférence,* dont l'immense retentissement resterait sans cela inexplicable, signala la cause principale, unique, du désordre social, dans la *négation du principe d'autorité.*

Négation de l'autorité divine de l'Église dans l'ordre surnaturel;

Négation de l'autorité de la Révélation dans l'ordre philosophique et scientifique;

Négation de la loi divine interprétée par l'Église dans l'ordre politique;

Négation de la loi de charité dans l'ordre social.

Le mal connu, le remède était facile :

Il consistait dans la restauration du principe d'autorité.

J'ose appeler toute l'attention du lecteur sur ces quatre points : ils nous serviront de jalons dans la suite de nos Études Menaisiennes. Faute de les avoir bien compris et nettement présents, bien des adversaires de Lamennais lui ont prêté des doctrines et des vues qu'il n'a jamais eues, ce qui, pour le dire en passant, n'a pas peu contribué à irriter l'irascible chef d'École.

Donc, quatre restaurations.

Restauration du principe surnaturel par la soumission de tous les dissidents qui, en présence des ruines accumulées par leurs principes, doivent comprendre qu'il n'y a de salut pour eux que dans le bercail.

Restauration du principe d'autorité dans la philosophie par la reconnaissance des droits qui appartiennent à l'Église, dépositaire et interprète de la révélation divine, de diriger et de préserver la raison humaine.

Restauration du principe d'autorité dans la société politique, par la reconnaissance des droits qui appartiennent à l'Église d'interpréter la loi et de résoudre les cas de conscience politiques comme les cas de conscience individuels.

Enfin, restauration du principe d'autorité dans l'ordre social ou reconnaissance du droit de l'Église de continuer à exercer son action charitable, en servant d'intermédiaire entre les diverses classes sociales [1].

Tel était le programme!

Inutile de dire qu'il blessait trop de préjugés, froissait trop d'intérêts, contrariait trop de passions, pour ne pas amener une lutte!

IV

La lutte s'engagea aussitôt, vive, ardente, passionnée. En peu de jours, ce fut un orage, une tempête.

Il sera nécessaire de la raconter en détail, et d'exposer successivement les controverses religieuses, philosophiques et politiques, auxquelles elle donna lieu et dont nous apprécierons les résultats.

Nous entrons dans le cœur du sujet. Dès le prochain chapitre, nous y serons en plein.

Ici, je n'ai voulu qu'y introduire le lecteur, comme le premier volume de l'*Essai sur l'indifférence* y introduisit la France et l'Europe.

En effet, tandis que le jeune clergé battait des mains et portait aux nues le nouvel Origène, le public se passion-

---

[1] LADOUE, *loc. cit.*, p. 100.

nait pour ce livre. On en vendait rapidement quarante mille exemplaires, et pas un esprit, tant soit peu lettré, n'eût voulu avouer qu'il ne s'était point encore nourri de cette lecture, dont tout le monde parlait. La mode s'en mêla, les salons de l'époque se seraient crus déshonorés si l'on n'y avait vu le volume en belle place [1].

Nos anciens nous ont souvent raconté que l'effet produit à Marseille ne fut pas moindre qu'ailleurs. Deux jeunes prêtres y jouissaient tous deux d'une réputation méritée, et la bonne société d'alors se disputait l'honneur de les recevoir. C'étaient l'abbé Eugène de Mazenod, plus tard notre évêque, et l'abbé Caire, qui faillit le devenir en 1839. Tous deux hommes de grand mérite et de grande vertu, les petites passions politiques du moment en avaient fait comme deux rivaux, — c'est toujours la même histoire, et la veille nous indique sûrement ce que sera le lendemain. — Chacun d'eux avait dès lors son parti, et les salons de Marseille se divisaient sur leur nom. Mais tous deux se rencontrèrent dans un ardent enthousiasme pour l'*Essai sur l'indifférence,* et c'était une fête chez tous quand l'abbé de Mazenod, de sa voix vibrante, lisait une page éloquente, ou quand l'abbé Caire, avec ce ton d'exquise distinction qui le carac-

---

[1] « Livre excellent, admirable, écrit l'abbé Jean à M. Bruté, qui « finit toutes nos controverses avec les philosophes, comme les « ouvrages de Bossuet avaient fini celles de son temps; c'est un « coup de massue, donné d'un bras vigoureux sur la tête de nos « sages! Aussi frémissent-ils de colère et jettent-ils de beaux cris. « Quoi qu'il en soit, la première édition est vendue, la seconde le « sera bientôt. Il semble que cette malheureuse France, qu'on « croyait perdue, soit affamée de religion. » (*Lettre du* 11 *mai* 1818) Féli, de son côté, ajoute : « J'ai la consolation de savoir que Dieu « s'est servi de ce livre pour opérer beaucoup de conversions ». (*Lettre du* 20 *novembre* 1818.)

térisait, interprétait une autre page plus calme et mieux dans son diapason, une page comme celle-ci, par exemple :

C'est intitulé : *L'homme, la vigne et le marais*, et Lamennais se propose d'y démontrer que le siècle nouveau, en suivant les errements du siècle précédent, court à l'abîme. Selon lui, *l'indifférence*, ce grand mal de la société à laquelle il s'adresse, n'est pas un mal primitif, originel; et ce n'est qu' « après avoir roulé d'abîme en abîme, après « avoir parcouru dans sa chute tous les degrés de l'er- « reur, sans pouvoir s'arrêter dans aucun », que la raison humaine s'est endormie dans cette tranquillité stupide.

Il ne fallait pas mettre le pied dans le sentier du mal et dans les voies de l'erreur, en se disant : Je m'arrête-rai là! On s'arrête mieux sur la terre ferme que dans la boue!

C'est ce que Lamennais veut démontrer.

Voici comment il s'y prend :

« Il faisait une chaleur pesante. Un homme aperçut, au bas d'un coteau, une vigne surchargée de grappes, et cet homme avait soif, et le désir lui vint de se désaltérer avec le fruit de la vigne.

« Mais entre elle et lui s'étendait un marais fangeux qu'il fallait traverser pour atteindre le coteau, et il ne pouvait s'y résoudre.

« Cependant, la soif le pressant, il se dit : « Peut-être « que le marais n'est pas profond; qui empêche que je « n'essaye, comme tant d'autres? Je ne salirai que ma « chaussure, et le mal, après tout, ne sera pas grand. »

« Là-dessus, il entre dans le marais, son pied enfonce dans la bourbe infecte, bientôt il en a jusqu'au genou.

« Il s'arrête, il hésite, il se demande s'il ne serait pas

mieux de retourner en arrière. Mais la vigne et ses grappes sont là devant lui, et il sent sa soif qui augmente.

« Puisque j'ai tant fait, pourquoi, dit-il, reviendrais-je « sur mes pas? Pourquoi perdrais-je ma peine? Un peu « plus de fange ou un peu moins, cela ne vaut guère « désormais que j'y regarde. J'en serai quitte, d'ailleurs, « pour me laver au premier ruisseau. »

« Cette pensée le décide; il avance, il avance encore, enfonçant toujours plus dans la boue : il en a jusqu'à la poitrine, puis jusqu'au cou, puis jusqu'aux lèvres; elle passe enfin par-dessus la tête. Étouffant et pantelant, un dernier effort le soulève et le porte au pied du coteau.

« Tout couvert d'une vase noire qui découle de ses membres, il cueille le fruit tant convoité, il s'en gorge. Après quoi, mal à l'aise, honteux de lui-même, il cherche de tous côtés une eau limpide pour s'y nettoyer. Mais il a beau faire, l'odeur reste; la vapeur du marais a pénétré sa chair et ses os, elle s'en exhale incessamment, et forme autour de lui une atmosphère fétide. S'approche-t-il, on s'éloigne. Les hommes le fuient. Il s'est fait reptile; qu'il aille vivre parmi les reptiles [1]. »

Ce style, ces allégories, cette vigueur de pensées et d'expressions saisissaient tout le monde.

Les étrangers eux-mêmes se sentirent entraînés dans le mouvement, on traduisit l'*Essai* dans toutes les langues européennes. Les rois se faisaient inscrire chez l'auteur, et plus d'un grand prince fit le voyage de France pour le connaître.

[1] Ce morceau, plus tard inséré dans un autre livre dont nous parlerons en son lieu, circulait dès lors dans le public et ne contribuait pas peu à recruter d'ardents admirateurs au génie littéraire de Lamennais.

Le Pape voulut le voir, et, quand Lamennais se rendit pour la première fois à Rome, Léon XII, après l'avoir tendrement embrassé, le conduisit dans son appartement privé, où, à sa grande surprise, le jeune écrivain put se convaincre qu'il n'y avait, pour tout ornement, qu'un Christ, une belle image représentant la Mère de Dieu et le portrait de l'auteur de l'*Essai sur l'indifférence*[1]. — Partout, chez les cardinaux, chez presque tous les chefs d'ordre, partout on prédit au jeune prêtre français qu'il ne tarderait pas à être élevé aux honneurs du cardinalat[2].

[1] LAMENNAIS, *Correspondance,* t. II, p. 49.

[2] Ce voyage à Rome produisit sur l'abbé de Lamennais une impression profonde. Il s'y résolut à combattre les opinions en faveur dans le clergé gallican. « Quand je reviendrai, écrivait-il à son frère, je secouerai de vieilles erreurs, non moins dangereuses que celles que j'ai attaquées jusqu'ici. » (*Lettre du 23 mai* 1824.) Rien, dit-il, ne le découragera : « Je suis sur la brèche », s'écrie-t-il ; « si je péris, mes amis prieront pour moi... Rien ne m'empêchera de lutter jusqu'au bout, je tiendrai ferme dans mes Thermopyles. » (*Correspondance,* t. Ier, p. 293.)

V

LES DOCTRINES DE LAMENNAIS SUR LA CERTITUDE.

SOMMAIRE. — Un tremblement de terre sous un ciel de plomb. — Le plus célèbre et le plus vénéré des prêtres français. — Le dernier des Pères de l'Église. — La continuation de l'*Essai*. — Le défaut de la cuirasse. — La question de la certitude. — La doctrine du sens commun. — Le criterium de la certitude. — L'erreur de Lamennais — Réfutation. — Absence de sens philosophique. — Les ennemis du dedans. — L'objection. — Une conclusion inattendue. — Absence de critique. — Une belle page de Lacordaire. — Les deux voies. — La foi est un don de Dieu. — Les adversaires de bonne foi. — Une devise orgueilleuse. — Le Lamennais de 1820 était déjà le Lamennais de 1832. — Il se fait le champion de la monarchie absolue. — Spectacle singulier. — Réservé cardinal *in petto*. — Le ton de la polémique religieuse à partir de cette heure. — Conclusion de Lacordaire.

L'effet produit par le premier volume de l'*Essai sur l'indifférence en matière de religion* fut immense.

« Ce fut, selon la saisissante image de Joseph de Maistre, un tremblement de terre sous un ciel de plomb. »

Montalembert a dit, — et ce mot n'est qu'une constatation historique, — que Lamennais se trouva subitement « le plus célèbre et le plus vénéré des prêtres français [1] ».

Son premier volume de l'*Essai* l'avait fait proclamer hardiment par ses enthousiastes, « le dernier des Pères de « l'Église ». Nul, même parmi les envieux, n'osa réclamer.

[1] MONTALEMBERT, *Le Père Lacordaire* (t. IX des Œuvres complètes, p. 403).

I

Telle était la situation du grand écrivain, quand il se décida à publier la suite de son œuvre.

« L'Europe, dit Lacordaire, attendait la continuation de son ouvrage. Il n'avait encore établi que l'importance et la nécessité de la foi. Mais, où était la foi véritable? Comment parvenir à la discerner? Quelle était l'autorité régulatrice de la raison humaine? Voilà les questions qui restaient à résoudre, et dont la solution, impatiemment désirée, devait causer plus tard de si profonds dissentiments [1]. »

Ce fut, en effet, la pierre d'achoppement. D'un coup d'œil, les adversaires virent le défaut de la cuirasse, et, tandis que les admirateurs continuaient d'applaudir, fascinés par les entraînements de l'éloquence menaisienne, les ennemis ricanaient à la sourdine et fourbissaient les armes qui le tueraient à coup sûr.

« Après deux ans d'attente, dit encore Lacordaire, le second volume de l'*Essai sur l'indifférence* fut publié... Des hauteurs de la défense antique de la foi, du sein de l'éloquence qu'il avait répandue par flots contre les ennemis de la vérité, M. de Lamennais était descendu aux discussions arides de la philosophie, à la question de la certitude, tout à la fois la plus claire et la plus obscure de l'esprit humain [2]. »

[1] LACORDAIRE, *Considérations sur le système philosophique de M. de Lamennais* (t. VII des Œuvres complètes, p. 37).
[2] *Id., ibid.*

Lacordaire a raison.

La question de la certitude dans les connaissances humaines est le problème le plus redoutable, et cependant le plus important de la recherche philosophique de la vérité.

Qu'est-ce que l'homme peut savoir?

Et, quand il croira savoir, qu'est-ce qui lui indiquera avec certitude qu'il est en possession de la vérité, et non point le jouet d'une illusion ou la victime d'une erreur inévitable?

Lamennais répondit :

« Pris individuellement, l'homme ne peut rien savoir
« avec certitude; mais, pris collectivement, il peut savoir
« certainement quelque chose. »

En d'autres termes, la raison individuelle est impuissante, mais la raison commune ou universelle ne l'est pas.

De là le nom de Doctrine du sens commun ou du consentement universel donné au système de Lamennais sur la certitude.

II

D'après le système de Lamennais sur la certitude, le consentement de tous les hommes est non pas un des moyens pour arriver à la vérité, mais le seul moyen qui puisse nous y conduire, c'est-à-dire, pour employer la terminologie de l'École, qu'il est le vrai criterium de la certitude.

C'est là l'erreur, et c'est de ce principe que découleront plus tard les erreurs théologiques, philosophiques, politiques et sociales, qu'il faudra condamner chez l'auteur de l'*Essai sur l'indifférence*.

Suivons à fond cette série de raisonnements, ce que la magie du style lamennaisien empêcha plus d'un ardent défenseur de faire, aussi aisément que nous le faisons aujourd'hui.

Le criterium de la certitude, c'est un principe par lequel nous pouvons distinguer le vrai du faux, le certain de l'incertain, et cela en dernier ressort et sans appel.

C'est un principe premier, universel, invariable, infaillible, que chacun de nous porte en lui-même, de manière à pouvoir le consulter sans peine et en toute circonstance.

Voilà la définition exacte et plénière du principe ou criterium de la certitude de nos connaissances.

D'après Lamennais, on n'a cette certitude que lorsqu'on a acquis la preuve que tous les hommes sont d'accord sur un point donné.

Voyons si ce consentement unanime, ce sens commun de tous les hommes, présente les conditions que nous venons de reconnaître indispensables au criterium de la certitude, savoir qu'il doit être premier, universel, invariable, infaillible.

Si nous examinons le principe lamennaisien de sang-froid, nous serons amenés à reconnaître qu'il est erroné, non pas, encore une fois, que le consentement unanime des hommes ne puisse, en certains cas, être un indice certain de la vérité, mais parce qu'il est inexact d'affirmer que ce sens commun est l'unique moyen de certitude.

En effet, ce n'est pas là un principe premier. Car si

j'admets que le consentement de tous les hommes est un indice de vérité, c'est parce que cela me paraît évident. Donc, ce prétendu principe premier en suppose un autre, qui est l'évidence.

De plus, ce n'est pas là un principe universel. S'il s'applique à un certain nombre de vérités premières, à ce qu'on appelle les axiomes, en revanche, les vérités déduites, celles qui supposent des raisonnements dont peu d'hommes sont capables, et les vérités de fait, qui ne sont accessibles qu'à un ou plusieurs individus, lui échappent complétement.

Il n'est pas invariable, car le sens commun d'une époque n'est pas toujours exactement le sens commun d'une autre.

Il n'est pas infaillible non plus : la longue histoire des variations de l'esprit humain sur une foule de points le démontre surabondamment.

Qu'on me pardonne ces discussions un peu abstraites et forcément concises. Elles sont indispensables à la suite de cette étude.

Mais, entre tous ses défauts, le criterium de Lamennais en a un autre, qui est extrêmement grave : il est contradictoire.

D'après lui, en effet, les sens, la conscience et la raison nous trompent également, et seul, le consentement des hommes ne nous trompe pas.

Or, comment connaissons-nous le consentement unanime des hommes, si tant est qu'il nous soit donné de le connaître? — Par les sens, qui seuls nous révèlent les choses du dehors.

Comment l'apprécions-nous? — Par la raison, seul moyen d'appréciation que nous ait départi la sagesse divine.

Et comment connaissons-nous les opérations auxquelles notre esprit se livre pour le connaître et pour l'apprécier? — Par la conscience, ou sens intime.

Mais si les sens, la raison et la conscience sont des facultés trompeuses, elles nous tromperont sur le consentement universel comme sur toute autre chose. Singulier criterium dès lors, que celui auquel on ne peut avoir recours qu'au moyen de facultés incertaines!

Il est encore contradictoire dans un autre sens.

Il suppose que des individus, dont chacun en particulier est incapable de connaître la vérité avec certitude, la connaîtront avec cette certitude-là, dès qu'ils auront mis en commun les lumières qu'ils n'ont pas. C'est comme si l'on disait que tous les aveugles des deux mondes n'auraient qu'à se réunir pour voir clair. Je néglige beaucoup d'autres arguments. Celui-là me semble tellement concluant, qu'insister serait faire injure au lecteur : il a déjà reconnu que le système du consentement universel comme unique criterium de certitude porte en lui-même sa condamnation, et l'on peut dire à la lettre que sa fausseté est en raison directe de son originalité [1].

[1] Cette réfutation du système de Lamennais a été fort nettement présentée par l'éminent professeur de philosophie de la Faculté des lettres de Lyon, M. Ferraz. Nous lui en avons emprunté la substance, et nous renvoyons le lecteur, désireux de plus longues déductions, au livre du savant philosophe lyonnais. (*Histoire de la philosophie en France au dix-neuvième siècle.*)

III

« La solution que proposa M. de Lamennais, dit Lacordaire, partagea violemment les esprits. »

Je le crois bien. Comment n'en eût-il pas été de la sorte?

Dans son second volume, M. de Lamennais, ce champion si absolu de la foi, qui écrivait le 22 janvier 1818 : « Je vais donner des preuves si rigoureuses, qu'à moins « de renoncer à dire *je suis,* il faudra que l'on dise le *Credo* « jusqu'au bout [1] », ce même homme, sans s'en apercevoir, commence à faire cause commune avec les sceptiques.

Comme eux, avec les mêmes raisons qu'eux, il récuse tous les motifs de crédibilité reçus parmi les hommes : il n'y a d'autorité pour lui que celle qui résulte du consentement commun du genre humain.

Chose étrange assurément, dans un si grand esprit, à qui, — nous le disions dès le début de ce livre, et c'est une conclusion qui s'imposera de plus en plus à nous, — Dieu avait départi une intelligence merveilleuse et une éloquence incomparable, mais à qui il manqua toujours un sens, indispensable aux enseigneurs des peuples, le sens philosophique.

Chose étrange! Il ne s'apercevait pas que précisément le consentement du genre humain le condamnait; car

[1] Lettre de Lamennais à son frère, 9 janvier 1818.

tous les motifs de croire, la sensation, la conscience, la raison que rejetait l'*Essai,* le genre humain, comme on sait, les a toujours unanimement admis.

Les adversaires n'eurent pas de peine à distinguer ce défaut de la cuirasse [1].

Lamennais eut l'instinct de leur projet, et il devina l'objection sous laquelle ils se disposaient à l'écraser.

[1] Dans la première édition de cet ouvrage, j'avais cru devoir ici flétrir, parmi les adversaires de Lamennais, les ennemis du dedans, les pires de tous; ceux qui tirent sur nous, par derrière, quand nous nous efforçons de faire notre devoir sur la brèche, et qui se réservent d'applaudir plus fort que les assiégeants, quand l'un des vaillants d'Israël sera tombé sur le rempart. Un prélat, qui daignait m'honorer de sa bienveillance et qui a vu de très-près toute cette histoire, me fit à ce sujet une remarque, à laquelle je me fais un devoir de déférer, en modifiant ce passage, et deux ou trois autres de même nature. Pour édifier d'ailleurs complétement le lecteur à cet égard, je crois utile de reproduire l'endroit de la lettre de l'illustre prélat, où, après m'avoir dit, dans des termes beaucoup trop indulgents pour que je les rappelle, la satisfaction que lui ont procurée mes Études sur *Lamennais,* sur *Gerbet* et sur *Lacordaire,* Son Éminence le cardinal Guibert, archevêque de Paris, me faisait part de sa critique : « .....Je vous voudrais cependant un peu plus modéré contre les « adversaires de l'École Menaisienne. Ceux qui l'ont combattue « étaient, du moins pour le plus grand nombre, de bons prêtres, et « des chrétiens sincères, très-dévoués à l'Église. Je ne dis pas que « les passions humaines ne se soient pas mêlées quelquefois à l'oppo- « sition faite à l'école nouvelle. Mais la plupart des opposants « croyaient défendre l'orthodoxie et voulaient écarter le péril d'inno- « vations fâcheuses. Cela est toujours respectable, au moins dans « l'intention..... » Son Éminence concluait : « En somme, je crois que « les hommes qui formaient cette École ont rendu de notables ser- « vices à l'Église, mais je suis persuadé en même temps que l'oppo- « sition qu'on leur a faite a été utile pour les contenir dans les « justes limites. Sans cette opposition, ils auraient couru risque de « se perdre et de rendre inutiles les talents et les grâces que la Pro- « vidence leur avait confiés. » (*Lettre de Son Éminence le cardinal Guibert à l'auteur,* 27 avril 1882)

Puisque le témoignage du genre humain est tellement irrécusable qu'il doive être considéré comme un criterium infaillible, comme le criterium unique de la certitude, c'est au moyen de ce témoignage que nous devons distinguer la religion vraie des religions fausses. Or, le genre humain a été longtemps idolâtre. Le polythéisme ou l'idolâtrie est donc la vraie religion.

L'objection était sérieuse! Lamennais le sentit. Entêté comme un vrai Breton, il n'en voulut pas démordre, et il consacra de longs chapitres de la suite de l'*Essai sur l'indifférence* à essayer de démontrer que l'idolâtrie ne fut pas un vain tissu d'erreurs, comme on se le figure ordinairement, car elle renferme des vérités importantes par lesquelles elle se rapproche du Christianisme.

Analysons les sophismes ingénieux au moyen desquels l'habile écrivain essaye d'en arriver à une conclusion qu'on ne soupçonne pas.

Les idolâtres, dit-il, n'ignoraient pas le vrai Dieu; mais, n'osant lever les yeux jusqu'à lui, ils honoraient des génies secondaires, destinés, dans leur pensée, à combler en quelque sorte l'abîme qui sépare le fini de l'infini : c'était, suivant lui, une corruption de la doctrine du Médiateur. — Ils avaient aussi coutume, pour la plupart, de rendre leurs hommages, soit à leurs maîtres, soit aux morts vertueux qui avaient honoré la nation. Donc, concluait-il, l'idolâtrie « ne fut jamais que le culte des esprits bons ou mauvais, et le culte des hommes distingués par des qualités éclatantes, ou vénérés pour leurs bienfaits, c'est-à-dire au fond le culte des anges et des saints ». Le mot *dieux* employé au pluriel ne signifiait pas autre chose. Mais le culte que l'on rendait à ces anges vrais ou faux, à ces hommes sancifiés ou divinisés, n'excluait pas celui du Dieu éternel et suprême. Celui-ci était, en définitive, pour tout le monde, le seul et véritable Dieu, de sorte qu'on peut soutenir que le polythéisme n'a jamais existé.

Certes, voilà une conclusion inattendue !

Elle se trouve tout au long développée aux chapitres III et IV de la IVe partie de l'*Essai*.

Lamennais fait valoir, en faveur de cette thèse originale, un grand nombre de preuves, qu'il emprunte, un peu confusément et sans beaucoup de critique, aux annales des anciens peuples.

Il consacra deux volumes à soutenir ce sophisme.

Telle était la fascination de ses admirateurs que ces deux volumes, aujourd'hui si abandonnés et si fatigants à relire, leur semblaient tout à fait sans réplique.

— Il nous en coûtait tant, s'écrie un contemporain, il nous en coûtait tant de brûler ce que nous avions adoré !

Lacordaire a écrit une bien belle page sur cette fascination et sur le seul remède qu'elle pût avoir.

Reposons-nous un instant à écouter ce beau langage, si humble dans sa magnificence, et si vrai dans sa pompe incomparable :

« Je me suis demandé, dit Lacordaire, comment une philosophie, dont j'aperçois si clairement le vice aujourd'hui, avait pu si longtemps tenir ma raison en suspens; et j'ai compris que, luttant contre une intelligence supérieure à la mienne, et voulant lutter seul contre elle, il était impossible que je ne fusse pas vaincu. Car la vérité n'est pas un auxiliaire suffisant pour rétablir l'équilibre des forces; autrement, jamais l'erreur ne triompherait de la vérité. Il faut donc qu'il y ait dans le monde une puissance qui soutienne les intelligences faibles contre les intelligences fortes, et qui les délivre de l'oppression la plus terrible de toutes, celle de l'esprit. Cette puissance, en effet, est venue à mon secours; ce n'est pas moi qui me suis délivré, c'est elle. Arrivé à Rome, au tombeau des saints apôtres Pierre et Paul, je me suis agenouillé, j'ai dit à Dieu : « Seigneur, je commence à sentir ma faiblesse; ma vue se couvre; l'erreur et la vérité m'échappent également; ayez pitié de votre serviteur qui vient à vous avec un cœur sincère; écoutez la prière du pauvre. » Je ne sais ni le jour ni l'heure; mais j'ai vu ce que je ne voyais pas, je suis sorti de Rome libre et victorieux. J'ai appris de ma propre expérience que l'Église est la libératrice de l'esprit humain; et, comme de la liberté de l'intelligence découlent nécessairement toutes les autres, j'ai aperçu sous leur véritable jour les questions qui divisent le monde aujourd'hui[1] ! »

Ah! pourquoi le maître n'a-t-il pas senti cela comme le disciple? Pourquoi sort-il de Rome plus obstiné que jamais dans son erreur superbe, tandis que le disciple, au front duquel rayonne, comme sur le sien, l'étoile du génie, a vu ses yeux se dessiller et la lumière rentrer à flots sous ses paupières engourdies? Pourquoi? Mystère!... La foi est un don de Dieu, et, quand l'âme l'a perdue, Dieu seul peut la rendre. L'éternité, en déchirant les voiles, nous révélera les secrets insondables de la sagesse divine dans le gouvernement des choses humaines.

Lacordaire vit clair tout d'un coup dans les questions qui divisent le monde aujourd'hui, et Lamennais s'enfonça

[1] LACORDAIRE, *loc. cit.*, p. 160.

dans les ténèbres des solutions antireligieuses et antiso-
ciales.

Ah! c'est qu'on a beau être de son temps, on a beau
sentir vivement les besoins de son époque, si l'on s'en fie
uniquement à son sens privé, si l'on ne veut relever que
de soi et laisser Dieu dans son ciel solitaire, sans regarder
du côté où il montre la voie, on s'égare fatalement. Malheur
aux hommes qui l'oublient! Malheur aux croyants qui s'en
passent! Malheur surtout à l'apologiste, à l'apôtre, au
prêtre qui enseigne autrement!

« Oui, s'écrie Lacordaire, — et certes, de celui-là nul
ne récusera le témoignage, — le monde cherche la paix et
la liberté; mais il les cherche sur la route du trouble et de
la servitude. L'Église seule en fut la source pour le genre
humain, et seule, dans ses mamelles outragées par ses
fils, elle en conserve le lait intarissable et sacré. Quand les
nations seront lasses d'être parricides, elles retrouveront
là le bien qu'elles ne possèdent plus. C'est pourquoi le
prêtre ne se mêlera pas aux querelles sanglantes et stériles
de son siècle; il priera pour le présent et pour l'avenir; il
quittera son repas, comme Tobie, pour ensevelir les morts
de la captivité; il embaumera dans la charité les douleurs
du monde, le plus qu'il pourra; il prédira sans se lasser,
aux générations contemporaines, qu'il n'y a ni paix ni
liberté possibles hors de la vérité; il sera plein de compassion et d'espérance; il recueillera les âmes qui souffrent
et qui cherchent Dieu, versant sur leurs blessures la parole
qui ranime ceux qui sont las; il remerciera Dieu de vivre
dans un temps où l'ambition n'est plus même possible; il
comprendra que plus les hommes sont agités, plus la paix
qui règne sur le front et dans l'âme du prêtre est une

puissante chose ; que plus les hommes sont dans l'anarchie,
plus l'unité de l'Église est une puissante chose ; que plus
les hommes sont forts en apparence, plus la faiblesse de
l'Église, qui vit de la seule force de Dieu, est une puissante chose ; que plus le siècle prophétise la mort du
christianisme, plus le christianisme en sera glorieux un
jour, lorsque le temps, fidèle à l'éternité, aura balayé cette
orgueilleuse poussière, qui ne se doute pas que, pour être
quelque chose dans l'avenir, il faut être quelque chose dans
le présent, et que rien ne mène à rien. Le prêtre enfin
sera ce qu'est l'Église, désarmé, pacifique, charitable,
patient, voyageur qui passe en faisant le bien, et qui ne
s'étonne pas d'être méconnu du temps, puisqu'il n'est pas
du temps. O Rome, c'est ainsi que je t'ai vue [1]!... »

Arrêtons-nous. Cette page, sublime de foi, d'éloquence et
de poésie, nous achèverons de la lire quand nous achèverons ce chapitre.

Maintenant, il nous faut redescendre de ces hauteurs,
où le génie a seul le privilége d'entraîner ceux qui l'ap-
prochent, et suivre, dans la plaine où la mêlée est de-
venue si ardente, les phases du combat qu'a ouvert la
continuation de l'*Essai sur l'indifférence*.

IV

Tantôt, je parlais des ennemis de Lamennais. On va le
voir, tous ne le haïssaient pas, parmi ceux qui le com-

---

[1] LACORDAIRE, *loc. cit.*, p. 161.

battirent, et plus d'un fut sincère. Ceux-là, nous les distinguerons comme on distingue, dans une guerre civile, un nuage de tristesse sur le front des soldats forcés de tirer sur leurs frères révoltés.

Saint-Sulpice et tous les séminaires de France protestent.

Les évêques s'émeuvent en grand nombre contre les thèses menaisiennes.

Soyons attentifs : ici, l'âme de M. de Lamennais va se montrer à nu. Nous l'allons voir, capable de tout, sauf de se plier.

C'est lui-même qui l'a dit : « Si l'on me fait cardinal, ne croyez pas que je mettrai, dans mes armes, le roseau qui plie sans rompre ; j'y mettrai le chêne, avec la devise : Il rompt, mais ne plie pas! »

Le pieux abbé Carron, effrayé du déchaînement universel, lui écrit une lettre touchante. En sage directeur qui pouvait tout dire, il n'hésite pas à mettre le doigt sur la lacune d'esprit de son cher dirigé, et le supplie de ne rien publier, dans des matières si graves, sans avoir, au préalable, consulté des théologiens éprouvés[1].

Savez-vous ce que répond Lamennais? « Si l'on rejette « mes thèses, je ne vois *aucun* moyen de défendre *solide-* « *ment* la religion[2]. »

Puis il ajoute : « Au reste, j'ai demandé à Rome d'exa- « miner mon livre : si le jugement m'est désavantageux, « je suis décidé à ne plus écrire. »

Ainsi donc, d'une part, jamais avant lui la religion n'a été solidement défendue, — et, d'autre part, si Rome n'est

[1] Foisset, *Vie du P. Lacordaire,* t. Ier, p. 112.
[2] Lettre de Lamennais à l'abbé Carron, 1er novembre 1820.

pas de son avis, il ne se rétractera point pour cela, il brisera sa plume.

Disons-le avec tristesse, mais avec franchise :

Le Lamennais de 1820 était déjà le Lamennais de 1832[1].

L'humilité n'était pas là, et ce grand homme oubliait qu'on n'est vraiment grand qu'à genoux devant Dieu.

V

Nous reviendrons sur ces choses.

En ce moment, je ne dois que suivre les débuts.

Désormais, l'auteur de l'*Essai* a trouvé sa voie : il sait comment on remue et domine les esprits. Il sent très-bien qu'il a pour lui les jeunes gens, les femmes, le jeune clergé, une foule d'âmes généreuses et dévouées, et qu'il en fera tout ce qu'il voudra.

Ce qu'il a d'absolu dans l'esprit et dans le langage plaît aux natures ardentes, auxquelles les nuances échappent et qui s'impatientent des objections de détail : le gros de la nation ne s'attache qu'aux couleurs tranchées, il devait suivre en masse le brillant étendard déployé si hardiment à tous les vents du siècle.

Puis, Lamennais sent bien qu'il n'est plus seul.

En 1818, c'était un simple apologiste de la religion. Maintenant, il est devenu un écrivain politique, et, comme tel, l'idole d'un parti, de tout un parti, puissant alors en France, puissant dans toute l'Europe, où il finira, par

[1] FOISSET, *loc. cit.*, p. 112.

certains excès parfaitement notés par M. Foisset[1], par amener une réaction formidable et par faire acclamer l'avénement du parti libéral comme une délivrance : je veux parler du parti de la monarchie absolue.

En effet, après avoir combattu avec éclat dans le *Conservateur* (1818-1820), Lamennais était resté dans l'arène, quand Chateaubriand s'en retira, pour ne point accepter la censure.

Il avait écrit alors, avec de Bonald, dans le *Défenseur,* puis dans une feuille quotidienne plus passionnée qu'aucune autre, le *Drapeau blanc.*

Il éprouva, dès lors, combien le souffle de sa parole âcre et brûlante faisait vibrer à son gré la fibre catholique et la fibre royaliste.

Certes, je n'ai point dissimulé les fautes de l'ancien clergé. A ce moment, je n'en suis que plus autorisé à constater que ce fut une chose inouïe, de voir bientôt un simple prêtre gouverner souverainement les esprits dans l'Église de France, tout à fait en dehors et en dépit de l'épiscopat.

Et, pour que rien ne manquât à la singularité du spectacle, l'apôtre du gouvernement absolu, de la théocratie, ne dut cet empire qu'à l'application loyale du principe le plus antithéocratique qui soit au monde : le principe de la liberté de la presse.

Supprimez, en effet, cette liberté : à l'instant, le gallicanisme officiel a seul la parole, comme de 1682 à 1789, et l'abbé de Lamennais demeure frappé d'impuissance.

Au reste, ce n'était pas en France seulement qu'il était maître des esprits, l'Église entière l'acclamait comme son plus grand athlète.

---

[1] *Loc. cit.,* p. 113 et suivantes.

Dans une allocution consistoriale dont le cardinal Wiseman nous a conservé les termes, Léon XII déclare réserver *in petto* la création d'un cardinal, qu'il désigne par ces transparentes paroles : « C'est un écrivain accompli, dont « les œuvres ont non-seulement rendu un grand service à « la religion, mais réjoui et étonné l'Europe[1]. »

Ce cardinal, c'est Lamennais. S'il ne fut pas publié alors, c'est que M. de Villèle n'admit point qu'un Français pût être décoré de la pourpre, sans la présentation du Roi, présentation à laquelle il s'opposa.

Quoi qu'il en soit, à partir de son retour de Rome, l'auteur de l'*Essai* n'écoute plus qu'une pensée : la sienne.

Nul surtout ne savoura jamais avec autant de délices la volupté du mépris. Sous ce rapport, malgré tous les excès du journalisme contemporain, je ne crois pas qu'il ait un égal. Il introduisit dans la polémique chrétienne le procédé de Voltaire.

Bientôt l'amertume de son langage devint contagieuse. Nous la suivons dans le *Mémorial catholique,* revue mensuelle de l'École Menaisienne. C'était une orgie d'esprit, de verve satirique et d'ironie impitoyable.

Une révolution fut opérée dans le ton de la polémique religieuse.

Certes, dit M. Foisset[2], sous la plume de Bossuet, au dix-septième siècle, la controverse n'avait manqué ni de vigueur ni de puissance. Mais quelle mesure dans le langage, même à l'endroit de Luther et de Calvin !

M. Émery au dix-huitième siècle, au dix-neuvième

[1] Wiseman, *Souvenirs sur les quatre derniers Papes*, deuxième partie, chap. vii.

[2] *Loc. cit.,* p. 115.

M. Frayssinous, M. de Lamennais lui-même, dans sa *Tradition de l'Église,* étaient demeurés fidèles à ce grand exemple.

Mais l'*Essai sur l'indifférence* l'avait pris sur un tout autre diapason. La polémique du bien devint agressive, hautaine, provocante, prodigue d'amertume et d'ironie. Parfois même, en écoutant bien, on y surprenait des rires qui tournaient au ricanement.

D'abord, ce furent des représailles contre des hommes qui ne respectaient rien, fanatiques ennemis de Dieu et cyniques insulteurs de l'Église.

Bientôt, dans la *Défense de l'Essai* et dans le *Mémorial,* tous les adversaires de Lamennais, aigri par les contradictions, furent mis au pilori, et, dans ces exécutions périodiques, on ne saurait dire avec quel *dilettantisme,* — qu'on me passe l'expression, — les exécuteurs épuisaient toutes les formules de la dérision.

M. Guizot a rendu à bon droit au catholicisme ce témoignage que c'est une grande école de respect. Nul n'a moins mérité que Lamennais une part quelconque dans cet éloge. Parfois même, comme nous aurons à le dire, l'injure dépasse les bornes de l'honnête, et, quand j'aurai à en citer des extraits, le respect que je dois à mes lecteurs m'empêchera de tout dire.

Du reste, la polémique était peu variée : il n'y avait que deux réponses, toujours couvertes des mêmes acclamations par le public des admirateurs fidèles.

Aux Jésuites, qui tenaient en suspicion sa philosophie, il disait : « Vous n'y comprenez rien ! » Aux Sulpiciens et aux évêques, il répondait :

« Vous êtes des gallicans ! »

6.

Sa tactique, consistait à écraser toute contradiction, en s'abritant du nom du Pape.

Dès qu'il était contredit, il criait sus au gallicanisme! On sait quel est l'empire des mots : Le gallicanisme, c'était la tête de Méduse; sur les lèvres de M. de Lamennais et de ses amis, l'évocation du spectre gallican avait une vertu de répulsion magique, et Lamennais, « ce grand esprit immodéré », comme l'appelle Sainte-Beuve, en usait à plaisir.

Hélas! quand cet ultramontain fougueux sera adjuré, au nom de ses principes, de se soumettre au Pape, il établira une contradiction flagrante entre ses principes et sa conduite. C'est alors que Lacordaire écrivit cette page merveilleuse, par laquelle s'achèvera ce chapitre, et que le disciple, fidèle aux enseignements reniés par le maître, s'écria :

« O Rome, c'est ainsi que je t'ai vue! J'ai visité avec un amour infini les reliques toujours pures de tes saints, et les reliques admirables aussi de toutes tes grandeurs. Au pied solitaire de ton Vatican, je n'ai plus entendu les clameurs de tes ennemis que comme une pâle résurrection de ces voix d'esclaves qui, de lustres en lustres, redisaient à ton Capitole que ses triomphateurs étaient mortels. Mais tu as hérité de leur gloire, et non de leur caducité. Après tant de siècles, je t'ai trouvée debout, toujours vierge, toujours mère, toujours maîtresse, éternel outrage de l'erreur et de l'impuissance humaine. Assise au milieu des orages de l'Europe, il n'y avait en toi aucun doute de toi-même, aucune lassitude; ton regard, tourné vers les quatre faces du monde, suivait, avec une lucidité sublime, le développement des affaires humaines dans leur liaison avec les affaires divines; seulement la tempête, qui te laissait calme parce que l'esprit de Dieu soufflait en toi, te donnait, aux yeux du simple fidèle, moins accoutumé aux variations des siècles, quelque chose qui rendait son admiration compatissante. La croix brillait sur ton front, comme une étoile dorée et immortelle; mais c'était toujours la croix... O Rome! Dieu le sait, je ne t'ai point méconnue, pour n'avoir point rencontré de rois prosternés à tes portes; j'ai baisé ta poussière avec une joie et un respect indicibles; tu m'es apparue ce que tu es véritablement, la bienfaitrice du genre humain dans le passé, l'espérance de son avenir, la seule grande chose aujourd'hui vivante en Europe, la captive d'une jalousie universelle, la reine du monde. Voyageur suppliant, j'ai rapporté de toi, non de l'or, ou des parfums, ou des pierres précieuses, mais un bien plus rare, plus inconnu : la vérité. Une parole prophétique est sortie de ton sein; et lorsque le temps aura fait un pas, lorsque sera accompli ce qui doit s'accomplir, cette parole, méconnue du monde présent, qui ne sait rien, éveillera dans son tombeau le pontife qui en a été l'organe, afin qu'il puisse entendre les acclamations de la postérité. O Rome! un de tes fils, à qui tu as rendu la paix, de retour dans sa patrie, a écrit ce livre. Il le dépose à tes pieds, comme une preuve de sa reconnaissance; il le soumet à ton jugement, comme une preuve de sa foi ![1] »

Quelle école pourtant, que celle où les disciples parlaient un si beau langage! Oh! on aura beau dire, malgré ses fautes, malgré ses erreurs, l'École Menaisienne est peut-

---

[1] LACORDAIRE, *op. et loc. cit.*, p. 162.

être la plus grande chose de ce siècle. Il nous faut connaître à fond cette institution, qui sera une gloire de notre temps et de notre pays, dans l'histoire.

Le moment est venu de raconter la fondation, les origines et les premiers débuts de l'École de Lamennais.

VI

FONDATION ET DÉBUTS DE L'ÉCOLE MENAISIENNE

SOMMAIRE. — Un entretien dans le salon des aumôniers de Henri IV. — Comment commença l'École Menaisienne. — Un dessein insensé. — Une magnifique entreprise. — Vers la solitude. — Gerbet. — La Chesnaie. — Une peinture de Maurice de Guérin. — Lacordaire introducteur. — Souvenirs contemporains. — Ce qu'était l'homme chez le Maître. — Réponse au suprême appel des jansénistes — Puissance de l'association. — Les premières racines. — La Congrégation de Saint-Pierre. — La maison de Malestroit. — Tristesses. — Le Chant des morts.

I

C'est dans le salon des aumôniers du collége Henri IV, à Paris, que naquit, sous le souffle pur d'une inspiration du prosélytisme catholique, l'école à laquelle la voix publique donna bientôt le nom de celui qui en fut l'âme.

L'histoire nous en a été conservée.

Deux jeunes prêtres, tous deux aumôniers du collége Henri IV, conversaient tristement un soir de décembre 1826, dans un petit salon où ils aimaient à se réunir pour conférer ensemble des difficultés de leur ministère et des tristesses de la situation générale.

Le premier, vif et ardent, portait la tête haute, et son

regard s'animait à de fréquents intervalles d'une flamme subite : c'était l'abbé de Salinis. L'autre, d'allures plus réservées, presque timide, écoutait plus volontiers qu'il ne parlait, c'était l'abbé Gerbet.

C'est l'abbé Gerbet cependant qui avait ouvert, ce soir-là, l'entretien, pour dire, avec une mélancolie toute religieuse, les déboires de sa journée.

M. de Salinis l'interrompit. Avec une verve toute juvénile, il exposa ses convictions sur la possibilité et les moyens d'exercer une action efficace en faveur du catholicisme.

— La France, dit-il, est lasse d'incrédulité, surtout de cette incrédulité brutale qui froisse le sentiment le plus intime de l'âme humaine, naturellement chrétienne, a dit avec tant de profondeur Tertullien : le respect pour Dieu créateur et pour son Christ; elle aspire après une croyance positive qui satisfasse les besoins du cœur sans blesser les lumières de l'intelligence. Pour tout dire en un mot, s'écria le jeune aumônier, la France désire une croyance rationnelle.

« Là est l'espérance, conclut-il, mais là aussi est le danger.

« Pour réaliser l'une et écarter l'autre, la mission de l'apostolat catholique doit donc tendre à un double but : entretenir et développer le besoin de croire; démontrer de toute manière que la seule croyance raisonnable est celle qui est contenue au symbole des apôtres, expliqué et développé par l'Église [1]. »

Les deux jeunes prêtres en étaient là de leur entretien,

---

[1] **LADOUE**, *Vie de Mgr Gerbet,* t. Ier, p. 62.

quand un troisième interlocuteur, vêtu d'un habit sombre, et accueilli par les deux aumôniers avec une déférence visible, entra et prit part aussitôt à la conversation dont il avait entendu les conclusions.

— Vous voulez, dit-il, prouver à notre siècle que le catholicisme est la seule religion rationnelle; c'est bien, mais cela ne suffit pas, il faut lui démontrer que, s'il n'accepte pas le symbole catholique, il s'exile lui-même de la société des intelligences; se met en dehors du sens commun à tous les siècles et à tous les peuples; en un mot, qu'il est fou [1].

À ce langage, le lecteur aura reconnu l'auteur de l'*Essai sur l'indifférence*.

L'abbé de Lamennais continua en s'animant :

— Plus je vais, plus je me tiens sûr de contraindre ces gens si fiers de leur incrédulité, à dire leur *Credo* jusqu'à la dernière syllabe, ou à avouer par leur silence, car je leur défendrai d'ouvrir la bouche, qu'ils ne peuvent pas dire : *Je suis!...* A l'œuvre donc, et nous sommes sûrs de courber le dix-neuvième siècle sous le joug du catholicisme.

Le doux abbé Gerbet, celui qui devait être le Mélanchthon du nouveau Luther, répliqua timidement :

— Maître, ne craignez-vous pas d'irriter la raison, au lieu de la courber par un procédé si absolu? Ne vaudrait-il pas mieux réconcilier doucement l'âme humaine avec la religion, en lui montrant les harmonies intimes qui existent entre ses dogmes, ses préceptes, ses institutions et les besoins les plus profonds de l'humanité? Comment résister, par exemple, à cette démonstration qui découvre dans

---

[1] LAMENNAIS, *Œuvres inédites*, t. Ier, p. 318.

l'Eucharistie la source la plus abondante de la vie morale, de la vie sociale, le grand levier, en un mot, qui soulève l'humanité jusqu'au ciel? Et ce que l'on établit pour l'Eucharistie, on peut l'étendre à tous les sacrements, canaux abondants par lesquels la vraie vie se répand dans l'humanité [1].

— Eh bien! dit Lamennais, ce point de vue complète le mien, et je ne le repousse pas.

Puis, après avoir paru réfléchir, et fixant un regard profond sur les deux jeunes prêtres, il ajouta :

— Mais, puisque nous voilà d'accord sur la possibilité d'exercer une action étendue sur notre société si malade, pourquoi ne réunirions-nous pas nos efforts? Un seul homme n'a qu'une voix, toujours bien faible, malgré sa puissance, mais une association [2]!...

De là sortit une grande chose : une École.

Quand on parcourt attentivement la marche de l'humanité à travers les siècles, il n'est pas difficile d'apercevoir que tous les développements intellectuels, qui ont laissé un souvenir, ont trouvé leur principe dans l'influence exercée par une École.

Une École! c'est donc toujours, dans l'histoire du monde, un fait grave, caractéristique, qu'il importe d'étudier de près.

Je convie le lecteur à cette étude. Nous allons commencer l'histoire de l'École Menaisienne et apprécier l'influence qu'elle exerça sur la société contemporaine.

[1] LADOUE, *loc. cit.*, p. 63.
[2] *Ibid.*, p. 64.

II

A l'origine, il n'y avait aucun plan combiné, aucun projet sérieusement arrêté. Les âmes généreuses, qui avaient conçu la pensée d'unir leurs efforts, l'avaient fait dans l'unique dessein de réaliser un but qui a frappé, par son impérieuse nécessité et son importance absolue, tous les bons esprits, au sein de l'Église, depuis la Révolution.

On ne remonte pas un courant impétueux, on l'endigue, on le dirige, en emprisonnant ses bonds désordonnés ! Malheur à qui tenterait de dresser une barrière devant le Niagara : le torrent l'emporterait comme un fétu, et il se vengerait en inondant un peu plus loin encore les plaines environnantes.

On comprend ce que j'entends dire. Méconnaître les courants d'idées au milieu desquelles nous nous mouvons, c'est insensé ! Vouloir les remonter et rebrousser chemin en arrière, c'est plus insensé encore. Disons-le, c'est criminel, parce que, devant l'obstacle, le torrent mugira plus fort, tandis que si vous lui bâtissez des rivages, il les caressera et les respectera !

Toutes les grandes âmes l'ont senti, et vous-même, qui que vous soyez, à quelque drapeau que vous ayez voué votre vie, dans cette évolution sociale à laquelle les lois de l'histoire condamnent fatalement toute nation, — au sein desquelles le militarisme précède toujours l'aristocratie, l'aristocratie précède le pouvoir centralisateur et monarchique, jusqu'à ce que la représentation nationale vienne tempérer ce pouvoir trop absolu, — vous-même, dis-je, devant ce régime nouveau dont les soubresauts, parfois capricieux et violents, secouent le sol de la patrie, comme un géant qu'étouffe la montagne placée sur sa large poitrine, vous vous êtes posé la question mystérieuse et redoutable, vous avez interrogé l'horizon, et, écoutant le bruit des révolutions politiques, vous avez dit : Mon Dieu! qui donc nous sauvera? qui domptera la bête dont les rugissements nous épouvantent à intervalles de plus en plus rapprochés?

La question se posa sur notre sol gaulois, il y a quatorze siècles. Au bruit des invasions franques, nos devanciers disaient : Qui donc musellera le monstre barbare? Anxieux et troublés, ils interrogeaient, comme nous, l'horizon. A l'horizon parut une croix, elle dominait un champ de bataille : c'était à Tolbiac! Puis cette lumineuse apparition, comme l'étoile de la Gentilité, courut au sein des firmaments assombris, et vint s'arrêter sur une basilique : c'était le baptistère de Reims!

L'Église avait soumis la race barbare, et le pays des Francs domptés par elle devait s'appeler la nation très-chrétienne, celle dont Dieu se servira pour accomplir tous ses grands gestes dans l'histoire nouvelle, la France!...

Hommes de peu de foi, ne craignez rien! L'Église a des promesses d'immortalité. Laissez-la faire, elle baptisera le régime nouveau, comme elle fit de l'ancien! Mais, pour Dieu, laissons-la faire!...

L'École dont j'entreprends de parler se donna cette mission :

Réconcilier la société moderne, sortie toute meurtrie de

la Révolution française, avec le catholicisme, seule base possible et seul fondement solide de tout édifice social.

Certes, l'idée était grande, belle, généreuse : se faire les héritiers de saint Remy, entreprendre de ramener au baptistère de Reims la race nouvelle, à qui l'avenir semble promis!

Cette pensée du génie et de l'apostolat avait besoin d'être mûrie. Le regard de Dieu seul pouvait la féconder.

Les fondateurs le comprirent, et, prenant le bâton du pèlerin à la main, comme autrefois les apôtres revinrent de la montagne où le Christ les avait quittés, vers le Cénacle où les attendait son Esprit, ils quittèrent Paris, la capitale bruyante, où la mêlée empêche de voir clair et d'entendre, pour regagner la solitude : la solitude, le berceau de toutes les grandes œuvres.

III

Lamennais y arriva avec Gerbet, le doux abbé Gerbet. celui de qui l'évêque de Tulle disait : « Il était doux, aimable envers tous les hommes, ses lèvres étaient de miel. Mais quand la foi était attaquée, quand l'impiété s'insurgeait contre l'Église et le Christ, alors son génie s'enflammait : il connaissait la colère aimante et la haine parfaite, *perfecto odio oderam eos.* Il entrait en colère avec amour [1]. »

Nous rencontrerons souvent, dans la suite, Gerbet à

---

[1] Mgr BERTEAUD, *Oraison funèbre de Mgr Gerbet.*

côté du maître. Aujourd'hui, sur le chemin du désert, je salue avec amour et vénération le compagnon, demeuré fidèle et qui ne cessa d'aimer, même quand il fallut se séparer du docteur, égaré loin de sa voie d'alors.

Il devint évêque, tandis que son illustre ami vivait loin du temple, où ils avaient prié et pleuré ensemble. Comme l'a dit le prélat éloquent qui devait succéder à Gerbet sur le siége épiscopal de Perpignan : « Son caractère sincèrement catholique était à la hauteur de son talent. Vous connaissez cette honorable histoire. Un jour, disciple et ami d'un nouvel Origène, il fut trop fidèle à son maître ; mais bientôt, comme Denys d'Alexandrie, mettant au-dessus des intérêts de l'École et des droits d'une intime amitié les intérêts de la vérité et les droits de l'Église pour rester fidèle à la foi, il passa sur son propre cœur, suivant encore les traces du saint patriarche d'Alexandrie ; il réfuta par de savantes pages le philosophe égaré et pleura sa chute[1]. »

L'abbé Gerbet avait alors vingt-sept ans : à la fleur de l'âge, dans la ferveur de son sacerdoce, l'esprit ouvert à toutes les connaissances qui pouvaient servir à la religion, et le cœur d'autant plus disposé à se donner que les affections les plus légitimes de la famille lui faisaient défaut ; avec cela, un grand dégagement des soucis temporels, une grande douceur de mœurs, un caractère qui semblait aller de lui-même au-devant de la domination, en un mot, tout ce qui fait le disciple[2].

---

[1] Mgr RAMADIÉ, *Mandement de prise de possession de l'évéché de Perpignan*.

[2] Nous avons consacré à Gerbet une étude, parue chez les mêmes éditeurs, où cette figure si aimable et si attirante est peinte avec tous ses détails charmants.

Lamennais, lui, avait déjà vécu quarante-trois ans.

Ils arrivèrent tous deux à la Chesnaie, le 4 janvier 1825.

Aucun lieu, nous l'avons dit déjà, n'était plus propre à la méditation. Mais il nous faut faire plus ample connaissance avec cette retraite, alors si profondément inconnue du reste du monde, et depuis si célèbre.

La peinture en a été faite, de main de maître, par un des jeunes hommes que le nom magique de Lamennais attira plus tard à la Chesnaie, mort de bonne heure, mais immortalisé par les fleurs que jettera à pleines corbeilles, sur sa tombe gardée par l'amitié d'une sœur, le *Journal* si touchant et si beau de cette sœur, génie supérieur encore au frère, je veux parler d'Eugénie de Guérin.

IV

Le frère d'Eugénie, Maurice, accouru, comme tant d'autres, à la Chesnaie, en écrivait :

« C'est du sein des bois, dans la retraite la plus profonde et la plus sauvage, que je vous écris. Depuis trois semaines, me voici reclus, mais reclus volontaire et trouvant dans un désert, ce qui est bien rare, la société la plus aimable et la plus douce amitié. Nous sommes ici quatre fugitifs du monde, qui sommes venus chercher auprès du Maître asile et lumière, et c'est vraiment ici qu'il faut venir quand on veut se réfugier dans l'étude et dans le Seigneur.

« La Chesnaie, continue Maurice de Guérin, est une sorte d'oasis au milieu des steppes de la Bretagne. Devant le château s'étend un vaste jardin coupé par une terrasse plantée de tilleuls, avec une petite chapelle au fond. J'aime beaucoup ce petit oratoire où l'on respire la paix de la solitude et la paix du Seigneur. Au printemps, nous irons prier à travers deux rangées de fleurs. A l'orient et à quelques pas du château, dort un petit étang entre deux bois peuplés d'oiseaux dans la belle saison; et puis, à droite, à gauche, de tout côté, des bois, des bois, partout des bois. C'est triste maintenant que tout est dépouillé, que les forêts sont couleur de rouille, et avec le ciel de Bretagne toujours nuageux et si bas qu'il semble vouloir vous écraser; mais, au retour du printemps, le ciel se hausse, les bois repoussent vite, et tout sera charmant[1]... »

Pas tant qu'il le croit, cependant!

Au printemps, ces beautés sylvestres, bocagères, seront bien près de redevenir sèches et revêches. Alors, dira encore Maurice, « la Chesnaie me fait l'effet d'une vieille bien ridée, bien chenue, redevenue, par la baguette des fées, jeune fille de seize ans et des plus gracieuses ». Mais, sous la jeune fille gracieuse, la vieille, à de certains jours, reparaît. En plein juin, la belle saison s'en est allée, un matin, on ne sait où; le vent d'ouest a tout envahi, comme un pasteur humide, chassant devant lui ses innombrables troupeaux de nuages; à la verdure près, c'est l'hiver, avec l'affligeant contraste de plus; et même, quand il y a splendeur, l'été, jusque dans ses jours de solennité, a toujours, il le sent, « quelque chose de triste, de voilé, de borné ». « C'est, dit-il spirituellement, c'est comme un avare qui se met en frais; il y a de la ladrerie dans sa

---

[1] M. DE GUÉRIN, *Lettres*, passim.

magnificence. Vive notre ciel du Midi, si libéral en lumière, si bleu, si longuement arqué ! » Ainsi parle ces jours-là, presque en exilé, celui qui ressonge à son doux nid du Cayla, immortalisé par Eugénie !

J'ai voulu replacer sous les yeux du lecteur ces tableaux, tracés par Maurice de Guérin et par Sainte-Beuve [1] : ils seront le fond de la scène à laquelle nous allons assister.

Calme, mais un peu triste, le séjour de la Chesnaie a déteint sur le génie de Lamennais et sur les destinées de son école.

Après le paysage, faisons connaissance plus intime avec le Maître.

Je vais vous introduire, et c'est Lacordaire qui nous annoncera.

V

— L'homme que vous allez voir, dit Lacordaire, c'est un druide ressuscité en Armorique, et qui chante la liberté d'une voix un peu sauvage. Le ciel en soit béni ! Ce mot est éloquent sur toutes les lyres, même quand il n'y reste qu'une corde, comme à Sparte [2] !

Mais voici le Maître !

Les portraits qui nous restent de lui sont loin de faire revivre sa vraie physionomie, mobile, impressionnable, changeant avec les rapides impressions de son vaste et prompt génie.

[1] *Causeries du lundi,* t. VI, p. 63.
[2] Lettre de l'abbé Lacordaire à M. Lorain, 25 mai 1830.

Puis, il faut bien tout dire, il n'était pas beau.

C'est l'un de ses plus dévoués admirateurs qui le décrit en ces termes :

« Le grand homme est petit, grêle, pâle, yeux gris, tête oblongue, gros nez et long, le front profondément sillonné de rides qui descendent entre les deux sourcils jusqu'à l'origine du nez; tout habillé de gros drap gris, des pieds à la tête; courant dans sa chambre à fatiguer mes jeunes ambes, et, quand nous sortons pour la promenade, marchant toujours en tête, coiffé d'un mauvais chapeau de paille, vieux et usé [1]... »

Et pourtant, il y a, dans la personne même de l'auteur de l'*Essai,* une séduction infinie.

J'en atteste le cardinal Wiseman, qui, de souvenir et trente ans plus tard, traçait de lui ce portrait :

« Il est difficile de dire comment il obtint sur les autres une influence si grande. Il était d'un aspect et d'une mine peu propres à commander le respect, dépourvu de dignité dans le maintien, de supériorité dans le regard, et n'ayant aucune grâce extérieure. Plusieurs fois, à différentes époques, j'ai eu avec lui des entretiens prolongés; il était toujours le même. La tête penchée, tenant les mains jointes devant lui ou les frottant doucement l'une dans l'autre; il savait, en répondant à ma question, se répandre en un flot de pensées coulant spontanément et sans rides. Il embrassait en une fois le sujet entier et le divisait en ses différents points, aussi symétriquement que l'eussent fait Fléchier ou Massillon. Tout cela se faisait d'un ton monotone, mais doux, et son raisonnement était si serré, et pourtant

[1] **M. de Guérin,** *Lettres,* p. 321.

si poli et si élégant, que, si vous eussiez fermé les yeux, vous auriez pu croire que vous assistiez à la lecture d'un livre accompli [1]. »

Ses écrits nous ont peu préparés à faire sa connaissance intime et personnelle. Les livres sont pompeux et les polémiques sont acrimonieuses. L'homme, par contre, n'a nul éclat, et sa conversation n'a nul apprêt, nulle emphase, nulle pose.

Cet être frêle, chétif, souffrant, qui parle d'une voix si basse et si unie, s'empare aussitôt de nous par sa simplicité même.

Plus l'écrivain vous aura choqué par son amertume et par sa hauteur, plus l'homme vous surprend, vous pénètre, vous charme, par sa simplicité, sa douleur et son abandon [2].

C'est par là qu'il s'empare, sans le chercher, ou sans paraître le chercher, de ceux qui l'abordent.

Maurice de Guérin en a rendu un naïf témoignage.

« J'éprouvais, dit-il, en abordant M. Féli (c'est ainsi que nous l'appelons en famille), ce tremblement mystérieux dont on est toujours saisi à l'approche des choses divines et des grands hommes; mais bientôt ce tremblement se changea en abandon et confiance, et je trouvais que l'imagination nous donne une idée bien fausse des grandes âmes, nous les représentant comme inaccessibles et en quelque sorte redoutables pour le vulgaire; bien loin de là! la gloire, vue de près, est simple et douce comme un enfant, et nul n'est d'un plus facile accès qu'un grand homme. M. Féli m'a, pour ainsi dire, forcé à oublier toute sa renommée, par sa douceur paternelle et la tendre

[1] Wisemann, *loc. cit.*, p. 321.
[2] Foisset, *loc. cit.*, p. 149.

7.

familiarité de son entretien. Tout son génie s'épanche en bonté. Me voilà entre ses mains, corps et âme, espérant que ce grand artiste fera sortir la statue du bloc informe [1]... »

Voilà ce qu'est Lamennais, le vrai Lamennais, tel que ses intimes l'ont connu. Nous sommes loin, on le voit, du caractère âpre, acariâtre, que les détracteurs systématiques lui ont prêté, pour le besoin de leurs thèses.

— Je ne saurais exprimer, dit un contemporain, à quel point il était bon, caressant, tendre même [2]; et Montalembert, longtemps après sa séparation du Maître, ne pouvait s'empêcher de dire : « M. de Lamennais savait être le « plus caressant et le plus paternel des hommes [3]. »

L'histoire en est toujours la même! Ce sont toujours ceux qui connaissent le moins qui parlent le plus volontiers de ce qu'ils ignorent; et, tandis que les amis se contentent de hausser les épaules, quand ils entendent raconter les détractions ridicules auxquelles leur ami a été en butte, les ennemis continuent de clabauder, et, comme ils crient plus fort, on finit par les en croire, et voilà une réputation faite!...

VI

Tel est donc l'homme qui, avec Gerbet, va fonder cette grande chose qu'on appelle une École.

[1] M. DE GUÉRIN, *Lettres*, p. 120.
[2] Ch. SAINTE-FOI, *Revue du monde catholique*, t. II, p. 438.
[3] MONTALEMBERT, *le P. Lacordaire (l.c. cit.*, p. 408).

Au dix-septième siècle, pour ruiner la pratique religieuse et pour détacher la France du centre catholique, les jansénistes avaient fait Port-Royal. Au dix-neuvième, pour ramener les âmes à la pratique sacramentelle, en les délivrant de l'indifférence en matière religieuse que Lamennais a flétrie, et en les attirant aux autels de l'Eucharistie que Gerbet a chantée, ces deux hommes veulent faire un Port-Royal nouveau, au frontispice duquel ils inscriront cette noble devise : Réconciliation de la France avec le catholicisme romain !

Ah ! je l'ai déjà dit ailleurs [1], lorsque les derniers jansénistes se couchèrent dans leur tombe révoltée, ils avaient jeté une parole de mépris sur le Pontife de Rome et en avaient appelé du Pape au futur Concile. J'ai ajouté que ce Concile, en se réunissant, vit se dresser devant lui les spectres du jansénisme, réclamant une réponse à leur suprême appel, et que les Pères du Concile, réunis au Vatican, répondirent, en proclamant les droits du Siége de Pierre et en imposant, au nom du Saint-Esprit, silence aux sectaires.

Mais ce que je ne pouvais pas dire encore à ce moment, c'est que la proclamation de ces vérités, tout opportune qu'elle fût, n'aurait pas été possible sans l'École de Lamennais !

C'est elle qui a préparé les esprits, c'est elle qui a réduit au silence ces ennemis du dedans, dont j'ai déjà parlé, et dont je ne saurais assez indiquer la perfidie, car ce sont eux qui tenaient en échec la parole apostolique et qui s'ef-

[1] SILHOUETTES ET PORTRAITS JANSÉNISTES. (*Les Origines du jansénisme. — Port-Royal.*) Leçons professées en 1879-80 aux Facultés d'Aix et de Marseille.

forçaient, par mille entraves, de réduire à une suprématie presque purement nominale la primauté du vicaire de Jésus-Christ.

Nous le démontrerons avec surabondance.

Revenons-en au dessein des hôtes de la Chesnaie.

Hélas! que pourront-ils, confinés ainsi au fond de la Bretagne? Sans doute, le maître a une plume assez puissante pour « forcer toute raison à s'incliner devant Dieu », et le disciple sait parler au cœur le langage qui charme et fait aimer.

Mais les masses!... les masses resteront en dehors, et ce sont les masses qu'il faut atteindre, parce qu'elles font l'opinion, la plus grande puissance dans l'ordre intellectuel.

Ces deux hommes se recueillirent devant Dieu, et, ouvrant l'Évangile, ils lurent cette parole du Maître souverain des intelligences et des cœurs : « Là où deux ou trois, — il n'en demande pas davantage, — là où deux ou trois seront réunis en mon nom, je serai au milieu d'eux [1]! »

Quelle puissance! L'expérience des siècles attestait l'irrésistible pouvoir sur les masses de ce grand levier qu'on appelle l'association.

Eh bien! il faut s'associer, et s'associer au nom de Jésus-Christ.

Gerbet l'écrivait le 26 janvier 1825 à l'abbé de Salinis :

— M. de Lamennais, en réfléchissant sur le projet d'une association d'ecclésiastiques, dont il a souvent parlé avec vous, a pensé qu'on pourrait commencer par se réunir quatre ou cinq, dans le but d'étudier et d'écrire. Le caractère de cette société fixerait tout de suite l'attention publique.

[1] MATTH., XVIII, 20.

Une fois l'établissement formé, on pourrait prendre successivement quelques jeunes gens...

Il fallait des hommes! Dieu se chargea d'en susciter.

On eût dit vraiment que le fondateur avait fait entendre, sur tous les points de la France, ce coup de sifflet dont il est question dans les prophètes, et qui rassemble les multitudes [1].

Voyez plutôt.

La Lorraine envoie le savant abbé Rohrbacher, prêtre au cœur d'or, de foi naïve, d'une érudition sans bornes, qui écrira l'*Histoire de l'Église,* vengeresse des mensonges de Sismondi et de Fleury.

La Franche-Comté, qui avait donné déjà Gerbet, fournit d'autres prêtres de grand mérite : l'abbé Blanc, le vulgarisateur par excellence des doctrines romaines; l'abbé Godin, humaniste distingué; l'abbé Gaume, dont le nom se mêlera à toutes les controverses religieuses de ce temps, et ce modeste abbé Bornet, à qui Gerbet mourant confiera ses dernières pensées et le soin de sa parole posthume, le fidèle disciple qui achèvera, à Bordeaux, dans la paix de Dieu, le soir pur et calme de sa belle carrière.

Le Dauphiné paye largement son tribut par une recrue qui vaut des multitudes, l'abbé Combalot, cette âme de feu, cet apôtre que tous ont entendu, et qui, pendant plus de quarante ans, de sa voix puissante, soulèvera les masses. Quand Lamennais l'eut vu, il eut un enthousiasme qui s'épancha dans une admirable lettre à Gerbet, que je voudrais citer en entier si elle était moins longue : « Les temps, « se hâtent, dit-il, en empruntant le langage figuré des

---

[1] « Un sifflement, dit Isaïe, s'entendra des extrémités de la terre, et voilà qu'un peuple accourra aussitôt. » (ISAÏE, V, 26.)

« livres saints, *adesse festinant tempora, nox venit,* il faut
« laisser la cour et les abbés de cour. Les apôtres n'allaient
« pas prendre conseil d'Hérode et de Pilate. Marchons
« droit, et ne voyons que Dieu seul [1]... »

La Bourgogne tenait en réserve la voix la plus éloquente
et le cœur le plus apostolique de ce temps. On a nommé
Lacordaire !

— Je ne l'avais vu que deux fois pendant quelques instants, dira-t-il sur son lit de mort, mais enfin c'était le
seul grand homme de l'Église de France. M. de Lamennais,
prévenu par une lettre qui lui annonçait ma visite et mon
adhésion, me reçut cordialement. Il avait près de lui
M. l'abbé Gerbet, son disciple le plus intime, et une
douzaine de jeunes gens, qu'il avait réunis à l'ombre de
sa gloire, comme une semence précieuse pour l'avenir de
ses idées et de ses projets [2].

Le Midi était représenté par les abbés de Salinis et de
Scorbiac, qui, sans avoir fait acte d'adhésion absolue,
pouvaient être considérés comme de la famille.

L'Anjou, la Normandie, notre Provence en la personne
de l'abbé Caire, avaient aussi répondu à l'appel [3].

---

[1] Lettre de l'abbé Gerbet, 26 novembre 1825.

[2] LACORDAIRE, *Notice sur le rétablissement en France de l'Ordre des Frères Prêcheurs,* p. 51.

[3] M. de Pontmartin, dans une admirable étude sur l'*École Menaisienne,* que je louerais davantage si j'y étais moins loué, dit à cet
endroit, à propos de la première édition de cet ouvrage : « C'est ici
que se place l'adorable épisode de la Chesnaie, de cette ruche chrétienne qui sut rendre si doux le miel de ses abeilles. Un demi-siècle
n'a pas effacé le souvenir de cette hospitalité où le maître donnait aux disciples l'exemple du travail, où les disciples, groupés
autour du maître, rivalisaient d'enthousiasme, d'illusions généreuses,
de ferveur studieuse et de talent ; où leur ambition n'était pas de

Naturellement, la Bretagne devait occuper dans cette phalange sacrée qui se formait sur son sol de granit, une place d'honneur, elle n'y manqua point; et, ces temps derniers, on célébrait à Rennes le cinquantième anniversaire d'un prêtre vénérable qui proclame encore volontiers qu'il doit à la Chesnaie tout ce qu'il est devenu [1].

gouverner le monde, mais de le convertir. Quel tableau et quel cadre! quelle grandeur dans ces horizons! quelle élévation dans ces âmes! S'il vaut mieux, comme je le crois, être amoureux d'une erreur qu'indifférent à une vérité, que ne devait-on pas attendre de ce cénacle, mille fois plus pur, plus convaincu, plus désintéressé, plus tendrement uni que le cénacle romantique? Ces noms, même en ne donnant pas tout ce qu'ils promettaient, restent comme l'honneur de notre siècle, la revanche antidatée de nos punitions et de nos douleurs... Quelle harmonie entre ces paysages bretons, ce ciel mélancolique, ces jardins dépouillés par l'automne, ces bois où la rouille d'octobre attend, pour tomber, le *renouveau* d'avril, ces nuages où passent, avec un sifflement d'ailes, des bandes d'oiseaux sauvages, ces étangs, surmontés d'une brume où les hôtes de la Chesnaie peuvent voir tout ce qu'ils veulent, — et les beaux songes juvéniles où s'unissent la religion, la liberté et la poésie! Comme on se plaît à contempler, à deviner ces nobles intelligences, étrangères aux vulgaires intérêts, aux mesquins égoïsmes de ce monde! Et comme on les aurait étonnés, ces chevaliers du cygne, si on leur avait prédit qu'ils allaient être remplacés par une génération sans idéal, sans ressort, déshéritée volontaire de leurs enthousiasmes, de leurs amours, de leurs espérances, n'ayant plus d'autre paradis que la hausse et d'autre purgatoire que la baisse! » (*Gazette de France,* 19 février 1882.)

[1] M. l'abbé Houet, aujourd'hui chanoine titulaire de la métropole de Rennes.

VII

Mais la Providence semblait aller même au delà des espérances que les fondateurs avaient pu concevoir.

Depuis quelques années, il existait, dans le diocèse de Rennes, une congrégation de prêtres (connue sous le nom de *Saint-Méen,* parce qu'elle avait son siége principal dans l'établissement de cette petite ville), qui dirigeait les missions et le séminaire. Cette communauté avait été fondée par Mgr de Lesquen et par l'abbé Jean-Marie de Lamennais.

Or, en 1828, tous les prêtres profès de cette congrégation, réunis pour la retraite, exprimèrent, à l'unanimité, le vœu que leur œuvre déjà florissante vînt se fondre dans celle que l'abbé de Lamennais voulait établir, et, d'une voix également unanime, ils l'élurent supérieur général.

L'œuvre, qui naissait ainsi du sein toujours fécond de l'Église et qui semblait devoir s'épanouir sans obstacle, sous les rayons de ce soleil qui a mûri tant de puissantes associations, avait un but réellement déterminé :

Rendre à Jésus-Christ, dans la personne de son vicaire, l'empire que des mains sacriléges n'avaient que trop réussi à lui ravir ;

Renouer le lien qui rattache à l'ordre surnaturel tout l'ordre naturel de ce monde ;

Rendre à saint Pierre l'une des clefs déposées en ses mains pour le bonheur de l'humanité.

Cette pensée fondamentale se traduisit dans le titre même donné à la nouvelle association. On l'appela *Congrégation de Saint-Pierre* [1].

VIII

Mais comment réaliser cette haute pensée?

Ici, suivons les intuitions du génie.

C'est par la science que l'on a voulu opérer le divorce entre la société du ciel et les sociétés de la terre, c'est principalement par la science qu'il faut travailler à rétablir l'ordre providentiel.

— L'Église, disait le Maître aux disciples enthousiasmés, l'Église a une magnifique carrière à remplir : c'est à elle qu'il appartient de féconder le chaos et de séparer une seconde fois la lumière des ténèbres [2].

C'est naturellement au clergé que revient cette mission.

Le clergé est-il à la hauteur de cette œuvre?

— A entendre les hommes du monde, non; on nous reproche, disait Lamennais, on nous reproche amèrement, à nous, venus après la tempête, de manquer d'instruction, et l'impiété triomphe de ce qu'elle appelle notre ignorance. Il y a dans ce reproche une grande exagération et quelque fonds de vérité. Méprisons l'une et profitons de l'autre pour devenir le plus tôt possible ce qu'il est nécessaire que nous soyons.

[1] DE LADOUE, *Vie de Mgr Gerbet*, t. Ier, p. 29.
[2] LAMENNAIS, *Des progrès de la Révolution*, chap. IX.

L'un des premiers buts de la nouvelle congrégation doit être d'élever le clergé à la hauteur de cet apostolat de la science.

De là à l'établissement d'une maison de hautes études, il n'y eut qu'un pas. Il fut bientôt franchi, et l'on ouvrit à Malestroit, près de Ploërmel, cette maison qui devait être, comme on l'a dit, « le Cambridge ou l'Oxford de la France, réparant les désastres du schisme [1] ! »

Un essaim d'intelligences d'élite y accourut, et ces jeunes gens, parmi lesquels Léon et Eugène Boré, ne formèrent bientôt qu'une famille, sous l'influence d'un principe admirable, qui tranchait dès lors sur les vieilles routines des maisons d'éducation, car, dit un contemporain, « c'était un principe à Malestroit de laisser à chaque individualité le plus de jeu possible, afin que chacun pût se développer librement, et la règle ne déterminait que les choses indispensables [2] ».

A la vue de cette assemblée d'hommes d'élite, réunis pour la culture exceptionnelle des sciences sacrées, afin de veiller plus sûrement ensuite à l'arche sainte de l'unité catholique, la France s'émut et devint attentive.

Cette école ne devait être et ne fut que l'école de l'Église. Quelle force, même satanique, pourra rompre ce triple lien de la foi, de la science et de l'humilité !

Hélas ! je touche déjà à une lamentable histoire. Dès que l'arbre a verdi, l'insecte venimeux le salit de sa bave et commence à ronger les feuilles naissantes.

Nous le verrons à l'œuvre dès le prochain chapitre.

En ce moment, je ne peux que m'attrister, en voyant le

---

[1] DE LÉSÉLEUC, *Oraison funèbre de J. M. de Lamennais*, p. 31.
[2] MAUPOINT, *Vie de Mgr de Hercé*, p. 60.

fondateur, le chef de l'École, s'émouvoir outre mesure des attaques de l'envie et des difficultés que l'homme ennemi suscitera toujours à toute œuvre, si elle est de Dieu, et à tout homme, s'il est le serviteur de Dieu.

— Il y a bien de l'amertume dans son âme, écrivait un des jeunes disciples du Chef, car il est bien amer, pour son génie, de voir sa pensée si mal comprise, de voir cette pensée si pure, si grande, si puissante pour le bien, poursuivie, harcelée comme une pensée antisociale; de la voir si pieuse, si catholique, et chargée d'anathèmes comme pensée impie [1]...

Cet homme, ce prêtre qui avait demandé à Dieu la croix pour tout partage, succombait sous sa croix! Il la trouvait trop lourde. Alors Gerbet, le doux abbé Gerbet, s'approchait de lui, et devenait son Cyrénéen.

C'est un autre de ses disciples, celui qui a signé de si charmants ouvrages sous le pseudonyme de Charles Sainte-Foi, qui nous le raconte :

« D'ordinaire gai, aimable et charmant, il devenait tout à coup triste, taciturne... Et alors, tout notre petit Olympe était dans la gêne et dans l'émoi, comme lorsqu'un nuage fronçait les sourcils du grand Jupiter. Dans ces circonstances, c'était l'abbé Gerbet qui faisait les frais de la conversation, et qui, avec une grâce charmante, cherchait à voiler à tous les yeux les tristesses de son maître, et à interposer entre son chagrin et notre curiosité inquiète les saillies douces et aimables de son esprit toujours si placide et si serein [2]. »

Le cœur de Lamennais devenait de plus en plus sensible

[1] M. DE GUÉRIN, *Lettres*, p. 168.
[2] Ch. SAINTE-FOI, *loc. cit*, p. 438.

aux mauvais procédés. L'injustice, les basses intrigues, les dénigrements systématiques le dégoûtaient.

« Oh! disait-il à Gerbet, voyez-vous, mon ami, il me tarde de renoncer à tout. Tout ce qui ressemblera le plus à la mort me semblera le plus doux. » Et il redisait le mot de saint Paul : « Nous n'avons point ici-bas notre patrie définitive, nous cherchons la patrie future, *futuram inquirimus.* » Puis, avec un accent qui déchire l'âme, il ajoutait tristement : « *Futuram, ô quando?* La patrie à venir, oh! quand viendra-t-elle [1] ? »

La mort lui apparaissait alors comme une délivrance, et il l'appelait avec des soupirs, où la foi du chrétien se mêlait à la tristesse de l'âme désenchantée [2].

[1] Lettre de l'abbé Gerbet à M. de Senfft, 8 septembre 1829.

[2] C'était en 1829, le soir de la fête de tous les Saints. Nous étions réunis dans le salon de cette antique maison de granit, remplie de tant de souvenirs. M. Lorain, aïeul maternel de M. de Lamennais, peint dans son costume de juge, fixait sur nous son regard grave et bienveillant. Madame Lorain, vêtue d'une robe de damas jaune parsemée de petites fleurs et d'un mantelet de velours garni de fourrures, les mains dans son manchon, nous regardait doucement. Mais le temps avait passé sur ces chères images et y avait laissé une teinte de tristesse. Mon grand-père et ma grand'mère Lamennais, plusieurs de leurs enfants et de leurs petits-enfants, mon grand-oncle des Saudrais et sa sainte femme avaient habité cette demeure et y avaient goûté un peu de repos et de bonheur. Autrefois, à pareil jour, eux aussi ils avaient pensé à leurs morts et espéré pour eux les joies du ciel. Le vent d'automne emportait dans ses tourbillons les feuilles jaunies des vieux chênes qui ont vu passer tant de générations et faisait vibrer les lances harmonieuses des branches de sapins qui, dans l'ombre, se dressaient comme de noirs fantômes. Que de voix aimées, se mêlant aux bruits de la nuit, nous criaient de la tombe : Souvenez-vous! M. de Lamennais descendit au salon, et nous lut son hymne des morts. (BLAIZE, *Essai biographique,* p. 179.)

Un soir [1], — c'était le soir de la fête des Défunts, — le ciel, plus triste que de coutume, avait rompu ses nuages, et la pluie, tombant à flots, mugissait comme une mer déchaînée. Des bruits d'orage remplissaient les bois de la Chesnaie. Lamennais descendit au salon où les siens étaient réunis. Il tenait à la main une feuille encore tout humide de son écriture. Il s'assit. Les disciples se serrèrent autour de lui, et, d'une voix rhythmée, parmi les fracas de la tempête du dehors, il lut :

« Ils ont aussi passé sur cette terre, ils ont descendu le

[1] Les critiques amères lui causaient une peine sensible. Il écrivait : « Les injures anonymes et signées pleuvent de tous côtés. Il m'en « vient jusque d'Angleterre. Un nommé Bourring *prend la liberté* « de m'adresser un petit pamphlet où, d'un bout à l'autre, il me « représente comme une espèce de monstre, moitié âne et moitié « tigre ; ce qui ne l'empêche pas, chose plaisante, de finir son billet « d'envoi en assurant qu'il respecte, comme il doit les respecter, les « talents, le zèle et le cœur de M. l'abbé. Que dites-vous de ce brave « homme et de cette politesse anglaise ? » (La Chesnaie, 18 août 1820.) De la Chesnaie, le 11 octobre de la même année : « Lisez-vous quel- « quefois le *Constitutionnel ?* On m'a dit qu'il annonçait un nouvel « ouvrage contre moi, intitulé : *Examen critique de l'Essai sur* « *l'indifférence,* etc. En tête de ce livre est une gravure où je suis « représenté debout sur des cadavres, entre la Mort et le Néant, « avec je ne sais quelle légende au-dessus. Tout cela est fort spirituel. « Je pense quelquefois que si les hommes du siècle de Louis XIV « pouvaient revenir au milieu de nous, avec leurs idées graves et « leur forte raison, ils seraient bien étonnés de la manière dont on « discute aujourd'hui les questions les plus importantes, et, en « vérité, j'ose croire qu'ils seraient moins frappés du progrès des « lumières que du progrès des passions, et de l'affaiblissement des « préjugés que de l'affaiblissement des intelligences. » La tristesse de Lamennais s'exprime souvent avec une douloureuse intensité. Il écrit le 28 décembre 1823 : « J'ai acquis, depuis un an, une si dure « expérience des hommes, que je ne trouve de repos qu'en égarant « mon esprit loin d'eux dans le passé ou dans l'avenir, mais dans un « avenir qui n'est pas de la terre ; car, dès que je la retrouve, je « sens aussitôt quelque chose qui se soulève en moi. »

« fleuve du temps; on entendit leur voix sur ses bords, et
« puis on n'entendit plus rien. Où sont-ils? Qui nous le
« dira? Heureux les morts qui meurent dans le Seigneur.

« Pendant qu'ils passaient, mille ombres vaines se pré-
« sentèrent à leurs regards : le monde que le Christ a
« maudit leur montra ses grandeurs, ses richesses, ses
« voluptés; ils le virent, et soudain ils ne virent plus que
« l'éternité. Où sont-ils? Qui nous le dira? Heureux les
« morts qui meurent dans le Seigneur.

« Semblable à un rayon d'En haut, une croix, dans le
« lointain, apparaissait pour guider leur course : mais tous
« ne la regardaient pas. Où sont-ils? Qui nous le dira?
« Heureux les morts qui meurent dans le Seigneur.

« Il y en avait qui disaient : Qu'est-ce que ces flots qui
« nous emportent? Y a-t-il quelque chose après ce voyage
« rapide? Nous ne le savons pas, nul ne le sait. Et, comme
« ils disaient cela, les rives s'évanouissaient. Où sont-ils?
« Qui nous le dira? Heureux les morts qui meurent dans
« le Seigneur.

« Il y en avait aussi qui semblaient, dans un recueille-
« ment profond, écouter une parole secrète, et puis, l'œil
« fixé sur le couchant, tout à coup ils chantaient une au-
« rore invisible et un jour qui ne finit jamais. Où sont-ils?
« Qui nous le dira? Heureux les morts qui meurent dans
« le Seigneur.

« Entraînés pêle-mêle, jeunes et vieux, tous disparais-
« saient, tels que le vaisseau que chasse la tempête. On
« compterait plutôt les sables de la mer que le nombre
« de ceux qui se hâtaient de passer. Où sont-ils? Qui nous
« le dira? Heureux les morts qui meurent dans le Seigneur.

« Ceux qui les virent ont raconté qu'une grande tris-

« tesse était dans leur cœur : l'angoisse soulevait leur
« poitrine, et, comme fatigués du travail de vivre, levant
« les yeux au ciel, ils pleuraient. Où sont-ils? Qui nous le
« dira? Heureux les morts qui meurent dans le Seigneur.

« Des lieux inconnus où le fleuve se perd, deux voix
« s'élèvent incessamment :

« L'une dit : Du fond de l'abîme, j'ai crié vers vous,
« Seigneur : Seigneur, écoutez mes gémissements, prêtez
« l'oreille à ma prière. Si vous scrutez nos iniquités, qui
« soutiendra votre regard? Mais près de vous est la misé-
« ricorde et une rédemption immense.

« Et l'autre : Nous vous louons, ô Dieu! nous vous
« bénissons : Saint, saint, saint est le Seigneur Dieu des
« armées! La terre et les cieux sont remplis de votre
« gloire.

« Et nous aussi, nous irons là d'où partent ces plaintes
« ou ces chants de triomphe. Où serons-nous? Qui nous le
« dira? Heureux les morts qui meurent dans le Seigneur[1]. »

Ainsi ce grand homme consolait sa douleur, et, par la
pensée des choses futures, cherchait à se résigner aux
choses présentes.

[1] LAMENNAIS, *le Chant des morts*.

VII

LES OEUVRES ASCÉTIQUES DE LAMENNAIS.

C'est un des plus ardents admirateurs de Lamennais, son propre neveu, l'ami des derniers jours, qui a dit de lui :

« Sa vie a été un long combat, une lutte à outrance. Absolu dans ses idées, il raisonnait avec une logique aussi savamment membrée qu'une charpente de fer, a dit M. de Lamartine. Or, la logique, au service d'un esprit ardent, le conduit quelquefois au delà de la vérité. Dans l'étude de la société, il faut se garder de se laisser entraîner à la contemplation des idées pures, si l'on veut éviter de graves mécomptes [1]. »

[1] Blaize, *Essai biographique sur M. F. Lamennais,* p. 16.

Ces mécomptes avaient profondément altéré le cœur ardent de Lamennais. Il le répétait, un soir, sur la fin de sa vie, alors que, comme le lion qui se sent mourir, il s'était retiré dans un isolement à peu près complet. En songeant à tant d'amères déceptions, le vieillard sortit de la réserve dont, sur ses vieux jours, il ne se départait presque jamais, — il était si las des hommes !

— Mon ami, répétait-il à son neveu, si j'avais à prendre un emblème de ma vie, ce ne serait pas le roseau qui plie au vent, mais le chêne brisé par l'orage. Je romps et ne plie pas [1].

Il disait vrai.

I

Sans doute, Lamennais avait erré. Il s'était trompé en posant comme principe de la certitude un fondement erroné. Je n'ai point dissimulé la fâcheuse caducité du principe qu'il avait cherché à introduire dans la démonstration de la vérité catholique.

Je n'ignore pas non plus que les conséquences d'un principe faux mènent très-loin dans les voies de l'erreur, surtout avec un logicien impitoyable, comme l'était Lamennais.

Mais, dans l'Église de Dieu, il y a un tribunal auquel tous peuvent faire appel. Lamennais lui-même suppliait

[1] Cette parole fut dite pour la première fois vers 1830. (*Note de M. l'abbé Houet.*)

qu'on examinât ses doctrines à Rome et qu'on mît fin, par un acte souverain, aux réclamations dont il souffrait.

Rome répondit, par l'organe du Maître du Sacré-Palais, en permettant, avec une approbation très-élogieuse, de publier une traduction en italien de la *Défense de l'Essai sur l'indifférence*[1].

Il n'est pas difficile de comprendre le but de cette mesure.

Elle réservait la question de fond, et elle donnait satisfaction aux légitimes exigences du nouvel apologiste.

Cela ne faisait pas l'affaire des adversaires et des ennemis jurés de l'homme et de son école.

Ils se livrèrent à une véritable débauche d'esprit grossier, sottisier, dont les pointes perçaient, comme un dard venimeux, cette âme trop sensible.

Si j'écrivais un mémoire, je ferais passer sous les yeux du lecteur quelques échantillons des pamphlets publiés contre Lamennais.

Il y en a plus de trois cent cinquante[2].

On lui refuse tout, on lui dénie tout, même le talent.

— Tout ce qu'il y a de vrai dans l'*Essai,* dit un de ces critiques, a été mille fois dit avant M. de Lamennais et mieux que lui, même par ses contemporains.

Pour un autre, ce n'est qu'un plagiaire et un ignorant!

---

[1] Approbation du Maître du Sacré-Palais, 1822.

[2] Une de ces critiques de l'*Essai* se termine ainsi : « A la seule vue du plan de l'*Essai sur l'indifférence,* il faut dire que l'écrivain n'entendait RIEN à son sujet : il n'a pas même fait un *Essai.* Il voulait élever un monument, et il n'a pas su poser la première pierre! Il a fait comme je ne sais quel philosophe indien, qui supposait le monde sur une tortue, et la tortue sur le vide... »

Autant dire que cet écrivain, si acclamé, n'est au fond qu'un sot et un imbécile.

Pour celui-ci, ce n'est qu'un hypocrite et un mouchard!... etc.

Eh ! ne croyez pas qu'il s'agisse d'hommes vulgaires, de pamphlétaires de bas étage, qui aboient, comme des roquets, contre un ennemi trop grand pour eux.

Non, ce sont des noms parfois considérables, qui signent ces œuvres de la passion et de l'envie.

« Jetant de parti pris et sans aucun ménagement l'anathème et l'outrage à l'écrivain », ils semblaient, comme on l'a dit, prendre plaisir à envenimer de plus en plus la blessure qu'ils avaient faite.

Ils entraînèrent plus d'un grand personnage et plus d'un prélat français dans cette voie, et n'oublièrent rien jusqu'à ce qu'ils eussent décidé une Compagnie célèbre à se déclarer pour eux.

Lamennais avait écrit de cette Compagnie :

« L'Ordre tout entier des Jésuites ne fut qu'un grand
« dévouement à l'Humanité et à la Religion. Qui pourrait
« compter tous leurs bienfaits? Qui les a remplacés dans
« nos chaires? Qui les remplacera dans nos colléges [1] ? »
Et douze pages sur ce ton.

Tout à coup, il apprend la détermination prise par un des théologiens les plus distingués de Rome, le P. de Rozaven, assistant, pour la France, du général de la Compagnie, de faire une réfutation de son système philosophique.

C'est Mgr de Ladoue, mort récemment évêque de Nevers, qui l'a dit : « Le ton général de la discussion (du Père de Rozaven) affecte, à l'insu probablement du vénérable auteur, un ton de supériorité qui va quelquefois, dans

[1] *Des progrès de la Révolution*, etc., p. **70**.

l'expression, jusqu'à la suffisance et au mépris. Presque à chaque instant, il dit ou sous-entend que son adversaire n'a pas compris les théologiens, qu'il n'a pas lu, qu'il n'a pas étudié [1]... »

[1] DE LADOUE, *Vie de Mgr Gerbet*, t. Ier, p. 136. Cette citation et ce passage ont soulevé une vive protestation de la part d'un écrivain très-particulièrement distingué de la Compagnie de Jésus, le R. P. Charles Clair. Nous croyons devoir la reproduire en entier, comme preuve de notre entière bonne foi et de notre respect envers les mémoires que notre honorable contradicteur a voulu défendre.

« ...M. de Lamennais comptait, au début, plusieurs partisans parmi les Jésuites, à Rome comme en France. L'assistant d'Allemagne, le Père Brzozowski, frère de l'ancien général, lui était entièrement dévoué. En France, dans quelques maisons d'études, « les thèses » de M. de Lamennais avaient été publiquement soutenues et défendues. Ailleurs elles étaient vivement attaquées; l'autorité intervint. Le P. Richardot, provincial de France, interdit toute controverse publique sur ces matières. Le P. de Rozaven, homme d'un grand savoir et d'une distinction parfaite [1], lui écrivit de Rome, le 12 octobre 1821 : « Vous avez parfaitement fait de supprimer les thèses *où l'on combattait* le système de M. de Lamennais. Outre qu'il ne nous convient en aucune manière de nous déclarer contre un homme justement célèbre et à qui la religion a des obligations,

[1] Jean-Louis de Lei-sègues de Rozaven, né à Quimper le 9 mars 1772, mort à Rome le 12 avril 1852. — Mgr Dupanloup a dit du P. de Rozaven que « depuis Bossuet, l'Eglise de France n'a point possédé peut-être un théologien aussi consommé ». « Dès 1823, dit l'évêque d'Orléans, lorsque le système de M. de Lamennais sur les conditions de la certitude était dans tout l'éclat de sa nouveauté et menaçait d'entraîner les esprits, à la fois surexcités et énervés, dans des imaginations téméraires dont les suites durent toujours, le P. de Rozaven fut un des premiers à élever la voix pour dénoncer le péril. Plus tard, après 1830, dans un écrit admirable de sagacité, *de modération* et de force, il eut encore l'honneur de contribuer plus que personne à la ruine de ces doctrines intempérantes qui, détruisant au cœur de l'homme le principe même et les derniers restes de la raison, abattaient du même coup les fondements de la foi... Le P. de Rozaven maintint contre l'auteur de l'*Essai sur l'indifférence* et son école fatale les droits légitimes de la raison, comme, un siècle et demi auparavant, d'autres Jésuites, si étrangement calomniés, s'étaient trouvés être les plus énergiques représentants de la liberté humaine contre les sombres emportements de Jansénius et de Port-Royal. »
(*Lettre au prince A. Galitzin.* Voir : *De la réunion de l'Église russe à l'Église catholique.* Paris, 1864.)

Ce coup fut plus sensible à Lamennais que tous les autres. Sa correspondance en fait foi, dans des termes amers, où l'on sent l'âme blessée jusqu'à ses plus intimes profondeurs.

Maurice le raconte à sa sœur :

« Eugène Boré m'est arrivé, tout ému, la larme à l'œil. — Qu'avez-vous? — M. Féli m'a effrayé. — Comment?

c'est un fort mauvais moyen pour faire triompher la vérité. Les disputes ne font que piquer et aigrir les esprits. Des discussions pacifiques où l'on ménage l'amour-propre et la délicatesse sont des moyens plus sûrs. » Ce n'est point que le P. de Rozaven s'aveuglât sur les erreurs de Lamennais. Jugeant l'*Essai*, il ajoute : « Je vous avoue, entre nous, que je n'en suis pas satisfait. Il me paraît que tout porte sur un principe faux. M. de Lamennais se plaint qu'on ne l'a pas compris, et il a raison jusqu'à un certain point : il est certain qu'on lui attribue des sentiments qu'il n'a pas... Je travaille pour mon propre usage à réduire cette controverse à quelques points précis, que l'on puisse discuter sans s'écarter à droite ou à gauche, et je pense que j'enverrai mes réflexions à M. de Lamennais. »

« En 1822, le professeur de philosophie du petit séminaire de Forcalquier ayant, à l'insu des supérieurs, fait soutenir une thèse en faveur des doctrines de l'*Essai*, le P. de Rozaven s'en plaint au Provincial. Le 4 octobre 1823, le P. Fortis, général de la Compagnie, fait défense d'enseigner ce système. L'année suivante, Lamennais se rend à Rome, où il a de fréquentes conférences avec le P. de Rozaven. Le 23 octobre 1825, il écrit au Provincial de France pour se plaindre de l'opposition faite à ses idées et pour exiger qu'on lui livre la lettre du P. Général. Évidemment, on ne pouvait y consentir. A partir de ce jour, les feuilles du parti ouvrent le feu contre la Compagnie. Le R. P. Fortis étant mort, le P. Roothaan est élu à sa place et le P. de Rozaven nommé assistant pour la France. Le nouveau général, en confirmant le décret de son prédécesseur, s'exprime ainsi : « En n'adoptant pas de semblables doctrines dans nos écoles, il n'est pas pour cela dans nos intentions que les nôtres les attaquent ou les combattent. Bien plus, notre volonté expresse est que l'on évite toute dispute qui pourrait blesser ou altérer la charité. » Cette neutralité ne cessa que le jour où Rome eut parlé. »

8.

— Il était assis derrière la chapelle, sous les deux pins d'Écosse; il a pris son bâton, a dessiné une tombe sur le gazon et m'a dit : « C'est là que je veux reposer; mais point de pierre tumulaire, un simple banc de gazon. Oh! que je serai bien là! » J'ai cru qu'il se sentait malade, qu'il prévoyait sa fin prochaine. Au reste, ce n'est pas la première fois qu'il est agité de pressentiments; il nous dit, en partant pour Rome : « Je ne compte pas vous revoir, faites le bien que je n'ai pu faire. » Il est impatient de mourir. Ce monde est si misérable pour toute âme chrétienne, et surtout pour une âme chrétienne comme celle-là [1] »

II

Lamennais avait effectivement une âme chrétienne.

Étudions-le un moment à ce point de vue, si négligé par ses adversaires, et même par ses admirateurs, nul, que je sache, parmi les disciples qui prirent la défense du Maître honni, bafoué, moqué et insulté, n'ayant songé à tirer de l'ombre ce côté du caractère de l'homme qu'ils défendaient.

Si, au lieu d'un chapitre forcément concis, et où il faut se contenter d'effleurer le sujet, sans citer les pièces justificatives, je pouvais ici traiter plus en détail de cet important point de vue, sa correspondance me fournirait

[1] M. DE GUÉRIN, *Lettres,* p. 238.

une ample moisson de matériaux pour élever à sa mémoire un monument sur lequel, avec l'abbé Carron, avec Gerbet, avec Maurice de Guérin, il y aurait lieu d'écrire : Lamennais fut une âme religieuse, c'était un prêtre pieux !...

Ah ! je sais bien ce qui manqua à cette piété pour être la piété qui garde la vertu sacerdotale, et les adversaires ne m'apprendront rien, quand ils insisteront sur une objection dont je tiens à déblayer mon terrain, en l'exposant dans sa crudité brutale.

C'est à M. de Pontmartin que j'en emprunterai l'expression, d'autant que, comme on va le voir, il ne l'a pas ménagée :

« Il s'était fait dispenser par le pape Léon XII de réciter le Bréviaire, sous prétexte qu'il employait mieux son temps à écrire d'éloquents ouvrages pour la défense du Christianisme. Au premier abord, cette pieuse servitude du Bréviaire paraît indigne d'une haute intelligence. En l'imposant comme compagne au sacerdoce, l'Église a fait preuve, comme en toutes choses, d'une profonde connaissance du cœur humain et de la vie intérieure. Elle maintient l'âme d'un prêtre dans un contact journalier avec les livres saints, tout en le protégeant contre ses propres pensées par ce paisible recueillement et cette douce quiétude qu'assure le retour régulier des mêmes exercices. En outre, Lamennais disait rarement la messe et profitait, à la Chesnaie, des libertés de la campagne pour remplacer la soutane et le tricorne par une redingote grise et un chapeau de paille. On le voit, ce soldat de l'Évangile s'adjugeait sans façon les priviléges d'un chef de compagnies franches. Il se plaçait au-dessus ou à côté des devoirs imposés ou conseillés par la religion qui avait béni sa cuirasse et son épée. Lorsqu'il lui plut de déserter, il n'eut ni à quitter sa guérite, ni à oublier sa consigne, ni à jeter son uniforme. »

Je ne dissimule pas l'objection.

J'y insiste même.

Les ecclésiastiques qui me font l'honneur de lire ces pages peuvent s'en souvenir. Il y a quelques années, l'un des plus éloquents prédicateurs du clergé, mort ces temps derniers à Toulouse, le Père Caussette, disait, dans l'un de ses plus beaux discours de retraite pastorale, en parlant de la chute de l'auteur de l'*Essai sur l'indifférence* :

« Un jour, je causais avec un prêtre grave et bien informé de cette ruine effrayante; il me disait : Devinez-en la cause. — Je lui répondis : Le prétexte du second Tertullien, comme du premier, serait-il les traitements qu'il a reçus des clercs de Rome? — Je ne le crois pas. — Serait-ce la corruption du cœur? — Je ne le crois pas. — Serait-ce, enfin, ce que tout le monde a pensé, entêtement d'orgueil? — Oui et non : l'entêtement de l'orgueil ne fut que l'effet; la cause, la voici : le brillant controversiste ne récitait pas son Bréviaire. Les disciples de la Chesnaie, s'en étant aperçus, lui en firent l'observation; il répondit que, vu l'importance de ses travaux, Léon XII lui avait donné dispense. Cette dispense était-elle un mensonge? Je ne sais pas[1]; mais ce que je sais bien, c'est

---

[1] Cette dispense n'est pas un mensonge et je m'étonne qu'une pareille idée ait pu venir au P. Caussette. Sa logique n'est pas moins étonnante : La dispense est possible; mais il faut être cuirassé contre le remords pour en user... Eh bien! ce ne fut pas le cas de l'abbé de Lamennais. La dispense fut demandée à son insu; mais les motifs allégués (la faiblesse de sa vue) ne lui paraissant pas suffisamment vrais, il déclara qu'il n'userait pas de cette dis-

qu'un prêtre assez cuirassé contre le remords pour supprimer son Bréviaire sans étouffer dans ce silence douloureux, un prêtre assez confiant en lui-même pour croire
qu'il peut se passer d'un tel appui sans défaillir, celui-là
porte dans son âme le germe de tous les scandales et de
toutes les apostasies [1]. »

En effet, il y a tout dans le Bréviaire, tout pour l'âme
et pour le cœur, et si, durant ses heures tristes, un prêtre
n'a pas senti le bonheur de faire bercer sa douleur par la
douce mélodie des Psaumes, c'est une preuve qu'il connaît
peu les dons de Dieu.

Que Lamennais ait eu tort, mille fois tort, de renoncer
à ces exercices pieux qui, sans être la piété elle-même, en
sont l'aide, le soutien et l'indispensable condiment, je le
confesse.

Mais, outre que le fait est nié par ses plus intimes, que,
pour cela, il faille conclure que jamais ce prêtre n'a été
sincère dans son dévouement à Dieu et à l'Église; que
jamais il n'ait pratiqué avec conviction les vertus de son
état : voilà ce que je ne peux pas laisser dire sans pro-
tester, et pourtant cela a été dit, et dans des termes autrement durs que ceux que je viens d'employer.

Charles Sainte-Foi, raconte de la piété de son maître
une foule de traits charmants, qui l'autorisent à conclure
à l'encontre des détracteurs systématiques :

« Il était pieux, il aimait Dieu, il le priait avec ferveur,

pense. C'est, du reste, improprement que l'on regarde comme exempt
du bréviaire celui qui jouit d'un tel indult. L'indult est adressé au con-
fesseur qui, sous sa responsabilité, dispense le pénitent dans les cas
où il le juge nécessaire. C'est en cette forme que M. de Lamennais
fut dispensé. (*Note de M. l'abbé Houet.*)

[1] CAUSSETTE, *le Manrèze du prêtre*, t. II, p. 160.

le servait avec fidélité. Il suffisait pour s'en convaincre d'assister à sa messe et d'être témoin du recueillement avec lequel il la disait [1]. »

Cette piété douce, simple, se manifestait à propos des moindres détails.

« Les chants de l'Église et les vieux cantiques le touchaient quelquefois jusqu'aux larmes. Jamais je n'oublierai les extases de cet homme lorsqu'il faisait chanter à l'abbé Gerbet une mélodie que Choron avait découverte et qu'il avait adaptée à l'hymne de la Toussaint. Mais il fallait qu'elle fût chantée par l'abbé Gerbet, car lui seul savait donner à sa voix ces inflexions qui sont comme les notes intérieures et immatérielles d'un chant, et qui sont aux notes visibles ce que l'esprit est au corps. Vous auriez vu alors sa figure longue et sévère s'épanouir et comme se dissoudre dans un sourire triste et doux, et le feu de son regard se voiler sous un nuage humide.

« Cet air, ajoute Sainte-Foi, je ne l'oublierai plus jamais; il est pour moi un son mélodieux et une image délicieuse. Il flatte et mon oreille et mes yeux, car jamais je ne le chante sans voir devant moi les visages émus et recueillis de tous ces hommes avec qui j'ai vécu, et que la main du temps a dispersés loin de moi. »

Quand il revint de son premier voyage à Rome, où le Pape l'avait si tendrement pressé sur son cœur et lui avait montré quel ornement son souvenir et son image faisaient à son cabinet de travail, pendant que toute la presse catholique retentissait des témoignages d'estime et d'affection que le vicaire de Jésus-Christ s'était complu à prodiguer au

---

[1] Charles SAINTE-FOI, *loc. cit.*, p. 446.

futur cardinal, un duc et pair, de ses ennemis déclarés, faisait circuler, à Paris et en province, copie d'une lettre qu'il assurait avoir reçue de Rome, et où l'on attribuait à Léon XII des sentiments bien différents :

— Il y a, aurait dit le Pape, il y a du damné, de l'apostat chez ce prêtre, et il faut s'épouvanter en le regardant, sans trahir aucun de nos pressentiments [1].

[1] CRÉTINEAU-JOLY, *L'Église romaine en face de la Révolution*, t. II, p. 338. — Cette prophétie s'est-elle réalisée? Gardons-nous de l'affirmer, suivant l'avis si sage de M. Vaudon : « Je sais tel prêtre qui est mort supérieur général d'une nombreuse famille religieuse, et qui écrivait peu de temps avant de mourir : « ...Continuons à « prier pour celui dont l'enseignement, alors encore catholique, nous « a été si profitable... Ah! cher M. Féli! je le mets, chaque jour, dans « mon *Memento*, cherchant à m'acquitter de la reconnaissance que « je lui dois pour m'avoir fait comprendre le premier la nécessité et le « bonheur d'aimer l'Église et de la servir. » J'ai connu telle âme arrivée aux limites de l'extrême vieillesse, mais gardant une mémoire sûre et une volonté ferme, qui n'oubliait pas que l'auteur de l'*Essai sur l'indifférence* l'avait amenée à la vie fortement chrétienne, l'avait préparée et acheminée à la vie religieuse, et qui, fermant obstinément les yeux au douloureux spectacle des dernières années et à la mort de son guide, en appelait sans cesse au repentir et au pardon de la dernière heure. Que de fois, dans nos chers et longs entretiens, après une lecture des lettres qu'elle gardait comme un trésor, j'ai surpris les yeux de madame *** baignés de larmes!... Elle pensait à l'âme du maître bien-aimé... Elle priait sans doute... Et je lui rappelais les paroles émues que le Père Gratry prononça dans la chapelle de l'Oratoire, le dimanche qui suivit la grande douleur de cette mort damnée en apparence... : « Devons-nous désespérer du salut de « cette pauvre âme? Devons-nous cesser de prier pour elle? Non. « Nous ignorons les desseins de Dieu ; il n'est donné à aucun homme « de sonder les profondeurs de la miséricorde infinie. Malgré toutes « les apparences, malgré le refus, persistant jusqu'à la fin, de rece- « voir les secours de la religion, j'espère... Pour que ce grand exemple « servît d'enseignement, Dieu a permis que cette fin parût dépourvue « de toute espérance ; mais cette âme avait contribué à relever le « sentiment religieux dans notre pays : à raison du bien qu'elle

L'abbé de Salinis répondit en recommandant la lecture d'un ouvrage, « œuvre à part, disait-il, qui honore l'âme autant que le génie de l'illustre écrivain. On éprouve, en la lisant, une onction touchante, qui ne peut venir que du cœur ; la piété, l'amour divin y parlent une langue qui n'a pu être apprise que dans la méditation, et aux pieds de Jésus-Christ [1]. »

Quelle est donc cette œuvre?

III

Je demande au lecteur la permission d'y insister un peu, elle me semble capitale dans la vie littéraire et dans la carrière apostolique du nouvel apologiste.

Un incrédule célèbre du siècle dernier nous servira d'introducteur.

C'est La Harpe.

« J'étais, dit La Harpe, dans ma prison, seul dans une petite chambre, et profondément triste. Depuis quelques jours, j'avais lu les psaumes, l'Évangile et quelques bons livres. Leur effet avait été rapide, quoique gradué. Déjà j'étais rendu à la foi : je voyais une lumière nouvelle; mais elle m'épouvantait et me consternait, en me montrant

« avait fait avant sa chute, ne pouvons-nous penser qu'il y aura eu « un retour caché à nos regards, avant de paraître devant Dieu, et « qu'elle aura obtenu miséricorde!... » (Jean VAUDON, *Controverse,* août 1386.)

[1] Art. du *Mémorial catholique,* an 1826.

un abîme, celui de quarante années d'égarement. Je voyais tout le mal et aucun remède : rien autour de moi qui m'offrît les secours de la religion. D'un autre côté, ma vie était devant mes yeux telle que je la voyais au flambeau de la vérité céleste : et, de l'autre, la mort, la mort que j'attendais tous les jours, telle qu'on la recevait alors. Le prêtre ne paraissait plus sur l'échafaud pour consoler celui qui allait mourir; il n'y montait plus que pour mourir lui-même. Plein de ces désolantes idées, mon cœur était abattu, et s'adressait tout bas à Dieu, que je venais de retrouver, et qu'à peine connaissais-je encore. Je lui disais : Que dois-je faire? Que vais-je devenir? J'avais sur une table un livre, et l'on m'avait dit que, dans cet excellent livre, je trouverais souvent la réponse à mes pensées. Je l'ouvre au hasard, et je tombe, en l'ouvrant, sur ces paroles : *Me voici, mon fils; je viens à vous, parce que vous m'avez invoqué.* Je n'en lus pas davantage : l'impression subite que j'éprouvai est au-dessus de toute expression, et il ne m'est pas plus possible de la rendre que de l'oublier. Je tombai la face contre terre, baigné de larmes, étouffé de sanglots, jetant des cris et des paroles entrecoupées. Je sentais mon cœur soulagé et dilaté, mais en même temps comme prêt à se fendre. Assailli d'une foule d'idées et de sentiments, je pleurai assez longtemps, sans qu'il me reste d'ailleurs d'autre souvenir de cette situation, si ce n'est que c'est, sans aucune comparaison, ce que mon cœur a jamais senti de plus violent et de plus délicieux; et que ces mots : *Me voici, mon fils!* ne cessaient de retentir dans mon âme et d'en ébranler puissamment toutes les facultés! »

Que de grâces cachées renferme un livre, dont un seul passage, aussi court que simple, a pu toucher de la sorte une âme longtemps endurcie par l'orgueil philosophique!

Quel est donc ce livre, si puissant et si fécond que non-seulement il renferme des pensées propres à toucher une âme, mais qu'il est encore tellement rempli d'admirables conseils pour toutes les circonstances de la vie, que, en quelque position qu'on se trouve, on ne le lit jamais sans fruit?

Encore une fois, quel est ce livre? Est-il sorti d'une main d'homme?

Oui, « c'est le plus beau qui soit sorti de la main des « hommes, puisque l'Évangile n'en vient pas! »

C'est Fontenelle qui répond ainsi.

Ce beau livre fut écrit dans une solitude, et, tout d'un coup, comme le Nil, il épancha ses ondes fertilisantes sur tous les déserts du monde; mais, comme le Nil aussi, il cacha sa source et ne manifesta point son origine.

On a fait des recherches immenses pour découvrir le nom d'un pauvre solitaire du treizième siècle. Qu'est-il résulté de tant de travaux? Le solitaire est demeuré inconnu, et l'heureuse obscurité où s'écoula sa vie a protégé son humilité contre notre vaine science.

Ainsi, les splendides cathédrales du même siècle jetaient dans les airs leurs ogives hardies, et s'élançaient, comme une hymne de pierre, vers l'Éternel, sans que l'ouvrier sublime consentît à signer de son nom les bases où son cœur l'avait assise.

Ce livre, que toutes les âmes meurtries aux pierres du chemin, que toutes les vies déchirées sur leur route, ont pris, lu, relu et baisé, le lecteur l'a déjà nommé, car il n'y en a qu'un seul dont on puisse parler ainsi, en réveillant tous les échos de l'humanité...

C'est l'*Imitation de Jésus-Christ*.

Les quatre livres qui la composent ne pouvaient manquer d'attirer Lamennais.

Nul peut-être, mieux et plus que ce grand souffrant, n'a recherché, goûté, senti et fait partager, comme lui, ce calme ravissant, cette paix inexprimable qu'on éprouve en les lisant avec une foi docile et un humble amour.

« Il semble, disait-il, que les bruits de la terre s'é-
« teignent autour de nous. Alors, au milieu d'un grand
« silence, on n'entend plus qu'une seule voix qui parle du
« Sauveur Jésus, et nous attire à lui comme par un charme
« irrésistible. L'âme transportée aspire au moment où se
« consommera son union avec le céleste Époux. Et l'esprit
« et l'Époux disent : Venez ! Et que celui qui écoute dise :
« Venez ! Oui, je viens, je me hâte de venir. Ainsi soit-il.
« Venez, Seigneur Jésus [1] ! »

Mais ce livre mystérieux exige, — qu'on ne s'y trompe pas ! — il exige, comme autrefois les profondeurs sacrées où la Divinité abritait ses oracles, il exige, comme le buisson ardent l'exigea de Moïse, qu'on secoue, avant de l'approcher, la poussière du chemin.

C'est Lamennais encore qui nous l'apprend. Écoutons-le, et qu'on me pardonne d'insister sur ces choses de la vie mystique, sans lesquelles nous n'aurions point pénétré dans l'intime du grand homme. Écoutons-le, et songeons, en l'écoutant, que celui qui parle était accusé, à ce moment-là même, de n'avoir rien de ce qui fait l'homme vertueux.

« L'*Imitation*, dit-il, demande un cœur préparé. On
« peut, jusqu'à un certain point, en sentir le charme, on

---

[1] LAMENNAIS, *Imit. de J.-C.*, Préface.

« peut l'admirer sans qu'il résulte de cette stérile admira-
« tion aucun changement dans la volonté ni dans la con-
« duite. Rien n'est utile pour le salut que ce qui repose
« sur l'humilité. Si vous n'êtes pas humble, ou si, au
« moins, vous ne désirez pas le devenir, la parole tom-
« bera sur votre âme comme la rosée sur un sable aride.
« Ne croire que soi et n'aimer que soi, est le caractère de
« l'orgueil. Or, privé de foi et d'amour, de quel bien
« l'homme est-il capable? A quoi lui peuvent servir les
« instructions les plus solides, les plus pressantes exhorta-
« tions? Tout se perd dans le vide de son âme, ou se brise
« contre sa dureté. Humilions-nous, et la foi et l'amour
« nous seront donnés; humilions-nous, et le salut sera le
« prix de la victoire que nous remporterons sur l'orgueil.
« Quand le Seigneur voulut montrer, pour ainsi dire, aux
« yeux de ses disciples, la voie du ciel, que fit-il? Jésus,
« appelant un petit enfant, le plaça au milieu d'eux, et dit :
« En vérité, je vous le dis, si vous ne vous convertissez,
« et ne devenez comme de petits enfants, vous n'entrerez
« point dans le royaume des cieux. »

L'*Imitation de Jésus-Christ* attira Lamennais.

Il la lut, la relut, la médita, et, un jour, irrité par l'in-
fidélité et l'insuffisance de tous ceux qui avaient eu la prétention de faire passer dans notre langue ce style si
pénétrant et si plein d'onction que l'original lui présentait,
il prit son cœur à deux mains, et de ce cœur pénétré par
une longue étude du sublime chef-d'œuvre, il le traduisit
en français, ou plutôt, en conservant ce qu'il y avait de
bon dans les traductions anciennes, il essaya, comme il le
disait modestement dans sa Préface, de reproduire plus
fidèlement quelques-unes des beautés de l'*Imitation*.

Lorsque Lamennais fut tombé, l'anathème porté sur ses œuvres philosophiques et sociales sembla devoir envelopper tout l'ensemble de ses écrits. Seule, son *Imitation* continua de s'imposer à l'admiration de tous.

Nul ne songea à tirer des mains des fidèles cette *Imitation* de Lamennais, dont on a pu dire :

« Ce livre, admiré par les plus beaux génies, attendait « encore quelqu'un pour le traduire. M. de Lamennais a fait « disparaître la différence qui existait entre l'original et les « traductions antérieures. Il a joint à chaque chapitre des « réflexions qui semblent des *post-scriptum* de l'auteur [1]. »

Il me serait infiniment doux, non-seulement pour le besoin de ma thèse, mais pour le charme intrinsèque qu'elles renferment, de citer ici quelques-unes de ces *Réflexions,* qui semblent des chapitres oubliés par l'auteur et retrouvés par le traducteur.

Je ne m'en console que par l'assurance que ce livre, vulgarisé par centaines de mille exemplaires, se trouve entre toutes les mains.

Au soir de sa vie, le malheureux auteur de ces *Réflexions,* que je n'hésite pas à placer sur le même pied que les *Élévations* de Bossuet, sortait volontiers de cette réserve habituelle dont j'ai parlé, pour répondre, quand on lui demandait quel était son meilleur ouvrage ?

— C'est mon *Imitation!*

C'est M. Sylvestre de Sacy qui l'a dit, avec l'autorité de son expérience en ces matières :

« Le temps a déjà terni le reste des *OEuvres de Lamennais,* malgré le talent de l'écrivain. Ce qui est écrit pour la

[1] SALINIS, *Mémorial catholique,* t. IV, p. 279.

circonstance passe avec la circonstance. Le temps emporte ce que le temps seul a fait naître. M. de Lamennais n'a peut-être imprimé son génie d'une manière durable que sur ces modestes réflexions qu'on lira toujours, parce que le cœur y parle au cœur. Le talent même de l'auteur y a je ne sais quoi de plus parfait et de plus attrayant. C'est le chef-d'œuvre de l'écrivain, non moins que le chef-d'œuvre du prêtre [1]. »

Dieu le récompensa d'avoir versé là toute son âme.

Ruiné par des spéculateurs malhonnêtes, ayant rompu avec les amis de la veille et peu assisté par les amis du lendemain, Lamennais, sur la fin de sa vie, était pauvre. Ses ouvrages en librairie ne se vendaient plus, et ses journaux perdaient plus qu'ils ne rapportaient. Un seul livre se vendait toujours, et, par les produits de cette vente ininterrompue, donnait le pain matériel à cet homme, qui avait nourri du pain de l'esprit trois générations humaines [2].

IV

Maintenant, il me faudra me hâter, car ce qui me reste à dire des œuvres ascétiques de Lamennais aurait demandé une étude spéciale.

[1] S. DE SACY, *Journal des Débats*, 31 décembre 1864.

[2] Ce passage a soulevé une assez vive polémique dans les journaux en 1884. M. le chanoine Genthon y a, croyons-nous, mis fin en apportant le témoignage d'un survivant de l'École de la Chesnaie, témoignage corroboré par M le chanoine Houet, duquel il résulte que, malgré ce qu'il a pu en être dans le principe, c'est bien Lamennais qui est l'auteur de l'*Imitation* actuellement publiée sous son nom.

C'est un de ses plus jeunes disciples qui l'a raconté, au lendemain de son arrivée à la Chesnaie :

« J'ai vu M. Féli au *petit parloir*. Ce petit parloir est comme celui de M. Bories : une chaise et une commode. M. Féli vous laisse défiler votre chapelet sans mot dire ; puis, quand on dit : C'est tout, il prend la parole, une parole grave, profonde, lumineuse, pleine d'onction. Sa parole, comme ses livres de piété, est pleine d'Écriture sainte, merveilleusement fondue dans son discours. Elle lui donne une grande douceur ; il nous aime comme un père, nous appelant toujours « mon fils ». Hier, quand le dernier venu d'entre nous arriva, il était dans la joie de son âme. « Notre petite famille augmente », me dit-il, et il m'embrassa de tendresse et de joie [1]. »

Comme toutes les grandes âmes sacerdotales, Lamennais a beaucoup aimé la jeunesse et l'enfance.

L'enfant, c'est l'humanité dans sa fleur.

Le jeune homme, c'est l'humanité dans son plus bel éclat.

Pour l'enfance et la jeunesse, il a écrit un livre ravissant qui, sous sa forme et son titre définitif de *Guide du premier âge,* faisait l'admiration de l'évêque d'Orléans, un bon juge en ces matières.

On aime encore à lire ce petit ouvrage, où le grand écrivain descend des hautes sphères de l'intelligenc pour se faire petit avec les petits, pour prendre le ton de la plus ravissante simplicité, et reproduire, dans toute leur vérité naïve et forte, les entretiens d'une âme d'enfant avec le Dieu qui l'a créé.

[1] M. DE GUÉRIN, *Lettre* du 25 décembre 1832.

V

Mais comment aimer l'enfant sans aimer les mères?

On ne l'ignore pas, et on l'a souvent répété : Ni Lamennais ni Lacordaire n'aimaient à s'occuper de la direction des femmes.

Lamennais surtout avait, pour ce ministère délicat et périlleux, une sorte de répulsion. Dans toute sa correspondance, il est, pour les femmes, d'une sévérité inouïe : il déclare, — je supplie mes lectrices de me pardonner de répéter cette hérésie, la pire peut-être de celles que s'est permises notre héros, — il déclare n'en avoir pas rencontré une seule qui fût capable de suivre un raisonnement pendant un demi-quart d'heure; il croit les expliquer suffisamment par la vanité et la légèreté. Sa manière scolastique de prendre les choses ne lui laissa point apercevoir comment les femmes, par des voies à elles connues, arrivent, comme on l'a finement observé[1], à tout comprendre, non selon les principes, mais selon un tact fin et sûr.

Mais, pour l'amour des enfants, il pardonna aux mères, et il composa, à leur intention, une *Bibliothèque des dames chrétiennes,* qui n'a point été surpassée, malgré bien des tentatives.

Les âmes pieuses lui doivent encore un recueil précieux

[1] E. RENAN, *Essais de morale et de critique* (M. de Lamennais), p. 197.

où il a réuni les prières les plus touchantes que la piété chrétienne ait formulées. Il l'intitula *Journée du Chrétien,* et ce livre, depuis si répandu, renferme bon nombre d'inspirations où respirent le génie et la piété de l'auteur.

Une traduction des *Évangiles* et la réédition de plusieurs ouvrages ascétiques antérieurs, mais accommodés aux besoins du temps présent, complétèrent, à de rapides intervalles, la bibliothèque pieuse de Lamennais. Il s'interrompait volontiers de ses œuvres de polémique et de philosophie, sachant bien, comme nous l'avons dit, que le cœur est le meilleur des repos pour l'esprit.

VI

Les âmes se groupaient ainsi de toute part autour de cette parole. Les enfants et les mères, les jeunes hommes et les cœurs désenchantés, les incertains de leur voie et les parfaits, les hommes du monde et les voix du cloître demandaient à ce prêtre vénéré la direction et l'aliment de leur vie.

Bien plus, un jour, on vit se renouveler pour lui le miracle de l'Épiphanie. Ce ne furent plus des individualités ou des catégories d'hommes qui réclamèrent sa parole directrice et lumineuse. On vit se lever les nations, et un peuple vint, qui frappa à la porte de la Chesnaie.

Un jour, les messagers de ce peuple, malheureux et fidèle, se présentèrent à Lamennais.

Il les pressa longuement sur son cœur; il ouvrit toutes

larges les portes de son âme, pour qu'ils vissent que ce cœur de prêtre, semblable au cœur des hommes vraiment apostoliques, était grand comme le monde. Puis, de ses lèvres harmonieuses tomba, pour endormir cette douleur qu'il avait sondée, un hymne magnifique, que l'admiration reconnaissante d'un peuple persécuté a inscrit à la meilleure page de ses actes de martyre.

Hymne a la Pologne.

« Dors, ô ma Pologne, dors en paix dans ce qu'ils appel-
« lent ta tombe : moi, je sais que c'est ton berceau.

« Lorsque, délaissée, trahie, rendue de fatigue, épuisée
« de combats, ton front pâlit, tes genoux chancelèrent, ils
« tressaillirent d'une joie féroce et poussèrent un long cri,
« un cri sauvage, aigu, comme le cri de l'hyène qui, la
« nuit, faisait frissonner le voyageur sous sa tente.

« Dors, ô ma Pologne, etc.

« Tels que ces chevaliers qui sommeillent, revêtus de
« leur armure, sur les vieux tombeaux, le géant était là,
« couché sur la terre : ils jetèrent sur lui un peu de cette
« terre trempée de sang et dirent : Il ne se réveillera plus !

« Dors, ô ma Pologne, etc.

« Tes fils dispersés ont porté dans le monde les récits
« merveilleux de ta gloire. Ils ont raconté comment, tout
« à coup, brisant le joug de tes oppresseurs, tu te levas
« semblable à l'ange que Dieu envoie, armé de son glaive,
« pour punir ceux qui se rient de la justice; et le cœur des
« tyrans s'est troublé.

« Dors, ô ma Pologne, etc.

« Puis, quand ils ont dit tout ce que virent tes yeux
« avant de se fermer : l'indomptable courage des hommes,
« l'héroïque fermeté des plus faibles femmes, l'ardeur
« sainte des jeunes vierges, le dévouement religieux des
« prêtres, les petits enfants mêmes se dégageant des bras
« de leurs mères afin d'aller mourir pour toi, les peuples
« émus ont baissé la tête et se sont mis à pleurer.

« Dors, ô ma Pologne, etc.

« Tant de sacrifices, tant de travaux devaient-ils être
« stériles? Ces martyrs sacrés n'auraient-ils semé dans les
« champs de la patrie qu'un esclavage éternel? En serait-
« ce fait à jamais de cette patrie, vers laquelle encore se
« tournent de loin les regards des pauvres exilés? N'en
« resterait-il qu'une fosse couverte d'un peu d'herbe? Oh!
« dites-le, dites-le-moi !

« Dors, ô ma Pologne, etc.

« Le lâche a égorgé en tremblant les guerriers sans
« armes; il a serré dans de vils fers leurs fortes mains; il
« a eu peur des femmes, peur des enfants mêmes, et
« le désert a dévoré ceux qu'avait épargnés le glaive.
« Pendant qu'ils s'enfonçaient dans la solitude, ou que
« pêle-mêle on les jetait dans les abîmes de la terre, les
« murs des temples s'écroulaient sur les autels ensan-
« glantés.

« Dors, ô ma Pologne, etc.

« Qu'entendez-vous dans ces forêts? Le murmure triste
« des vents. — Que voyez-vous passer sur ces plaines?
« L'oiseau voyageur, qui cherche un lieu pour se reposer.
« — Est-ce là tout? — Non. — Je vois une croix! —
« Tournée vers l'Orient, elle marque le point où le soleil

« se lève : et sur le soir soupirent auprès des voix douces
« et mystérieuses.

« Dors, ô ma Pologne, etc.

« Regardez!... sur son front pâle, mais calme, est une
« confiance impérissable, sur ses lèvres un sourire léger.
« Qu'a-t-elle aperçu dans son sommeil? Serait-ce un vain
« rêve, qui la trompe en fuyant? Non; la Vierge divine,
« qu'elle proclame sa reine, est descendue d'en haut : elle
« a posé une main sur son cœur, et, de l'autre, écartant le
« voile de l'avenir, la Foi, debout derrière ce voile, lui a
« montré... la Liberté.

« Dors, ô ma Pologne, dors en paix dans ce qu'ils
« appellent ta tombe : moi, je sais que c'est ton ber-
« ceau!... »

Quel souffle! quelle poésie! quels accents! Ah! cet
homme est grand d'une incomparable grandeur, et, quand
il va déployer son étendard, tous les peuples accourront,
enivrés, fanatiques, enthousiasmés. Sur l'étendard, il a
inscrit un mot plein d'audace et de fierté. Il le livre à tous
les vents du monde, et le monde applaudit à ce mot que
le grand agitateur lui a jeté : l'*Avenir!*

Nous allons raconter cette histoire.

VIII

LE JOURNAL *L'AVENIR*.

C'est un livre, trop peu étudié dans les œuvres de Lamen-nais, qui a décidé de la seconde phase de son existence, cette phase où nous allons entrer et où nous trouverons le grand agitateur, constamment sur la brèche, jusqu'à ce que les rangs se dégarnissent, et que, regardant autour de lui, il aperçoive, épouvanté mais immobile, la solitude se faire à ses côtés.

Ce livre, où l'on trouve en germe toutes les doctrines que l'École Menaisienne va défendre avec tant d'éclat, est intitulé : *la Religion considérée dans ses rapports avec l'ordre politique et civil.*

I

Le gouvernement de la Restauration se crut obligé de relever le gant. Il affecta de voir, dans cette œuvre du fougueux polémiste, un provocant défi, et il y répondit, à la façon des gouvernements faibles et perdus, en traduisant l'auteur devant la police correctionnelle.

Cette maladresse produisit une sensation énorme.

Poursuivi par ceux-là mêmes qu'il avait défendus jusqu'alors, Lamennais, à qui ne devait manquer aucune gloire, vit son nom acclamé de partout, et, au jour dit, le pays entier l'accompagna à la barre du tribunal correctionnel.

Comme on l'escortait dans une sorte de marche triomphale, il entendit les enthousiastes l'acclamer, et d'ardents admirateurs, l'œil en feu, transportés de colère, criaient : « La France vous regarde! Défendez-vous! » — Lamennais s'arrêta; une révolution soudaine transforma son être. La colère de cette foule le gagna, un éclair monta à ses yeux voilés, et, d'une voix tremblante d'émotion indignée, ne se possédant plus, il répondit :

— Je vais leur apprendre ce que c'est qu'un prêtre [1]!...

Mais quand il fut assis sur le banc des accusés, il vit

[1] Cette parole fut dite par Lamennais en 1824, à l'occasion de l'affaire du *Drapeau blanc.*

venir à lui un jeune homme sur le front duquel rayonnait cette étoile qui marqua de son sceau lumineux tant de fronts autour du Maître, je veux dire le génie de l'éloquence !

Le jeune homme s'inclina avec respect devant l'accusé. Puis, regardant avec un fier dédain les juges, il attendit que le murmure flatteur soulevé par sa noble démarche se fût apaisé.

C'était Berryer.

Lamennais prit la main de Berryer, la serra avec effusion, et lui céda l'honneur de le défendre.

Ce que fut ce plaidoyer, l'un des plus beaux du célèbre avocat, les annales judiciaires l'ont raconté.

La salle frémissait d'enthousiasme. Les juges, cloués à leurs siéges, baissaient la tête. Les rôles étaient changés, et, cette fois, on eût dit que les magistrats étaient les inculpés, tandis que l'inculpé apparaissait dans l'auréole du magistrat.

Quand Berryer eut fini, Lamennais se leva.

D'un ton dédaigneux, il se borna à laisser tomber de ses lèvres une seule phrase, qui s'en alla braver, au siége du ministère public, le procureur royal, et mettre les juges au défi de le punir.

— Je dois, dit-il, à ma conscience et au caractère sacré dont je suis revêtu, de déclarer au tribunal que je demeure inébranlablement attaché au chef légal de l'Église ; que sa foi est ma foi ; que sa doctrine est ma doctrine, et que, jusqu'à mon dernier soupir, je continuerai de les professer et de les défendre [1]...

____

[1] 22 avril 1826.

Ainsi provoqué, le tribunal correctionnel se retira pour délibérer. La délibération fut longue. Ils savaient bien quel accueil le pays allait leur faire au sortir du Palais.

Quand ils revinrent, c'est d'une voix basse, et comme honteux d'eux-mêmes, que les magistrats prononcèrent que le livre serait confisqué et l'auteur condamné à... trente francs d'amende.

Un éclat de rire accueilit ce courageux verdict, et la foule, qui attendait au sortir de l'audience, fit une ovation à Berryer et à son client.

Le ressentiment de ce dernier fut implacable.

A partir de ce jour, lui, le royaliste ardent, qui avait acclamé le retour de ses princes, qui avait fui devant la colère du captif échappé à l'île d'Elbe, il tint ses liens avec les Bourbons pour rompus, et ce fut sans retour.

— L'État marche à sa destruction, dit-il; les rois chancellent; leurs trônes *vides* ne tiennent plus à rien. Eh bien! je m'attache à ce qui restera toujours, à ce qu'on ne vaincra jamais : à la croix de Jésus de Nazareth [1].

On le voit, il y a du tribun chez ce prêtre, et sa soutane dissimule peu la cuirasse de l'homme armé.

Ce fut le point de partage de la vie de M. de Lamennais.

Jusque-là, il avait dit : « Dieu et le Roi! » D'un seul coup, il va retrancher la moitié de sa devise; il dira désormais : « Dieu sans le Roi! » en attendant qu'il découvre tout le progrès de sa pensée et que, Savonarole nouveau, il crie à la France et au monde : « Dieu et la Liberté! »

Le vieux Roi le comprit. Sentant crouler sous lui un

---

[1] Lettre de Lamennais à madame de Senfft, 24 avril 1826.

trône mal posé sur un sol mouvant, il jeta à la Révolution grondante des os à ronger, comme, au sein des steppes sibériens, le moujik, tremblant de peur, jette aux loups acharnés à poursuivre son traîneau une pâture insuffisante, qui peut bien arrêter la meute sanguinaire, mais juste le temps voulu pour redonner à sa poursuite ardente une vigueur nouvelle.

Sa conscience s'alarma bien un peu. Mais Léon XII, consulté, lui ayant déclaré que si, pour des motifs puisés dans la nécessité politique, nécessité dont le Roi demeurait juge, il croyait devoir fermer les colléges des Jésuites, le Saint-Siége n'oserait prononcer que cette mesure fût condamnable.

Les ordonnances du 16 juin 1828 furent signées. Elles enlevaient aux Pères Jésuites les huit établissements d'éducation qu'ils dirigeaient, et, pour les empêcher d'y rentrer, exigeaient des supérieurs des petits séminaires la déclaration qu'ils n'appartenaient à aucune congrégation religieuse.

Les évêques réclamèrent de toutes parts. Rome leur imposa silence. Une lettre du cardinal Bernetti, secrétaire d'État du Pape Léon XII, les engagea à se confier à la sagesse du Roi [1].

Charles X respira, et son ministère crut le débat apaisé.

Ils avaient compté sans Lamennais.

Lamennais descendit dans l'arène.

---

[1] Poujoulat, *le P. de Ravignan*, p. 206.

II

L'ouvrage qu'il lança tout à coup, comme un brûlot au milieu du navire, s'appelait : *Des progrès de la Révolution et de la guerre contre l'Église*. Il parut au commencement de 1829.

Les ordonnances de juin 1828 étaient l'occasion. Au fond, il s'agissait de bien autre chose.

En dépit du titre de l'ouvrage, calculé, a-t-on dit [1], pour allécher les hommes du passé, Lamennais opérait là toute une évolution, des plus imprévues, certes, et des moins comprises alors, vers les tendances politiques modernes.

L'évolution mérite que nous la notions avec quelque soin, car Lamennais a pu se tromper sur certains points de détail, mais sa thèse générale dénote une profonde connaissance des besoins du moment présent. Toutes les grandes âmes épousèrent avec enthousiasme la défense du drapeau qu'il lève tout à coup, hardiment, sans forfanterie, mais avec une fière audace, décidé à mourir plutôt que de le laisser s'incliner devant aucune compromission.

Dès la troisième page du livre, on lisait ces paroles :

« Nous demandons pour l'Église catholique la liberté
« promise par la Charte à toutes les religions, la liberté
« dont jouissent les protestants, les Juifs, dont jouiraient

[1] FOISSET, *Vie du P. Lacordaire*, t. Ier, p. 131.

« les sectateurs de Mahomet et de Bouddha s'il en existait
« en France... Nous demandons la liberté de conscience,
« la liberté de la presse, la liberté de l'éducation, et c'est
« là ce que demandent comme nous les Belges, opprimés
« par un gouvernement persécuteur [1]. »

Tout le programme que demain l'École Menaisienne
lancera au milieu des foules frémissantes, tout ce programme est là, dans ces quelques mots.

M. de Lamennais ne va pas encore jusqu'à prêcher
ouvertement l'alliance avec le libéralisme, comme il le fera
bientôt; mais, dès lors, il prône sans détour, comme on
voit, les catholiques belges, qui commençaient ouvertement
cette alliance.

C'est dans sa correspondance qu'il faut aller chercher
toute sa pensée.

— Au moins, si l'on se réveillait! écrit-il à une âme qui
avait droit à sa confiance absolue. Les catholiques belges
sont, sous ce rapport, beaucoup plus avancés que nous :
ils sentent la nécessité de se guérir de cette *terrible maladie* appelée le *royalisme*. Il est temps qu'un nouvel esprit
se remue dans les peuples : sans cela, point de salut pour
eux, non plus que pour les souverains [2].

Et, le 30 janvier 1829, il dévoile toute la largeur de son
plan, et il s'écrie : « On tremble devant le libéralisme :
« catholicisez-le, et la société renaîtra [3] ! »

Est-il besoin d'expliquer cette évolution?

Depuis son procès, c'est-à-dire depuis trois ans, M. de
Lamennais avait cessé d'être royaliste. Néanmoins, il était

---

[1] LAMENNAIS, *Des progrès, etc.*, p. 3.
[2] Lettre de Lamennais à madame de Senfft, 30 janvier 1829.
[3] LAMENNAIS, *Correspondance*, t. II, p. 105.

resté, je l'avoue, plus pessimiste, plus alarmiste, plus antilibéral que jamais [1].

Tout à coup, un horizon nouveau lui apparaît derrière le voile violemment déchiré par deux grandes commotions toutes proches.

C'était le temps où deux peuples, nos voisins et nos amis, venaient d'assister tous deux à un de ces grands coups de la Providence, qui, de temps à autre, le long des siècles, réveillent, comme un fracas de tonnerre, les nations endormies.

Le premier de ces deux peuples a un nom que des lèvres françaises ne prononcent jamais sans que le cœur tressaille et les fasse frémir.

Quand Lacordaire dut, pour la première fois, prononcer ce nom dans la chaire chrétienne, les témoins de cette scène nous ont raconté que le grand orateur s'arrêta. Son beau regard sembla se perdre dans la voûte du temple. Puis, d'une voix inspirée, tremblante d'émotion, il s'écria :

« Je ne le nommerai pas, Messieurs, ce peuple cher et
« sacré, ce peuple plus fort que la mort : nos lèvres ne
« sont pas assez pures et assez ardentes pour le nommer ;
« mais le ciel le connaît, la terre le bénit, tous les cœurs
« ardents lui ont fait une patrie, un amour, un asile...
« O ciel qui voyez, ô terre qui savez, ô vous tous meilleurs
« et plus dignes que moi, nommez-le, nommez-le, dites :
« L'Irlande [2] ! »

D'un seul coup, on avait enlevé à ce peuple tous ses droits politiques et civils. — On avait fait plus encore :

---

[1] Voir la lettre à M. de Salinis, 7 janvier 1828.

[2] LACORDAIRE, *Éloge funèbre de Daniel O'Connell* (t. VIII des Œuvres complètes, p. 169).

La loi disait à ce peuple : Vous n'êtes rien ; apostasiez, et vous serez quelque chose. Vous êtes esclaves ; apostasiez, et vous serez libres. Vous mourez de faim ; apostasiez, et vous serez riches.

Quelle tentation! et que le calcul était profond, si la conscience n'était pas plus profonde encore que l'enfer!...

Tout à coup, les lacs d'Irlande retinrent sur leurs flots les souffles qui les agitaient ; ses forêts demeurèrent tremblantes et immobiles ; ses montagnes firent comme un effort d'attention : l'Irlande entendait une parole pleine de Dieu et de la patrie, habile à soutenir le droit des faibles, demandant compte des abus de l'autorité, ayant conscience de sa force et la donnant à tout le peuple.

Certes, c'est un jour heureux que celui où une femme met au monde son premier-né ; c'est un autre jour heureux que celui où le prisonnier revoit l'ample lumière du ciel ; c'est encore un jour heureux que celui où l'exilé rentre dans sa patrie : mais aucun de ces bonheurs, les plus grands de l'homme, ne produit et n'égale le tressaillement d'un peuple qui, après de longs siècles, entend pour la première fois la parole humaine et la parole divine dans la plénitude de leur liberté, et cette inénarrable joie, l'Irlande la devait à un jeune homme de vingt-cinq ans, qui s'appelait O'Connell [1].

Je ne referai pas, après Lacordaire, l'histoire de cette lutte digne des Actes des martyrs, où la voix du grand tribun, forçant les portes du Parlement britannique, enleva d'assaut, par l'appui que lui prêta le peuple irlandais, un bill, émané du ministère, accepté de la législature et signé

[1] Lacordaire, *Éloge funèbre de Daniel O'Connell* (t. VIII des Œuvres complètes, pp. 168-180).

par le Roi, qui proclama l'émancipation des catholiques dans les trois royaumes-unis.

C'était le 13 avril 1829.

Or il se trouva qu'au moment même où paraissaient en France les fameuses ordonnances de juin, la liberté de l'éducation était violentée en Belgique par le roi calviniste des Pays-Bas.

C'en fut assez.

La protestation émue des catholiques belges, admirateurs passionnés du grand agitateur irlandais, éveilla immédiatement, dans la solitude de la Chesnaie, un écho aussi puissant qu'inattendu.

La façon de voir de M. de Lamennais en fut profondément modifiée [1].

Il rêva du rôle d'O'Connell. Il dit :

— Quand les catholiques aussi crieront *liberté,* bien des choses changeront [2].

On s'effrayait autour de lui.

— Est-ce donc, répondit-il aux timides, est-ce donc que les catholiques de France, au nombre encore de vingt-cinq millions, n'en viendront pas à se demander si, lorsqu'on a tout réduit à une question de force, ils ne doivent pas compter pour quelque chose dans cette question [3] ?

Il ne venait pas seulement à son esprit l'idée de se demander si cette théorie avait chance d'être acceptée...

— Qu'importe! s'écriait-il. On doit la vérité aux hommes; on doit la dire jusqu'au bout, même quand ils ne

[1] FOISSET, *loc. cit.,* p. 132.
[2] Lettre de Lamennais à madame de Senfft, 5 janvier 1829.
[3] Lettre de Lamennais au marquis de Coriolis, 19 décembre 1828.

peuvent plus l'entendre. *Qui ad vitam ad vitam ; qui ad mortem ad mortem* [1].

L'heure était venue pour M. de Lamennais de devenir un homme pratique : il ne se bornait plus à écrire ; il voulait agir.

Certes, les difficultés étaient grandes.

Poursuivi, nous l'avons vu, en police correctionnelle par le gouvernement, Lamennais était blâmé par les évêques de France, par les Sulpiciens, par les Jésuites.

Lacordaire disait de lui :

— Il serait seul dans le monde, que ce serait pour lui une marque infaillible qu'il a raison [2].

Cette parole de Lacordaire [3] fut répétée à M. de Lamennais.

Pour toute réponse, il se contenta d'envoyer ses livres à son jeune contradicteur.

Lacordaire les lut, ou plutôt, comme il le dit lui-même :
— Je les ai relus et ils m'ont ramené vers lui [4].

En mai 1830, il frappa à la porte de la Chesnaie [5].

[1] Lettre de Lamennais au baron de Vitrolles, 6 avril 1829.

[2] Lettre de Lacordaire à M. Foisset, 25 avril 1826.

[3] Lacordaire avait vu une première fois Lamennais au printemps de 1823. Il fut peu séduit par cette première entrevue : « C'est un « homme petit », écrit-il en sortant de chez Lamennais, « sec, d'une « figure maigre et jaune, simple dans ses manières, tranchant dans « ses discours, plein de son livre. Aucun trait ne révèle son génie. « Qu'on place M. de Lamennais dans une assemblée d'ecclésiasti- « ques, avec sa redingote brune, sa culotte courte et ses bas de soie « noire, on le prendra pour le sacristain de la paroisse. » (LACORDAIRE, *Lettre à M. Boissard*, 3 juin 1823.)

[4] Lettre de Lacordaire à M. Foisset, 25 mai 1830.

[5] Dans le volume consacré à LACORDAIRE, nous avons donné beaucoup de détails sur les rapports entre le célèbre dominicain et le chef de l'École Menaisienne.

III

Deux mois après, Charles X avait cessé de régner.

Qui ne connaît cette histoire?

La Restauration avait fatalement mis en présence et en état de lutte les victimes et les héros de la Révolution. La partie n'était pas égale. Louis XVIII l'avait compris, et sa politique consista à s'efforcer d'amortir cet antagonisme. Au contraire, Charles X n'en tint aucun compte. Il succomba.

Berryer adjura le fondateur de la Chesnaie de défendre la royauté légitime, qui venait de se réfugier dans les bras des anciens amis politiques de M. de Lamennais.

Celui-ci répondit, d'un ton très-haut et avec un dédain suprême, par la parole de Marthe sur Lazare, mort depuis quatre jours : *Jam fœtet* [1] *!*

Le jour suprême arrivé, il n'accorda pas au frère de Louis XVI, à sa fille, au dernier rejeton de Louis XIV, un seul instant de regret, un seul mot de pitié.

— Les vaincus ont, de toute manière, mérité leur défaite, et cette défaite est sans retour [2] !

Telle fut sa dure et unique parole, en apprenant la révolution de juillet 1830.

Mais, Charles X parti pour l'exil, qu'allait-il advenir, et qu'y avait-il à faire?

[1] FOISSET, *loc. cit.,* p. 153.
[2] Lettre de Lamennais à M. de Coriolis, 6 août 1830.

·De toutes parts, les gentilshommes brisaient leurs épées, déposaient leurs toques, rentraient sous la tente.

Mais enfin, Charles X parti, il restait la France, il restait l'Église.

— Chaque position a ses devoirs, dit Lamennais ; mais les devoirs de la position présente sont, à mon avis, concentrés dans un seul : s'unir pour arrêter, s'il est possible, l'anarchie qui nous menace [1]...

Il tenta d'obtenir, après de glorieuses luttes, l'acte d'émancipation qui tout récemment avait couronné les efforts et la tête du grand libérateur de l'Irlande.

Mais O'Connell avait toute une nation derrière lui ; M. de Lamennais n'avait à sa suite qu'un petit bataillon sacré, lentement formé par son génie.

O'Connell avait toujours été le même : enfant de l'Irlande, libéral et chrétien. L'O'Connell français avait été absolutiste, antilibéral et en désaccord d'idées avec le clergé gallican [2].

Pour réussir dans son rêve, il lui fallait brûler ouvertement, en plein jour, avec une mise en scène calculée, les vaisseaux qui l'avaient porté au rivage, où sa main audacieuse brandissait une épée neuve et vierge.

L'œuvre hardie fut tentée le 20 août 1830.

Ce jour-là est une grande date dans la vie de Lamennais, dans les annales de l'École Menaisienne, dans les actes de ce qu'on a appelé le parti catholique et dans les destinées de l'Église de France.

Mais quelle est donc l'œuvre à laquelle j'attache une

[1] Lettre de Lamennais à madame de Senfft, 5 septembre 1830.
[2] LACORDAIRE, *Notice sur le rétablissement* etc., p. 55.

importance si considérable, pour que la date mérite d'en être ainsi signalée à l'attention de tous.

Oh! une œuvre bien modeste en apparence! une œuvre que plus d'un toucha à peine d'un doigt dédaigneux, comme on écarte un de ces mille papiers importuns dont la poste encombre chaque jour nos boîtes à lettres; une œuvre dont nul peut-être ne mesura alors les promesses; vrai grain de sénevé, qui devait devenir un grand arbre; vrai grain de sable, où devait s'appuyer un édifice immense.

Cette œuvre, ne riez pas, ce fut un prospectus!

Je vous ai demandé, cher lecteur, de contenir vos sourires; j'ai raison, car, écoutez-moi :

C'était le prospectus du journal *l'Avenir!*...

IV

Hier, j'ai pris dans mes mains ce prospectus, aujourd'hui jauni par les ans, et, qu'on me laisse naïvement le confesser, je l'ai touché avec un respect mêlé de terreur.

Que de choses en sont sorties! Que de larmes il a fait répandre! De combien de retours il fut l'aurore, et aussi, hélas! quelle chute effroyable il a présagée!

Le titre lui-même n'avait point été choisi au hasard, ni, comme il arrive quelquefois, pour dissimuler un fret peu couru sous un pavillon trompeur.

L'Avenir! Ce titre, à lui seul, était toute une profession de foi.

Cela disait assez que, dans la pensée du fondateur,

l'avenir appartenait à la démocratie : il conviait l'Église à s'allier franchement avec elle, pour la réconcilier avec la religion dans un commun dévouement à la liberté[1] !

Mais voilà que je mets le pied sur le terrain brûlant.

J'ai besoin d'abriter ce qui me reste à dire sous une autorité que nul ne récusera.

C'est M. de Ladoue, évêque de Nevers, ultramontain déclaré, antilibéral non moins déclaré, royaliste ardent, qui va parler pour moi :

« Simple narrateur », dit ce savant prélat, quand, dans son beau livre sur Gerbet, il est amené au point où j'en suis, « simple narrateur, nous n'avons pas à apprécier « des sentiments qui froissent des convictions person- « nelles que le temps n'a fait qu'affermir ; il ne nous con- « vient pas surtout d'épiloguer, dans le calme du cabinet « et le froid de la réflexion, sur des expressions échappées « au milieu du bruit de la rue, sous l'impression de ter- « reurs qui se changeaient en espérance. Mais si nous ne « voulons pas blâmer, il nous sera permis d'admirer. Eh ! « n'est-il pas vraiment admirable de voir ces âmes sacer- « dotales, à peine la tempête qui a menacé leur tête apai- « sée, se redresser dans leur dévouement pour courir à la « défense de l'Église ! Le trône, en tombant, a ébranlé « l'autel, mais il ne l'a pas renversé... Soldats de l'autel, « ils sont là, debout, pour le soutenir[2]. »

Le prospectus de l'*Avenir* énonçait hardiment la pensée de séparer entièrement la religion de la politique, de sous- traire l'Église à toute influence séculière et de réclamer sans relâche, pour les catholiques, la liberté.

[1] *Globe* du 20 août 1830.
[2] De Ladoue, *Vie de Mgr Gerbet*, t. Ier, p. 182.

Cette hardiesse, alors si nouvelle, lancée sur le pavé parisien, encore tout incandescent, fut un coup de tonnerre.

Une croix lumineuse et rayonnante, dominant le livre saint et les clefs de saint Pierre, composait les armes du journal, et, en exergue, on lisait, en caractères flamboyants, qui fascinèrent les uns et firent rougir les autres, ces mots : Dieu et la Liberté !

Écoutons-les, ces néophytes un peu naïfs du libéralisme nouveau. Ils n'ont pas appris l'art de déguiser leurs pensées, et ce n'est pas à l'école de Talleyrand que s'est formée la jeune École Menaisienne.

« La majorité des Français, disent-ils, veut sa religion
« et sa liberté. Nul ordre stable ne serait possible, si elles
« étaient considérées comme ennemies. Les deux prin-
« cipales forces morales qui existent dans la société ne
« sauraient se trouver dans un état de lutte sans qu'il en
« résultât une cause permanente de divisions et de boule-
« versements. De leur union naturelle, nécessaire, dépend
« le salut de l'avenir. — Mais il reste beaucoup de pré-
« jugés à vaincre, de passions à calmer. D'une part, des
« hommes sincèrement religieux ne sont pas encore en-
« trés ou n'entrent qu'avec peine dans les doctrines de la
« liberté. D'une autre part, des amis ardents de la liberté
« n'envisagent qu'avec une sombre défiance la religion
« que professent vingt-cinq millions de Français. — Le
« moment est favorable pour faire cesser cet antagonisme,
« car il s'est opéré déjà un changement salutaire dans le
« libéralisme français. Il existe deux libéralismes parmi
« nous, l'ancien et le nouveau. — Héritier des doctrines
« destructives de la philosophie du dix-huitième siècle,
« et en particulier de sa haine contre le christianisme, le

« libéralisme ancien ne respire qu'intolérance et oppres-
« sion.

« Mais, le jeune libéralisme, qui grandit et qui finira
« par étouffer l'autre, se borne, en ce qui concerne la
« religion, à réclamer la séparation de l'Église et de
« l'État, séparation nécessaire pour la liberté de l'Église,
« et que tous les catholiques éclairés désirent également[1]. »

Il y a lieu de discuter cette assertion et ce programme.

En ce moment, je cours au plus pressé : l'historique de
la fondation du journal *l'Avenir*.

C'était la première fois qu'un journal quotidien, exclu-
sivement consacré à la défense des intérêts catholiques,
descendait dans l'arène des discussions politiques, ardentes,
passionnées.

Le plan du journal est merveilleusement conçu.

Par rapport à l'esprit humain en général, pour les questions sociales, en matière d'organisation administrative,
en économie politique, dans les sciences, dans la littérature, dans les arts industriels, *l'Avenir* annonce un programme que je voudrais pouvoir citer en entier, ne serait-
ce que pour montrer de quelles hauteurs est descendu le
journalisme contemporain.

Quel journal, aujourd'hui, aurait la pensée d'attirer l'a-
bonné ou l'acheteur en lui proposant comme amorce l'attrait de questions aussi abstraites !

---

[1] *Avenir*, prospectus, t. Ier, p. 1.

V

Le premier numéro se fit attendre jusqu'au 16 octobre.

Un article magistral l'ouvrait. On y sentait la griffe du lion.

Lamennais y jetait un coup d'œil sur le passé, qu'une heure avait suffi pour effondrer dans un effondrement misérable.

« Tout cela se passait hier, écrit-il, et aujourd'hui l'on « chercherait en vain quelques traces de ce qu'on disait « affermi pour jamais : le temps roule ses flots sur ces « vastes ruines. »

Suivait une énumération, magnifique d'éloquence, du mouvement précipité qui emporte les peuples et leurs institutions. Puis le fougueux polémiste s'écriait : « Qu'est-« ce donc qui demeure?... Deux choses, seulement deux « choses : — Dieu et la Liberté... »

Or, toujours d'après lui, depuis la Fronde, le clergé français, malgré les condamnations de Rome, recevant à genoux les doctrines serviles que le despotisme lui imposait insolemment, corrompit dans son propre sein l'esprit du catholicisme, et le rendit, aux yeux des peuples, complice du pouvoir qui avait planté sa tente sur les derniers débris de la liberté chrétienne. Trouvant la servitude près de l'autel, les hommes s'effrayèrent de Dieu.

De là le philosophisme du dix-huitième siècle; de là les épouvantables persécutions de 93.

Celles-ci ont laissé dans la mémoire des catholiques des souvenirs trop sinistres, pour qu'ils ne soient pas en défiance vis-à-vis de tout ce qui se présente sous le nom de liberté.

L'heure est venue de les réconcilier avec elle.

Tout cet article[1], que j'effleure à peine, était un programme.

L'indifférence en matière de dynastie s'y montrait à nu.

Les royalistes en furent révoltés comme d'une défection d'autant plus poignante pour eux qu'elle était moins prévue.

Au contraire, les libéraux, sauf un groupe qui composait ce qu'on appelait l'École du *Globe,* se refusèrent à voir là autre chose qu'un masque.

Comme il arrive souvent en pareil cas, les déclarations libérales de ce prêtre hardi ne furent pas prises au sérieux : on y vit, non point une profession de foi, mais une manœuvre.

Or rien ne ressemble moins au caractère de Lamennais qu'une manœuvre.

Être habile, disons le mot vulgaire, *finasser,* lui répugnait d'autant plus que, pour lui, comme pour bien d'autres âmes honnêtes, fin, dans ce sens, est synonyme de fourbe.

Alors éclata le caractère de Lamennais et commença la seconde moitié de cette vie contradictoire, qui se consuma à maudire ce qu'avait adoré la première.

Du fanatisme du principe d'autorité il passe au fanatisme du principe de liberté, et cela avec l'inflexibilité de

[1] Lamennais, *Considérations sur l'époque actuelle* (*Avenir* du 16 octobre 1830).

cette nature absolue, pour laquelle le relatif n'existait pas.

Quand il se retournait, cet homme se retournait tout entier, et il demeurait comme auparavant tout d'une pièce.

En même temps, — chose à peine croyable, mais certaine! — il ne restait pas dans sa mémoire l'ombre qu'il eût jamais été de son opinion de la veille. Aussi la foulait-il aux pieds avec un enivrement incroyable, car la plaie secrète de son âme, l'orgueil, se trahissait incessamment, je l'ai dit déjà, par une immense faculté de mépris.

Les royalistes étaient ses frères de lait, ses frères d'armes de tous les temps. Le jour où il se sépara d'eux, il n'en parla plus que comme d'un parti « stupide et absurde, comme il fut toujours [1]. »

Et ce n'était pas à des révolutionnaires, ni même à des libéraux qu'il parlait ainsi, non, c'était aux anciens confidents de ses violences monarchistes d'autrefois.

Cette exécration du royalisme ne pouvait manquer de s'étendre à l'Église, le jour où l'Église, à son tour, désavouerait Lamennais.

Et voilà comment, né avec une âme aimante, l'auteur de l'*Essai,* le chantre des Morts et de la Pologne, a été sans contredit l'homme de notre temps qui a le plus méprisé, le plus haï et le plus insulté [2].

On le voit, je ne recule pas devant l'expression de la vérité; et si je présente avec admiration les beaux côtés de cette vie étrange, tout en aimant Platon, le vrai m'est encore plus cher que Platon.

La pente sur laquelle cette évolution du chef lança l'École Menaisienne et son journal était bien périlleuse.

[1] Lettre de Lamennais à madame de Senfft, 13 septembre 1830.
[2] FOISSET, *loc, cit.*, p. 100.

Ce ne sera pas trop d'un chapitre tout entier, le prochain, pour raconter cette longue, palpitante et poignante histoire.

L'avouerai-je pourtant? Je ne finirais pas ce chapitre sans quelque remords, si je laissais le lecteur sous l'impression des sévères paroles que la vérité historique et doctrinale m'a forcé de prononcer sur le fondateur de l'*Avenir*.

Encore un mot de lui.

VI

Un vif sentiment de poésie, un retour tendre et doux vers les régions sereines dont son âme portait partout le regret, revenait parfois tempérer ses âpres rigueurs [1].

[1] Cependant la campagne, qu'il aime tant, il la voyait à travers la mélancolie de ces sentiments. Il écrit de la Chesnaie, le 17 septembre 1822 : « Avez-vous jamais passé un hiver à la campagne? Il y est, à mon avis, moins hiver que partout ailleurs. Il y a peu de jours où l'on ne puisse sortir, et ces longues soirées, qu'on redoute tant, ont un charme particulier, pourvu qu'on sache les remplir par le travail, la lecture ou une douce causerie. Le soir, quand je tire mon rideau et que la flamme du foyer éclaire seule ma chambre, j'éprouve un sentiment de bien-être que je ne puis vous exprimer. On va chercher le bonheur bien loin, et il est toujours près de ceux qui savent le goûter. » De la Chesnaie encore, le 19 novembre 1823 : « Nous avons eu des jours magnifiques dont je voudrais bien que vous eussiez pu profiter. Saint-Prix devait être charmant sous un si beau ciel d'automne. Il est vrai qu'il n'éclairait plus guère qu'une campagne jaunissante et des feuilles séchées. Bien des gens aiment

Cette note suave est comme le son d'une harpe éolienne au milieu de l'orage. C'est le trait caractéristique de Lamennais.

Entre toutes les natures poétiques de ce temps, la sienne resta la plus sincère.

« Il ne tomba jamais », a dit un de ceux qui l'ont connu, suivi et aimé jusqu'au bout, « il ne tomba jamais dans « cette dérision de soi-même où la vanité et l'adulation « d'un public frivole ont amené tant d'âmes d'abord favo- « risées. Il sut éviter ce don détestable qui porte les hommes « arrivés à la renommée à ne plus se prendre au sérieux, « à se calomnier eux-mêmes et à rabaisser leur génie aux « conditions d'un métier. Il pensa et sentit toujours pour

peu ce spectacle; pour moi, je le trouve plein d'une douce tristesse; il me plaît comme tout ce qui rappelle le déclin de la vie et ce repos inconnu qui doit suivre une renaissance éternelle. » Les paysages genevois ne lui plaisent pas, et les habitants du pays encore moins : « Je n'ai encore rien aperçu dans ce pays qui m'ait frappé. Le lac ressemble à un bras de mer; j'ai vu mieux que cela. Lorsque la campagne est verte, elle doit être assez agréable; mais, aux eaux près, je préfère beaucoup notre vallée de Montmorency. Les demi-montagnes arides qui coupent ici brusquement le paysage lui ôtent, ce me semble, de sa grâce sans lui donner de la grandeur. Quant aux habitants, c'est bien la plus triste race d'hommes que j'aie jamais rencontrée. Vous fuiriez à cent lieues pour ne pas voir ces figures sèches et dures, que n'anime jamais la plus légère expression de bienveillance. Je ne crois pas qu'on ait souri à Genève depuis Calvin. Les Anglais ont bien aussi dans le visage, ou plutôt dans la physionomie, quelque chose de protestant. Mais cela n'approche pas des Genevois : il y a la différence de la froideur à la haine. » Les paysages romains ne sont guère mieux traités : « Vous êtes bien heureuse d'être à Saint-Prix, sous vos beaux ombrages, dans cette délicieuse forêt de Montmorency, préférable cent fois aux plus magnifiques villas de Rome. Ici, au lieu d'arbres, on n'a que des statues. Quelques chênes verts, taillés comme des murs, offrent seuls un peu de verdure. » (Rome, 15 juillet 1824.)

« son propre compte ; il fut vrai et se respecta jusqu'au
« bout[1]. »

C'est par ces côtés de tendre et fraîche poésie que
Lamennais exerça sur ses intimes une séduction qui, aujourd'hui encore, amène des sanglots au cœur et remplit
de larmes les yeux de ceux qui, l'ayant connu de près,
nous parlent de lui.

Un matin, au plus fort des orages soulevés par sa polémique fougueuse, pendant que l'École, il le croyait du
moins, était encore plongée dans le plus profond sommeil,
il s'était rendu dans la chapelle de la Chesnaie. Se croyant
seul, il parlait tout haut, et, dans le silence du sanctuaire,
il épanchait son âme, rêveuse et attristée.

On l'entendit, et les deux disciples, silencieux derrière
lui, écoutèrent, le cœur serré, cette harpe éolienne dont
nous parlions tantôt.

« Mon âme, disait-il, pourquoi es-tu triste ? Est-ce que
« le soleil n'est pas beau ? Est-ce que sa lumière n'est pas
« douce, à présent que l'on voit et les feuilles et les fleurs,
« avec leurs mille nuances, éclore sous ses rayons, et la
« nature entière se ranimer d'une vie nouvelle ? Tout ce qui
« respire a une voix pour bénir Celui qui prodigue à tous ses
« largesses. Le petit oiseau chante ses louanges dans le
« buisson, l'insecte les bourdonne dans l'herbe. Mon âme,
« pourquoi es-tu triste, lorsqu'il n'est pas une seule créa
« ture qui ne se dilate dans la joie, dans la volupté d'être,
« qui ne se perde dans l'amour ? — Le soleil est beau, sa
« lumière est douce ; le petit oiseau, l'insecte, la plante,
« la nature entière a retrouvé la vie, et s'en imprègne, et

[1] Renan, *M. de Lamennais,* p. 193.

« s'en abreuve; et je soupire, parce que cette vie n'est
« pas venue jusqu'à moi, parce que le soleil ne s'est
« pas levé sur la région des âmes, qu'elle est demeurée
« obscure et froide. Lorsque des flots de lumière et des tor-
« rents de feu inondent un autre monde, le mien reste noir
« et glacé. L'hiver l'enveloppe de ses frimas comme d'un
« suaire éternel. Laissez pleurer ceux qui n'ont point de
« printemps [1]... »

Gerbet et Maurice, qui l'entendaient, sentirent les larmes
gagner leurs yeux, quand ils virent de grosses larmes sil-
lonner les joues prématurément ridées de leur Maître, qui
s'était tu et qui pleurait.

Étrange nature, vraiment, que cette nature mêlée de
sourires et de colères, de pleurs attendris et de rugissements terribles!

Continuons à l'étudier de près, et suivons-le jusqu'à ce
que le dénoûment arrive et nous fasse pleurer, à notre
tour, sur cet homme, sur ce génie, sur ce prêtre qui n'a
point eu de printemps!

[1] LAMENNAIS, Pensée CCXXXI.

IX

POLÉMIQUES, LUTTES ET PROCÈS.

Connaissez-vous la vision d'Isaïe?

« Va, lui dit le Seigneur, va, et place une sentinelle : et elle te dira ce qu'elle aura vu. »

Le voyant d'Israël obéit, et quand il eut placé la sentinelle pour veiller, celle-ci lui dit, des hauteurs où elle gardait la place :

« On crie à moi de Séir : Sentinelle, qu'y a-t-il dans la « nuit? *Custos, quid de nocte* [1] ? »

Les prophètes, comme Isaïe, ont joué un grand rôle dans le Testament ancien. A côté de l'Église enseignante des Juifs, près de la Synagogue, de temps à autre, à des

---

[1] Isaïe, IX, 1-4.

intervalles inégaux, apparaissait quelqu'un de ces hommes extraordinaires, suscités de Dieu pour remplir une mission auprès de son peuple, à qui ce peuple donnait le nom de « voyants ».

Sous la Loi nouvelle, quelque chose d'analogue se produit au sein de l'Église. A côté du siége de Pierre, près de la hiérarchie enseignante, Dieu suscite des envoyés, à qui incombe une fonction spéciale et transitoire. Souvent même, ce ne sont que de simples prêtres, ou, s'ils sont évêques, ils restent dans une sorte d'infériorité relative, qui semble destinée à rehausser leur mission.

Ainsi en fut-il de saint Augustin, de saint Jérôme, de saint Bernard, de Bossuet, et, je l'ose dire, parmi les contemporains, de Lamennais.

Dieu le suscita pour une grande mission, et, comme dans la vision d'Isaïe, il lui fut crié de Séir : « Sentinelle, qu'y a-t-il dans la nuit? »

Pendant que, de toutes parts, on interrogeait ainsi ce grand voyant, lui se promenait dans sa solitude, comme autrefois enfant, sur les remparts de Saint-Malo.

La nuit était sombre, et des vents d'orage apportaient à son oreille anxieuse des bruits menaçants. Il écoutait.

Les cris de mort arrivaient à lui. Des voix confuses, mais irritées, maudissaient l'Église et son Christ. A Paris, la populace ameutée renversait le palais de l'archevêque et n'y laissait plus pierre sur pierre. Des bandes avinées pénétraient dans les églises, et Saint-Germain l'Auxerrois était saccagé. Dans les départements, on renversait les croix de mission, et la soutane du prêtre était insultée jusque dans les moindres bourgs de France.

Puis, au-dessus de ce tumulte populaire, et le dominant,

des voix plus aiguës, qui donnaient le frisson, prophéti-saient la ruine prochaine du catholicisme!

Quelle heure, et quelle nuit!

Tout ce qu'on avait tenté depuis trois siècles pour lutter contre l'envahissement des doctrines anticatholiques et même antichrétiennes avait échoué.

Le génie, le talent, la vertu n'avaient pu triompher de l'irréligion.

Bossuet avait combattu le protestantisme avec une puissance de raisonnement, d'érudition, d'éloquence qu'on ne pouvait songer à surpasser... et le protestantisme était vivant comme avant Bossuet.

Le voltairianisme et l'Encyclopédie avaient triomphé de tous les anathèmes de l'Église et de tous les efforts du clergé.

L'alliance du trône et de l'autel, durant ces quinze dernières années, n'avait servi qu'à produire un redoublement de colère contre le clergé.

Ah! comme il est facile, du fond de son cabinet, de lancer l'anathème ou de prodiguer l'ironie à ceux qui se battent là-bas, pour défendre les abords de la place, au sein de laquelle les heureux reclus se réservent le droit de rire à leur aise des coups maladroitement portés par ceux qui se font tuer pour leur faire un rempart!

Pour moi, arrivé au point où je vais avoir à noter les manœuvres fausses et à compter les coups malheureux, je le déclare loyalement, je reste respectueux et attendri devant ceux qui vont mourir, et, s'il me faut indiquer un blâme, ce ne sera qu'en m'agenouillant devant les soldats frappés à mort pour notre cause, et en leur demandant pardon d'oser paraître oublier un instant qu'ils ont versé leur sang pour nous!

Eh quoi! la nuit était noire, les clameurs sanguinaires montaient de partout, l'Église de Dieu était frappée, l'Église de France agonisait, et vous voudriez que ces fiers soldats se fussent battus de sang-froid, sans rien perdre de leur calme réfléchi au sein de la mêlée!...

I

Custos, quid de nocte? Sentinelle, qu'y a-t-il dans la nuit?

De son œil perçant, le Maître vit dans les ténèbres.

A ses côtés, un jeune et ardent soldat avait réclamé l'honneur et le péril de la veillée d'armes sur les remparts d'Israël.

Il avait vingt-huit ans. Sa taille élancée, ses traits fins et réguliers, son front sculptural, le port déjà souverain de sa tête, son œil noir et étincelant, je ne sais quoi de fier et d'élégant en même temps que de modeste dans toute sa personne, tout cela n'était que l'enveloppe d'une âme qui semblait prête à déborder, non-seulement dans les libres combats de la parole publique, mais dans les épanchements de la vie intime.

La flamme de son regard lançait à la fois des trésors de colère et de tendresse ; elle ne cherchait pas seulement des ennemis à combattre et à renverser, mais des cœurs à séduire et à conquérir.

Sa voix, déjà si nerveuse et si vibrante, prenait souvent des accents d'une infinie douceur. Né pour combattre et pour aimer, il portait déjà le sceau de la double royauté de l'âme et du talent.

Il apparaissait charmant et terrible, comme le type de l'enthousiasme du bien, de la vertu armée pour la vérité.

A ce portrait, tracé par un ami [1], on a reconnu le premier compagnon d'armes de Lamennais, celui qui avait frappé en 1830 aux portes de la Chesnaie, le principal rédacteur de l'*Avenir*.

Lacordaire !

Lacordaire et Lamennais ! Beau sujet d'étude que je traiterai ailleurs, et qui nous promet de vraies découvertes [2].

Et cependant, le maître n'exerçait sur le brillant disciple qu'une seule séduction, celle du génie, et, comme Lacordaire lui-même l'a confessé, de la supériorité de l'intelligence [3].

Sous le feu de l'ennemi, son regard cherchait à l'horizon la recrue que l'instinct de son cœur lui annonçait, avant qu'il l'eût vue venir !

« Mon âme, disait-il, comme Iphigénie, attend son frère « au pied des autels », pour lesquels je combats, prêt à mourir, s'il le faut, dans la lutte.

L'*Avenir* produisait une sensation sans exemple.

Cinq articles de Lamennais, deux de Gerbet, sept de Lacordaire, avaient donné aux seize premiers numéros du journal un retentissement et un éclat incomparables.

---

[1] Montalembert, *le P. Lacordaire* (t. IX des Œuvres complètes, p. 400).

[2] Voir le troisième volume de mes Études sur l'*École Menaisienne*, intitulé Lacordaire.

[3] Lacordaire, *Considérations sur le système philosophique de M. de Lamennais* (t. VII des Œuvres complètes, p. 160).

— Nous nous en allions partout, me disait un vénérable prêtre, rappelant ses souvenirs de cinquante ans, nous nous en allions partout l'*Avenir* à la main, et disant tout haut qu'il faudrait l'imprimer en lettres d'or !

Un vent d'Irlande apporta à Lacordaire la première brise de cette amitié incomparable, dont il dira lui-même plus tard : « Je l'aime comme si c'était un plébéien[1] ! » Les préventions du temps étant données, il ne pouvait rien dire de plus expressif.

D'Irlande, Lamennais reçut, le seizième jour de la fondation du journal, une lettre où le futur ami de Lacordaire sollicitait l'honneur de combattre sous ses ordres.

— J'accours, disait-il, avec l'ardeur de mes vingt ans, de l'autre côté de la mer où je viens de voir O'Connell, à la tête d'un peuple dont l'émancipation religieuse a été conquise par la libre parole et par la presse libre[2].

Il accourut, en effet, et ne trouva auprès de l'O'Connell français que trois prêtres et cinq laïques. La foi du fils des croisés n'en fut point troublée : il était à l'âge où l'on ne compte ni ses compagnons d'armes ni ses adversaires[3].

Le nouveau venu s'appelait Charles de Montalembert.

Voilà donc tout l'état-major de l'*Avenir*.

M. de Lamennais comme généralissime ; Henri Lacordaire et Charles de Montalembert, comme aides de camp. Mais cet état-major était sans soldats.

Le grand nom du général, les prodiges de valeur et d'activité de ses deux jeunes lieutenants eurent bientôt fait sortir de terre une armée.

[1] Lettre de Lacordaire à M. Lorain, 15 janvier 1830.
[2] MONTALEMBERT, *le P. Lacordaire (loc. cit.*, p. 399).
[3] FOISSET, *op. cit.*, p. 163.

A proprement parler, ils furent à eux seuls l'*Avenir*.

Lamennais, toujours souffrant, n'écrivait que des articles capitaux, des articles-ministre, comme on disait alors.

Gerbet, souffrant aussi, l'abbé Rohrbacher, peu propre au métier de journaliste, ne donnaient signe de vie que de loin en loin.

Lacordaire et Montalembert *faisaient* à eux deux, chaque jour, *le numéro :* ils ne désemparaient pas de la brèche.

Mentionnons cependant, — et c'est justice, — à côté d'eux, M. de Coux, qui apportait dans les bureaux du journal l'expérience d'une vie aventureuse, et des notions d'économie sociale alors neuves dans la presse catholique [1].

II

Chaque matin, sous l'influence de ce principe tout lamennaisien, que « la liberté ne se donne pas, mais se prend », chaque matin on sonnait la charge, chaque matin on enregistrait les faits d'armes de la veille et on lisait l'ordre de la journée.

On parlait au clergé comme à une armée rangée en bataille; on lançait en éclaireurs les plus ardents; on stimulait le zèle des retardataires; on attachait au pilori les déserteurs.

Les chefs étaient harangués, les plans de campagne indi-

[1] Voir, pour plus de détails, le beau récit de M. Foisset, que nous n'avons guère fait ici que résumer.

qués d'avance sans rien craindre des espions, car l'ennemi était loyalement prévenu, mais en même temps signalé et poursuivi à outrance.

Oh! la grande lutte! « Qu'ils sont beaux, tes pavillons, « ô Israël! que tes tentes sont belles! »

Comme autrefois Balaam bénissant malgré lui le peuple élu, les ennemis passaient devant le camp des vaillants de l'Église, et, forcés d'admirer, ils inclinaient leur drapeau et saluaient de l'épée.

Et pourtant, encore une fois, on ne les ménageait pas. Philosophes, briseurs de croix, ministres, ombres de proconsuls, doctrinaires, bourgeois, gallicans, tous étaient attaqués à la fois.

Les résistances irritaient la fougue des combattants : il semblait que le soleil se coucherait toujours trop tôt sur leur belliqueuse ardeur. La patience et les ménagements étaient peu en faveur dans cette stratégie. On voulait, non pas demain, mais tout de suite; on arracherait de vive force et à la pointe de l'épée ce qu'on refusait d'accorder de bonne grâce [1].

Ici, je vais prendre en main la collection de l'*Avenir*.

Mes lecteurs seront juges, comme l'étaient, au temps de la chevalerie, les spectateurs et les spectatrices des tribunes, qui comptaient les coups et veillaient à ce que tout se passât selon les lois de l'honneur.

Les coups sont nombreux, ils frappent d'estoc et de taille, ils se succèdent comme une grêle. Mais, par exemple, dans ces passes d'armes, si fières, si insolites, je vous l'accorde, entre des mains sacerdotales, je vous permets

[1] CHOCARNE, *Vie du P. Lacordaire*, t. Ier, p. 99.

d'être troublés, et, comme on le fut à Rome, pleins d'effroi, mais je défie bien le plus prévenu de relever une infraction à l'honneur, un seul manque de loyauté.

Ces deux volumes qui forment encore aujourd'hui une lecture fiévreuse, haletante, comme le spectacle d'un tournoi, sont pleins de prodiges de vaillance, d'audace, d'indépendances généreuses, de catilinaires éloquentes, je le dis sans hésiter, de magnifiques erreurs.

On va en juger, et l'on aura une idée du diapason auquel les voix des combattants étaient montées.

Il s'agissait d'un refus de sépulture qui avait eu lieu à Aubusson, et à la suite duquel le sous-préfet avait fait introduire dans l'église, par la force armée, la dépouille d'un homme mort après avoir refusé les secours de la religion. L'*Avenir* en prend occasion de s'adresser aux prêtres de France :

« Un de vos frères a refusé à un homme, mort hors de
« votre communion, les paroles et les prières de l'adieu
« des chrétiens... Votre frère a bien fait : il s'est conduit
« en homme libre, en prêtre du Seigneur, résolu à garder
« ses lèvres pures de bénédictions serviles. Malheur à qui
« bénit contre la conscience, à qui parle de Dieu avec un
« cœur vénal ! Malheur au prêtre qui murmure des men-
« songes au bord d'un cercueil ! qui conduit les âmes au
« jugement de Dieu par crainte des vivants ou pour une
« vile monnaie ! Votre frère a bien fait. Sommes-nous les
« fossoyeurs du genre humain?... Votre frère a bien fait :
« mais une *ombre de proconsul* a cru que tant d'indépen-
« dance ne convenait pas à un citoyen aussi vil qu'un
« prêtre catholique. Il a ordonné que le cadavre serait
« présenté devant les autels, fallût-il, pour l'y conduire,

11.

« crocheter les portes de l'asile où repose, sous la protec-
« tion des lois de la patrie, sous la garde de la liberté, le
« Dieu de tous les hommes et du plus grand nombre des
« Français... Un simple sous-préfet, un salarié amovible,
« du sein de sa demeure, gardée contre l'arbitraire par
« trente millions d'hommes, a envoyé dans la maison de
« Dieu un cadavre. Il a fait cela, tandis que vous dormiez
« tranquilles sur la foi jurée dans la Charte du 7 août, tan-
« dis que l'on exigeait de vous des prières pour bénir,
« dans le Roi, le chef de la liberté d'une grande nation. Il a
« fait cela devant la loi qui déclare que tous les cultes sont
« libres; et qu'est-ce qu'un culte libre si son temple ne
« l'est pas, si l'on peut y apporter de la boue, les armes à
« la main? Il a fait cela à la moitié des Français, lui, ce
« sous-préfet!... Or, cet homme, il est au coin de son feu,
« tranquille et content de lui. Vous l'auriez fait pâlir, si,
« prenant votre Dieu déshonoré, le bâton à la main et le
« chapeau sur la tête, vous l'eussiez porté dans quelque
« hutte faite avec des planches de sapin, jurant de ne pas
« l'exposer une seconde fois aux insultes des temples de
« l'État [1]... »

On imagine l'effet produit sur le jeune clergé de 1830,
issu de la Révolution, aspirant à la liberté, par des philip-
piques semblables! C'était une traînée de poudre. Chaque
matin, du plus loin qu'ils le voyaient venir, le facteur qui
apportait les numéros de l'*Avenir* dans le dernier pres-
bytère des campagnes, était accueilli comme un messager
de délivrance prochaine!

« Vous frémissez, leur disait Lamennais, eh! qui vous

---

[1] *Avenir* du 20 novembre 1830.

« empêche donc d'être hommes une fois, et de jeter au
« milieu de la France ce cri unanime : Nous ne voulons
« pas!... Prêtres de Jésus-Christ, que fait-on de vous? Des
« fonctionnaires publics, payés à raison de leurs services,
« soumis à quiconque daigne leur commander, emprison-
« nés en de certaines limites qu'on leur interdit de fran-
« chir, obligés de revêtir ou de déposer les vêtements
« distinctifs de leur état, selon les caprices du premier
« agent de police : voilà ce que vous êtes!... L'autorité
« civile vous suit jusqu'à l'autel, et là, près de vous, de-
« bout, elle surveille le sacrifice et préside aux sacrés
« mystères. Reconnaissez-vous dans l'avilissement, dans
« l'opprobre indicible de cet odieux esclavage, le sacer-
« doce du Fils de Dieu? et vous étonnerez-vous que les
« peuples, ébranlés, inquiets, éperdus, demandent ce qu'il
« y a là du ciel? Regardez le Christ et sachez être pauvres,
« pour être libres et respectés, pour être forts. Ce n'est
« point avec un mandat sur les payeurs de César que Jésus
« envoya ses apôtres à la conquête du monde!... Après
« tout, que faut-il au prêtre pour accomplir sa mission
« divine? Des lèvres indépendantes et un morceau de
« pain [1]... »

Un autre jour, l'*Avenir* leur disait encore :

« Nous sommes payés par nos ennemis, par ceux qui
« nous regardent comme des hypocrites ou des imbéciles,
« qui sont persuadés que notre vie tient à leur argent. Ils
« sont nos débiteurs, sans doute, et c'est le pire, qu'étant
« nos débiteurs, ils soient parvenus à croire qu'ils nous
« font aumône... Figurez-vous un débiteur qui, rencon-

____

[1] *Avenir*, n° du 13 novembre 1830.

« trant son créancier, lui jetterait dans la boue un peu de
« monnaie, en lui disant : « Travaille, fainéant, travaille! »
« Voilà comment nous traitent nos ennemis, et il y a aujour-
« d'hui trente ans et quatre mois que nous nous baissons
« pour ramasser [1]. »

Ce langage si haut, si dédaigneux, troublait la paix des
presbytères, il jetait l'épouvante dans les évêchés.

Les premiers pasteurs des diocèses s'agitaient, n'osant
pas encore commander et dire ouvertement à leurs prêtres : Ne lisez plus ce journal! Renvoyez-le à la Chesnaie!
Lamennais comprit qu'ils ne tarderaient pas à le faire.

« C'est à vous surtout que nous nous adressons, évêques
« de France, leur dit-il, à vous qui êtes tout à la fois et
« nos chefs et nos pères, à vous sur qui reposent nos
« espérances, et près de qui, en ces jours mauvais, nous
« sentons plus vivement le besoin de nous serrer avec
« amour. Qui aurez-vous pour successeurs? A mesure que
« la mort vous moissonnera, à qui vos troupeaux seront-
« ils confiés? Est-il une âme chrétienne qui ne frissonne à
« la seule pensée que les évêques pourront être choisis par
« les abatteurs de croix, par les persécuteurs de l'ensei-
« gnement ecclésiastique, par les ennemis de la foi? La
« ruine de cette foi, la mort du catholicisme parmi nous,
« ne serait-elle pas la conséquence certaine, inévitable,
« d'un état de choses qui rend le gouvernement maître des
« nominations épiscopales? Comptez après combien de
« temps il ne resterait plus en France qu'une Église entière-
« ment asservie, un simulacre de ministère pastoral, un
« vil mannequin de sacerdoce, aveugle, sourd, sans autre

____

[1] *Avenir*, t. Ier, p. 158.

« mouvement que celui qu'en se jouant lui imprimeraient
« les derniers commis de l'administration! Évêques de
« France, ne l'oubliez pas... c'est à vous, à vous seuls qu'il
« appartient de se saisir de cette grande question, pour
« assurer la conservation du sacré dépôt qui vous est
« confié. Les destinées de la foi, le salut ou la perte des
« générations futures sont entre vos mains... Décidez! »

Puis, le lendemain, des évêques revenant aux prêtres,
le grand tribun s'écriait : « Ministres de Celui qui naquit
« dans une crèche et mourut sur une croix, remontez à
« votre origine, retrempez-vous volontairement dans la
« pauvreté, dans la souffrance, et la parole du Dieu souf-
« frant et pauvre reprendra sur vos lèvres son efficace pre-
« mière. Sans aucun autre appui que cette divine parole,
« descendez, comme les douze pêcheurs, au milieu des
« peuples, et recommencez la conquête du monde. Voyez
« à l'horizon... les signes précurseurs du lever de l'astre...
« Messagers de l'espérance, entonnez, sur les ruines des
« empires, sur les débris de tout ce qui passe, le cantique
« de vie [1]... »

Je me suis bien attardé à ces citations. En ai-je dit assez
pour faire entendre, avec le ton de la polémique, les
périls de cette prise d'armes?

Mais voici bien une autre entreprise.

[1] *Avenir*, t. II, *passim.*

III

Le 18 décembre 1830, le bataillon sacré qui composait la rédaction de l'*Avenir* imagina de faire quelque chose d'analogue à la dispersion des apôtres.

Ils se partagèrent la France. Lacordaire eut les diocèses du Nord et de l'Est, Montalembert ceux du Midi, M. de Coux ceux de l'Ouest et du Centre.

Lacordaire correspondait en outre avec la Suisse et l'Italie; son ami, avec l'Irlande et l'Allemagne, et le dernier avec la Belgique.

Ils fondèrent dès lors une sorte d'association mutuelle contre tous les actes qui attenteraient à la liberté sur un point quelconque, spécialement en France.

Cela s'appela l'*Agence générale pour la défense de la liberté religieuse.*

Ils organisèrent un mouvement général de pétitions en faveur de la liberté d'enseignement.

Ils firent plus. Posant en principe que la liberté se prend quand les pouvoirs publics ne la donnent pas [1], ils ouvrirent en personne, à Paris, à leurs périls et risques, une école libre.

Ils donnaient en même temps une forte impulsion à la presse catholique en province, ils créaient partout des foyers de résistance à l'arbitraire administratif, non point

---

[1] FOISSET, *loc. cit.*, p. 166.

en se cachant sous des noms plus ou moins déguisés, mais ouvertement, au grand jour. Ils contenaient le gouvernement lui-même dans la nomination des évêques, et le forçaient à se désister du choix qu'il venait de faire pour le siége épiscopal de Beauvais.

Ainsi, la glace était rompue, et les catholiques, depuis si longtemps déshabitués en France de la vie publique, s'aguerrissaient peu à peu et se formaient aux mœurs militantes des pays libres [1].

S'il eût voulu être logique, le gouvernement de Juillet, de qui Lafayette avait dit que c'était la meilleure des républiques, aurait dû s'en réjouir et favoriser loyalement cette adhésion des catholiques aux principes sur lesquels on avait assis le trône de Louis-Philippe.

Le gouvernement de Juillet, espérant d'ailleurs plaire à une portion du clergé, celle qui restait obstinément en dehors du mouvement généreux créé par l'*Avenir*, intenta une série de procès à Lamennais et à son École.

Je ne referai pas cette histoire, où une avocasserie tracassière fournit des textes pour punir des gens condamnés d'avance. C'est l'histoire de qui est le plus fort, au moins en fait de gendarmes et de police.

Certains détails méritent cependant au moins une mention.

Il s'agissait, dans le premier procès, de savoir si les aumôniers des colléges doivent être considérés comme des fonctionnaires publics.

L'avocat du Roi soutenait que les aumôniers avaient un caractère public, et, parmi ses motifs, il alléguait que ce sont les ministres d'un souverain étranger.

[1] FOISSET, *loc. cit.*, p. 167.

En entendant cette énormité, Lacordaire bondit. Il se leva, et, de sa voix étincelante, il interrompit le magistrat :

— Non, monsieur, lui dit-il, cela n'est pas! Nous sommes les ministres de quelqu'un qui n'est étranger nulle part, de Dieu [1]!

La salle faillit crouler sous les applaudissements, et l'on vit un ouvrier, passant par-dessus les bancs et les têtes, s'approcher de l'interrupteur, lui prendre la main et crier :

— Monsieur le curé, je suis là-bas avec des camarades, qui m'envoient savoir votre nom...

Ils l'attendirent pour le porter en triomphe. C'étaient des insurgés de Juillet.

Dans le second procès devant la cour d'assises de la Seine, le succès d'audience fut aussi complet, surtout devant l'opinion publique. L'arrêt ne fut rendu qu'à minuit, après une magnifique défense de Lacordaire, que le jeune prêtre commença en saluant profondément son illustre maître assis à ses côtés, « cet homme grand et simple, dit-il, qui m'a permis de l'aimer [2]! »

Mais rien n'est beau comme le procès dit de l'*École libre.*

Ce fut le premier acte de ce grand débat, qui durera vingt années, et qui aboutira à la chute de Louis-Philippe et à la proclamation de la liberté de l'enseignement par la République française.

Les curés de Lyon avaient été sommés de renvoyer les enfants de chœur auxquels ils donnaient gratuitement des leçons. Ah! dirent les hommes de l'*Avenir,* « vous pour-« suivez la liberté de l'enseignement jusque dans les

---

[1] MONTALEMBERT, *loc. cit.,* p. 408.
[2] *Moniteur* du 31 janvier 1831.

« enfants de chœur ; eh bien ! nous la mettrons aux prises
« avec des hommes [1] ! »

Le 9 mai 1831, ils se firent maîtres d'école, et on les vit
faire la classe à une vingtaine de pauvres enfants. La police
survint. « Au nom de la loi, dit le commissaire aux enfants,
« je vous somme de sortir ! — Et moi, dit le chef de l'École
« libre, au nom de vos parents, je vous ordonne de res-
« ter ! » Les enfants criaient : « Nous resterons ! » Alors,
les sergents de ville les enlevèrent, les scellés furent posés
et une instruction commença [2].

Le père de Charles de Montalembert étant venu à mourir, celui-ci devenait pair de France, et les maîtres d'école
devinrent justiciables de la Cour des pairs.

Ils parurent tous à la barre de cette cour le 20 septembre.

Je voudrais pouvoir faire revivre sous les yeux du lecteur cette scène, dont les journaux de l'époque sont pleins.

Le jeune Montalembert, — il avait vingt et un ans, —
était là, debout, portant le deuil de son père mort la veille,
promenant ses regards sur cette réunion de vieillards, ses
pairs et ses juges.

Tout le palais Médicis ému, immobile, respirant à peine,
écoutait cette parole si mâle et si jeune, si fière et si humble, où l'accusé se faisait l'accusateur. A cinquante ans de
distance, quand on relit ce discours, le premier d'une carrière qui en a produit de si beaux, on retrouve les émotions de cette chaude journée, et l'on comprend le mot heureux du successeur de Lacordaire à l'Académie française
nous montrant la noble Chambre « souriant à l'éloquence
« pleine de verdeur d'un des complices, comme un aïeul

[1] *Avenir* du 5 mai 1831.
[2] MONTALEMBERT, *loc. cit.*, p. 414.

« à la vivacité généreuse et mutine du dernier enfant de
« sa race [1] ».

« Si notre foi doit mourir, s'écriait le noble enfant,
« souffrez au moins que nous lui choisissions un tombeau,
« et que ce tombeau soit la liberté du monde! C'est notre
« foi qui, la première, a levé la noble bannière sous la-
« quelle le genre humain aujourd'hui est en bataille. C'est
« bien la moindre chose qu'elle puisse s'en servir comme
« d'un linceul [2]! »

Après Montalembert, ce fut le tour de Lacordaire. L'organe du ministère public avait soutenu la prévention
comme un légiste vulgaire. Il parla comme s'il eût plaidé
un procès de mur mitoyen. La réplique fut sanglante.

Représentons-nous un jeune homme de vingt-neuf ans,
un prêtre, debout à la barre de la Cour des pairs, et débu-
tant ainsi :

« Nobles pairs, — je regarde et je m'étonne. — Je
« m'étonne de me voir au banc des prévenus, tandis que
« M. le procureur général est au banc du ministère public.
« — Je m'étonne que M. le procureur général ait osé se
« porter mon accusateur, lui qui est coupable du même
« délit que moi, et qui l'a commis dans l'enceinte même
« où il m'accuse, devant vous, il y a si peu de temps. Car
« de quoi m'accuse-t-il? — D'avoir usé d'un droit écrit
« dans la Charte, mais non encore réglé par une loi. Et lui
« vous demandait naguère la tête de quatre ministres, en
« vertu d'un droit écrit dans la Charte et non réglé par
« une loi! S'il a pu le faire, j'ai pu le faire aussi, avec la
« différence qu'il demandait du sang et que je voulais

[1] A de Broglie, *Discours de réception à l'Académie française.*
[2] Montalembert, *Avenir*, t. II, p. 282.

« donner une instruction gratuite aux enfants du peuple.
« Tous deux nous avons agi au nom de l'article 69 de
« la Charte. Si M. le procureur général est coupable,
« comment m'accuse-t-il? et s'il est innocent, comment
« m'accuse-t-il encore? »

L'organe du ministère public s'était retranché derrière
un décret de 1811, par lequel l'Empereur avait établi une
peine sans le concours du Corps législatif. L'impitoyable
avocat lui répond :

« Ah! nobles pairs! quelle dérision! Et c'était avec com-
« plaisance que M. le procureur général vous suppliait de
« remarquer que le décret avait été exécuté sous l'Empire.
« Puis donc qu'il a bien voulu prendre mon rôle, il faut
« que je me résigne à répéter après lui : C'était sous l'Em-
« pire, c'était du temps où la France ne consentait à rien,
« parce qu'on ne lui soumettait rien; c'était du temps où
« les restes de la République, descendus de l'échafaud,
« adoraient à genoux la fortune impériale; c'était du temps
« où il n'y avait en France que la gloire et le silence... Le
« décret de 1811 a eu force de loi sous l'Empire : c'est
« vous qui l'avez dit, monsieur le procureur général, c'est
« vous qui avez mis là toute la cause... et qui faisiez
« remarquer tout à l'heure, avec une sorte d'orgueil, que
« personne n'avait été si hardi sous l'Empire que de s'op-
« poser à la volonté de Napoléon. Je place volontiers la
« cause où vous la placez vous-même, et je suis curieux de
« répéter la preuve par laquelle vous établissez que le
« décret de 1811 a eu force de loi sous le sceptre impé-
« rial. C'est, dites-vous, qu'il a été exécuté... Mais tout
« s'exécute par l'épée, et si nulle autre condition n'est
« nécessaire pour qu'une volonté d'homme devienne une

« loi, la violence est la suprême législatrice du genre
« humain : un fait est un droit ; le silence de la peur est la
« voix de Dieu... Non, si la doctrine du ministère public
« était vraie, il faudrait fuir notre patrie, et aller demander
« aux civilisations les plus abjectes un peu de cette liberté
« qui ne se perd jamais tout entière, si ce n'est chez les
« peuples où l'on parle de violence comme d'une chose
« sacrée, et où l'ordre du maître s'appelle une loi, pourvu
« que l'esclave ait répondu : J'obéis ! »

Après ce fier langage, tenu devant tant d'anciens serviteurs du pouvoir impérial, le jeune orateur termine en
rappelant, dans une prosopopée magnifique, l'exemple
de Socrate succombant, lui aussi, dans la première cause
de la liberté d'enseignement, et en montrant que la postérité, dans cette cause célèbre, n'a absous que le coupable
et le bourreau : le coupable, parce qu'il avait manqué aux
lois d'Athènes, pour obéir à des lois plus grandes ; le
bourreau, parce qu'il n'avait présenté la coupe qu'en
pleurant.

« Et moi, nobles pairs », conclut le jeune prêtre, « si le
« temps ne me manquait pas, je vous aurais prouvé qu'en
« foulant aux pieds ce décret de l'Empire, j'avais bien
« mérité des lois de ma patrie, bien servi sa liberté, bien
« servi sa cause et l'avenir de tous les peuples chrétiens.
« Mais le temps ravit ma pensée, je lui pardonne, puis-
« qu'il me laisse votre justice. C'est donc assez. — Quand
« Socrate, dans cette première et fameuse cause de la
« liberté d'enseignement, était prêt à quitter ses juges, il
« leur dit : Nous allons sortir, vous pour vivre, moi pour
« mourir. Ce n'est pas ainsi, nobles juges, que nous
« vous quitterons. Quel que soit votre arrêt, nous sortirons

« d'ici pour vivre : car la liberté et la religion sont immor-
« telles [1]... »

L'heureuse audace de cette improvisation avait réveillé
l'attention des moins sympathiques. Les prévenus furent
condamés au *minimum* de la peine : à cent francs d'a-
mende !

Perdu ainsi, mais perdu avec honneur, devant la haute
cour, le procès fut gagné devant une cour plus haute et
plus souveraine, celle de l'opinion, et les vaincus purent se
dire la parole de Montaigne : « Il y a des défaites triom-
« phantes à l'égal des victoires. »

Le bruit de ces applaudissements se mêla à d'autres
bruits précurseurs de la tempête. L'orage va gronder, nous
allons en suivre le déchaînement et nous en entendrons
bientôt le fracas.

IV

En ce moment, pénétrons sous les charmilles de la
Chesnaie. Le maître a tendu l'oreille, et les avant-coureurs
de la tempête l'ont profondément ému. Il parlait aux siens,
et les siens l'entendant parler une langue nouvelle, tout
imprégnée de colère, se serraient de peur les uns contre
les autres. Il disait :

« Des siècles et des siècles avaient passé ; c'était sur le
« soir d'un de ces longs jours qui sont les jours de Dieu ;

[1] LACORDAIRE, *Discours prononcé devant la Chambre des pairs*
(t. VII des Œuvres complètes, p. 167 et suiv.).

« le soleil, enveloppé d'un linceul de nuages blafards, était
« descendu sous l'horizon, la nuit se faisait, une atmo-
« sphère lourde, étouffante, pesait sur la terre ; troupeaux
« fatigués, les peuples gisaient dans ces vastes parcs qu'on
« appelle empires, royaumes, et de temps en temps sou-
« levaient avec effort leur col meurtri du joug, pour
« trouver un peu d'air et rafraîchir leur poitrine brûlante :
« et ces parcs étaient gardés par des gens armés ; et toutes
« les fois qu'il s'y faisait le moindre mouvement, on enten-
« dait un cliquetis de chaînes. — Et je regardais cela, et
« mon âme absorbée dans une profonde stupeur se trou-
« blait en elle-même, lorsqu'une voix : Fils d'Adam, que
« vois-tu ? et comme je ne répondais point : Tu vois, dit-
« elle, les nations rachetées par le Christ !... »

Lamennais continua un long récit de sa vision apoca-
lyptique. L'effroi gagnait de plus en plus ceux qui l'aimaient. Il ne s'en aperçut point, ou plutôt ne voulut pas le
voir, et il reprit :

« Je pénétrai plus avant dans le temple, je parcourus de
« longues nefs désertes ; les voûtes se perdaient dans l'ob-
« scurité ; une horreur silencieuse l'environnait, et le fris-
« son courait dans mes veines. Au fond du sanctuaire, sur
« un autel éclairé d'une lampe mourante, j'aperçus comme
« une grande ombre, je ne sais quoi d'inexprimable, une
« forme divine qui semblait plier sous des chaînes. Et je
« regardais cela, et ma chair tremblait, et mon front se
« mouillait d'une sueur froide, lorsqu'une voix : Fils
« d'Adam, que vois-tu ? et comme je ne répondais point
« Tu vois, dit-elle, le Christ, rédempteur du monde !...

« Alors, je tombai la face contre terre ; ma vie du temps
« fut comme suspendue, et ce qui se passa en moi n'a point

« de nom dans les langues humaines. — Revenu à moi-
« même, je me retrouvai au milieu de la foule, et c'était
« un mélange inouï de pleurs et de joies insensées, de
« prières et de blasphèmes, des danses dans un tombeau,
« une orgie dans un lieu saint.

« Tout à coup, une sorte de tonnerre lointain, une ru-
« meur sourde, confuse, horrible, ébranla les airs : d'in-
« stant en instant, elle croissait : les peuples effrayés
« demandèrent : Qu'est-ce que ce bruit? Et il leur fut dit :
« C'est le vent du Seigneur qui passe! et les forêts s'incli-
« naient comme l'herbe; et les colonnes des temples fra-
« cassés se heurtaient comme les genoux d'un homme
« pris de vin; et les combles des palais, emportés tels que
« des brins de paille, disparaissaient dans la poussière, et
« les murs croulaient, et les trônes craquaient comme un
« morceau de bois sec sur le genou d'un enfant. Repoussés
« par la tempête, les fleuves débordaient, la mer surmon-
« tait ses rivages, et toutes ses eaux, se mêlant, s'agitant,
« poussaient et repoussaient les débris, et on les voyait,
« roulés par les tourbillons, s'entasser, monter peu à peu
« du sein de l'abîme, et puis, dans le flux et le reflux
« des ondes, cette énorme montagne de ruines élevait au-
« dessus des flots sa tête fangeuse et ceinte de cadavres
« flottants comme d'une couronne [1]. »

L'entendant parler ainsi, les jeunes hommes de la Chesnaie se disaient l'un à l'autre, à voix basse : « Que veut-il
dire? Est-ce une prophétie? »

Je ne sais pas si le lecteur n'aura pas reconnu là une
prophétie de ce qui a passé depuis sous nos yeux. Mais

[1] *Paroles d'un croyant,* chap. XXI.

ce que je sais bien, c'est que, dans la vision de Lamennais, il nous faudra reconnaître un symptôme nouveau, et celui-là, nous le verrons, attristera bientôt nos cœurs amis, pendant qu'il donnera satisfaction à ses contradicteurs.

X

LES AFFAIRES DE ROME.

« Si cruel que soit le temps, il n'ôtera rien aux délices
« de l'année qui vient de passer : elle sera éternellement
« dans mon cœur comme une vierge qui vient de mou-
« rir [1] !... »

Ainsi parlait le principal rédacteur de l'*Avenir,* un mois après le fameux procès de l'École libre, à la fin de 1831.

Elle allait en effet mourir, cette année, qui avait passé comme un de ces jours saints et glorieux, dont le crépuscule est encore plein de lumière et de joie.

L'*Avenir* touchait à la fin de son aventureuse carrière.

[1] Lettre de Lacordaire à Montalembert, 29 octobre 1831.

12

I

Ce furent, a dit Lacordaire, « des jours à la fois heureux
« et tristes, jours dévorés par le travail et l'enthousiasme,
« jours comme on n'en voit qu'une fois dans la vie [1] ».

Je ne crains pas d'avoir exagéré la valeur et l'intensité
des luttes de l'*Avenir*, de ces luttes qui, pour le fond des
choses en question, ont prévalu et qui décidèrent de l'attitude des catholiques en France et ailleurs, depuis la
révolution de Juillet jusqu'au second Empire.

Les conférences de Notre-Dame, et ces autres conférences
plus intimes, que le pauvre a appris à bénir, les conférences de Saint-Vincent de Paul, sont sorties de là [2].

Il en est sorti la loi de 1850 en faveur de la liberté de
l'enseignement.

Bien d'autres choses en sont sorties : le réveil de l'esprit et du prosélytisme catholique, le retour de l'Église
de France à l'unité romaine [3], l'aguerrissement des enfants

[1] MONTALEMBERT, *le Père Lacordaire* (*loc. cit.*, p. 420).

[2] On entend bien que nous ne voulons parler que d'une influence
générale et d'une impulsion génératrice, à notre sens incontestable.

[3] « L'état de l'Église de France est bien maintenant ce que le voulait Lamennais en 1825, et l'état général de l'Église tend de plus en
plus vers le même idéal... Lamennais a compris tout cela, l'a appelé
de ses vœux, et l'a maudit la veille du jour où ses vœux allaient se
réaliser. Il vit que le système des Églises nationales... allait se perdant dans l'idée de la catholicité, que la féodalité, ou, en d'autres
termes, la souveraineté divisée, tendait à disparaître de l'Église
comme elle a disparu de l'État ; que l'Église obéissait, comme le

de l'Église contre les arbitraires, de quelque côté qu'ils viennent.

Il en sortit surtout une merveilleuse commotion, électricité morale qui, devant les ruines et sur les débris entassés, loin de les décourager, donna au jeune clergé et à la jeunesse d'alors la sainte audace d'entonner un cantique de vie.

Pour savoir ce qu'il éclata alors d'enthousiasme pur et désintéressé dans les presbytères du clergé français, il faut avoir vécu dans ces temps, lu dans ces yeux, écouté ces confidences, serré ces mains frémissantes, senti battre ces cœurs, comme on le voit et comme on le sent dans les lettres intimes et dans les souvenirs de la génération sacerdotale d'où la nôtre est sortie.

La jeunesse française secouait, elle aussi, les hontes et les sommeils du passé. Un de nos meilleurs poëtes, Victor de Laprade, a dit, en de beaux vers, ce que valait alors cette jeunesse dont il était :

> Ah ! j'ai connu des jours, et je les ai vécu,
> Où les droits désarmés, où l'idéal vaincu,
> Le penseur qu'on proscrit et le Dieu qu'on délaisse
> Avaient au moins pour eux les cœurs de la jeunesse !...
> Alors, aux grandes voix les cœurs étaient ouverts !...
> Nous montions, dédaigneux des intérêts sordides,
> Fiers, altérés du beau plutôt que du bonheur,
> Amoureux de l'amour, du droit, du vieil honneur,
> Et tous prêts à mourir, purs de toute autre envie,
> Pour ces biens, qui font seuls les causes de la vie...

monde entier, à une tendance vers la centralisation. La justesse de ses prévisions sur tous ces points est vraiment digne d'admiration : je suis persuadé que l'avenir ne fera que confirmer ce qu'il a si finement entrevu. » (E. RENAN, *Essais de morale et de critique*, p. 163.)

Écoliers, jeunes fous, c'étaient là nos orgies,
L'ivresse où nous puisions nos rudes élégies;
C'était notre soleil dans les travaux obscurs,
Qui nous ont gardés fiers, en nous conservant purs.

Franchement, à tous égards, cela ne valait-il pas mieux que d'aller ensevelir ses vingt ans dans les tripots du cercle ou dans les fumées du café, que de s'en aller chaque soir applaudir la *Belle Hélène* ou se délecter des réalismes de l'*Assommoir?*

Je ne sais pas ce qu'en pense le lecteur, mais, enthousiame pour enthousiasme, exagérations pour exagérations, j'aime mieux les enthousiasmes et les exagérations des jeunes disciples de l'*Avenir* que l'entraînement d'une certaine littérature contemporaine, qui force à regarder en bas, tandis que l'autre faisait regarder en haut.

II

Mais, à côté des services, je dois impartialement noter les fautes.

Le Concordat avait stipulé le budget des cultes, il avait laissé à l'État le droit des nominations épiscopales, il avait consacré le principe si chrétien de l'union entre l'État et l'Église. — De ses mains imprudentes, l'*Avenir* brisait, nous l'avons vu, toutes ces stipulations sacrées.

Le Saint-Esprit a solennellement menacé des vengeances divines ceux qui méconnaissent les droits et les respects dus à ses oints, qu'il a chargés de régir l'Église : « Ne tou-

chez pas à mes Christs! » dit-il aux Livres sacrés. —
L'*Avenir* y toucha sans ménagements, et l'épiscopat ne
rencontra pas, chez ses rédacteurs, l'esprit catholique qui
est un esprit de révérence ou, comme on l'a défini,
respect mêlé d'amour, qui a pris, dans le langage chrétien, le nom expressif de vénération.

Aussi ne saurait-on dire quel soulèvement se produisit
contre ce journal dans presque tous les évêchés et dans la
plupart des séminaires.

En plusieurs diocèses, la lecture de l'*Avenir* fut défendue.

On éloigna des saints ordres les jeunes gens qui pen-
chaient pour les doctrines nouvelles.

L'entrée du séminaire fut même interdite à plusieurs.

Des professeurs de théologie furent privés de leurs
chaires, des curés furent destitués parce qu'ils partageaient
et propageaient les nouveautés [1].

Montalembert l'a reconnu loyalement : « A des idées
« pratiques, neuves, justes et honnêtes en elles-mêmes,
« et qui sont devenues pendant vingt ans le pain quotidien
« de l'apologétique catholique, nous avions eu le tort
« d'ajouter des théories excessives et téméraires, puis de
« soutenir les unes et les autres avec cette logique absolue
« qui perd toutes les causes qu'elle ne déshonore pas. »

D'autre part, le système philosophique de M. de Lamennais sur la certitude, système dont il prétendait faire
la base de sa politique comme de sa théologie, excitait
les défiances.

Les nuages s'amoncelaient sur la tête de l'*Avenir*.

---

[1] Voir, pour plus de détails, le récit très-complet de M. Foisset
(*loc. cit.*, p. 183 et suiv.).

S'il comptait toujours de zélés partisans, il avait des ennemis un peu partout, dans les journaux de l'opposition démocratique, qui se refusaient de croire à la sincérité de son libéralisme, comme dans la presse ministérielle et dans les feuilles légitimistes, où l'ancien clergé gallican battait en brèche chaque matin les théories ultramontaines de Lamennais.

Certes, nous n'en sommes plus à l'apprendre. La jeune école de Lamennais s'effrayait peu de la guerre, et les nuages avaient beau s'amonceler, l'orage ne lui faisait pas peur.

Mais, — et c'est sa meilleure défense, — la foi et la loyauté de ces fiers soldats de l'*Avenir* s'arrangeaient mal des vagues soupçons qui planaient sur leur orthodoxie.

Ils prirent alors un parti imprudent, mais généreux.

Écoutez ce qu'ils firent.

III

« Nous confions, avait dit l'*Avenir*, nous confions notre
« protestation au souvenir de tous les Français, en qui la
« foi et la pudeur n'ont pas péri ; à nos frères des États-
« Unis, de l'Irlande et de Belgique ; à tous ceux qui sont
« en travail de la liberté du monde, quelque part qu'ils
« soient. Nous la porterons, pieds nus, s'il le faut, à la
« ville des apôtres, aux marches de la confession de Saint-
« Pierre, et l'on verra qui arrêtera les pèlerins de Dieu et
« de la liberté [1] ! »

[1] *Avenir* du 25 novembre 1820.

Sur son lit de mort, à Sorèze, Lacordaire évoqua ce souvenir.

Ce sont les derniers accents d'une âme sublime, que rien ne retenait plus à la terre et que Dieu attendait, pour la couronner de l'auréole des docteurs restés fidèles. Ce sont des accents d'outre-tombe, et ils ne mentent pas.

« Le lendemain du jour où notre résolution fut prise, « disait Lacordaire, je descendis de bonne heure dans la « chambre de M. de Lamennais. Je lui exposai que nous « ne pouvions pas terminer ainsi, mais que nous devions « nous rendre à Rome pour justifier nos intentions, sou- « mettre au Saint-Siége nos pensées, et donner, dans cette « démarche éclatante, une preuve de sincérité et d'ortho- « doxie qui serait toujours, quoi qu'il arrivât, une béné- « diction pour nous et une arme arrachée à nos ennemis.

« M. de Lamennais eût dû me répondre : « Mon cher « enfant, vous n'y pensez pas. Rome n'a pas coutume de « juger des opinions que Dieu a livrées à la dispute des « hommes, et surtout des opinions qui touchent à la poli- « tique variable des temps et des lieux. Avez-vous vu « O'Connell se rendre à Rome pour y consulter le Pape? « Le Pape, au milieu de cette terrible agitation causée en « Irlande au nom de la liberté nationale et de la liberté re- « ligieuse, est-il intervenu pour la diriger ou pour la faire « cesser? Non. Rome s'est tue, et O'Connell a parlé trente « ans. Nous ne pouvons faire comme lui, parce que nous « n'avons pas comme lui, derrière nous, une nation una- « nime; mais, en nous retirant de la lutte, notre silence « même aura sa force et sa dignité. Le temps n'était pas « avec nous : laissons-le couler. Nos pensées germeront « dans les esprits; elles y prendront la forme calme que

« nous n'avons pu leur donner, et un jour, peut-être bien-
« tôt, nous morts ou nous vivants, nous verrons notre
« parole renaître de ses cendres, des écoles s'ouvrir libre-
« ment, des religieux s'établir sur tous les points de notre
« sol, des conciles provinciaux s'assembler, et l'antipathie
« du pays contre nous se changer en ce bon vouloir dont
« Dieu et les hommes ont besoin toujours et qui est la
« porte véritable de toutes les libertés. Il n'est pas besoin
« d'aller à Rome pour cela : notre chute même, en satis-
« faisant nos ennemis, leur ôtera un grand ressort, et plus
« elle sera profonde, plus elle hâtera peut-être le jour où
« tout ce que nous avons voulu se réalisera. »

« Au lieu de cette réponse, qui eût été celle d'un sage,
« M. de Lamennais accepta sans hésiter ma proposition !
« — Oui, me dit-il, il nous faut partir pour Rome [1]. »

Le 15 novembre 1831, treize mois après sa fondation,
l'*Avenir* suspendait sa publication, et, dans un article signé
de tous ses rédacteurs, annonçait le départ pour Rome.

Nous verrons, avaient-ils dit, « qui arrêtera les pèlerins
« de Dieu et de la liberté ! »

Personne n'avait la moindre envie de les arrêter, et c'est
dommage, vraiment, car ce voyage était une faute.

Forcer Rome à s'expliquer sur des questions qu'elle laissait librement débattre depuis un an, c'était au moins une
prétention singulière. — Ne pas lui savoir un gré infini
de son silence, c'était méconnaître à la fois toutes les exigences et tous les avantages de la situation.

C'est un panégyriste de Lacordaire, celui qui l'a le
mieux connu parmi ses fils, et qui a le mieux décrit sa vie

[1] LACORDAIRE, *Notice sur le rétablissement en France de l'Ordre
des Frères Prêcheurs*, p. 59.

intime dans deux volumes, qui sont un chef-d'œuvre, le
Père Chocarne, qui a dit :

« Le moindre souci des esprits ardents ou absolus est
de compter avec l'opportunité, la patience et le temps;
leur tort est d'oublier que la logique des faits n'est pas
aussi pressée que celle des idées; que le grain n'arrive à
maturité que de longs mois après avoir été confié à la
terre : l'esprit public est un sol plus froid encore et plus
lent; que c'est beaucoup pour une vie d'homme d'avoir
jeté dans le monde une idée féconde, et qu'il faut s'estimer
heureux, si la génération suivante la voit fleurir et germer
à son soleil. C'était le tort des hommes de l'*Avenir*. Oubliant
le titre de leur journal, ils mettaient tout au présent. Ils
s'étaient jetés, en enfants terribles et à l'arme blanche, à
l'encontre des puissances humaines; ils allaient se heurter
plus inconsidérément encore au pouvoir qui n'est pas de
ce monde. Ils allaient demander une solution prompte et
définitive à l'oracle qui en donne le moins possible sur les
questions controversées, montrant ainsi pour la liberté
plus de respect que ceux qui s'en targuent le plus [1]. »

« Jamais, disait M. de Sacy dans les *Débats* [2], jamais
« l'esprit inquiet qui nous est propre n'a mis la cour de
« Rome, cette sage cour, plus mal à son aise. »

Sans réfléchir à ces choses, les trois principaux rédacteurs de l'*Avenir*, l'abbé de Lamennais, l'abbé Lacordaire
et M. de Montalembert, partirent pour Rome.

L'odyssée des trois pèlerins fut une longue acclama-
tion à travers la France, qu'ils parcoururent pour venir
s'embarquer à Marseille.

[1] CHOCARNE, t. Ier, p. 119.
[2] 8 juillet 1832.

J'ai recueilli les souvenirs des contemporains sur l'accueil que Marseille fit aux trois « pèlerins de Dieu et de la liberté », comme ils s'intitulaient.

A la porte d'Aix, la diligence poudreuse qui les amenait trouva une foule d'ardents admirateurs, qui les acclamèrent et les conduisirent, au milieu de vivat et de bravos, jusqu'au modeste hôtel de la rue du Petit-Saint-Jean, où ils descendirent.

Le lendemain, à l'heure dite, quand Lamennais parut dans l'église de Saint-Théodore pour y célébrer la messe, tout le clergé de la ville était là, spontanément, sans convocation, les chanoines en camail, les prêtres en surplis, remplissant le sanctuaire, pour assister à la messe du grand lutteur.

L'évêque accourut. Sous l'inspiration et sur les conseils de son ardent neveu, Mgr Fortuné de Mazenod venait assurer Lamennais de ses sympathies, et, se séparant ainsi ouvertement de la grande majorité de ses collègues dans l'épiscopat français, il suppliait les trois voyageurs de venir chez lui, à l'évêché, où une réception splendide réunissait l'élite du clergé et de la population marseillaise.

Ils s'arrêtèrent trois jours dans la vieille colonie des Phocéens[1], dont Lamennais disait ensuite qu'il l'avait trouvée « toujours hospitalière ».

[1] Notre grand artiste Chanuel, à ce moment-là, achevait la belle statue d'argent repoussé au marteau qui figure avec tant d'honneur au sanctuaire vénéré de Notre-Dame de la Garde. Lamennais l'alla voir, et l'admira. « Plusieurs hauts personnages », dit à ce propos un de nos meilleurs écrivains marseillais, « ont, en traversant Mar-
« seille, visité M. Chanuel dans son atelier. Tous ont admiré cet
« homme qui, la tête dans une fournaise ardente, travaillait de l'aube
« au soir, avec un courage et une patience indicibles. M. de Lamen-

Quand ils partirent, le neveu de l'évêque, celui qui devait gouverner l'église de Marseille, en grand évêque et en grand cœur, M. Eugène de Mazenod, donna à Lamennais une lettre pour le cardinal Pacca, la seule lettre de recommandation qu'emportèrent de France les rédacteurs de l'*Avenir*, une lettre qui exerça, nous le verrons, une influence considérable sur ce qu'on a appelé depuis les *Affaires de Rome*.

Reposons-nous un instant des fiévreux halètements de la lutte, et suivons, à leur sortie de Marseille et de France, cet homme, en qui les préoccupations de la bataille n'absorbaient point les tendances d'un esprit où les spectacles de la nature exercèrent toujours une séduction charmante.

Ces pages ont été écrites par Lamennais, au début du livre, d'ailleurs si passionné et si mouvementé, qu'il a consacré au récit des *Affaires de Rome*.

« Après nous être arrêtés un peu dans la vieille colonie
« des Phocéens, toujours florissante par son commerce,
« toujours hospitalière, nous continuâmes notre route,
« retrouvant à chaque pas quelque grave ou touchant sou-
« venir d'histoire. Ici Toulon, où commença, sous les plis
« d'un drapeau sanglant, la fortune merveilleuse du plus
« grand homme des temps modernes ; au delà le golfe de
« Cannes, où elle parut se relever un moment, pour aller
« bientôt expirer solitaire sur un rocher de l'Atlantique ;

« nais lui-même l'est allé voir, et lui a dit en souriant : « Après
« tant de jours passés dans les flammes pour exécuter une œuvre
« sainte, Dieu vous exemptera sans doute du purgatoire. » Mot
« naïf d'un prêtre sublime, qui s'adressait à un homme à la fois
« sublime et naïf. Une telle anecdote semble appartenir à la vie d'un
« artiste du moyen âge (Gaston DE FLOTTE, *Essai sur l'état de la
« littérature à Marseille*, p. 271.).

« et tout auprès, par un doux contraste avec les turbu-
« lents soucis et les rêves agités de l'ambition humaine,
« Lérins, cet asile de paix, où, lorsque l'épée des Barbares
« démembrait, pièce à pièce, l'empire romain, s'abritèrent,
« comme l'alcyon sous une fleur marine, la science, l'a-
« mour, la foi, tout ce qui console, enchante et régénère
« l'humanité [1]. »

Puis, continuant de se laisser aller aux doux entraînements de sa belle imagination, Lamennais écrit cette ravissante page, une des plus fraîches qu'il ait écrites, à mon
avis, sous l'impression des choses de la nature.

« D'Antibes à Gênes, dit-il, la route côtoie presque
« toujours la mer, au sein de laquelle ses bords charmants
« découpent leurs formes sinueuses et variées, comme nos
« vies d'un instant dessinent leurs fragiles contours dans la
« durée immense, éternelle. Aucunes paroles ne sauraient
« peindre la ravissante beauté de ces rivages toujours
« attiédis par une molle haleine de printemps. D'un côté,
« la plaine à la fois mobile et uniforme, où apparaissent
« çà et là quelques voiles blanches qui la sillonnent en des
« sens divers. Sur la pente opposée des montagnes, qui
« coupent de fertiles vallées ou de profonds ravins, les
« inépuisables richesses d'une nature tour à tour impo-
« sante, gracieuse, qui s'empare de l'âme, y apaise les
« tumultueuses pensées, les amers ressouvenirs, les pré-
« voyances inquiètes, et peu à peu l'endort dans la vague
« contemplation de je ne sais quoi d'insaisissable comme
« le son fugitif, de mystérieux comme l'univers et d'infini
« comme son auteur. »

[1] LAMENNAIS. *Affaires de Rome*, p 9.

Le Breton pourtant ne veut pas céder à la séduction des côtes de Provence : « Cependant, dit-il, telle est la puis-
« sance des premières impressions que, dans ces riantes
« et magnifiques scènes, rien pour moi n'égalait celles qui
« frappèrent mes jeunes regards : les côtes âpres et nues
« de ma vieille Armorique, ses tempêtes, ses rocs de
« granit battus par des flots verdâtres, ses écueils blanchis
« de leur écume, ses longues grèves désertes, où l'oreille
« n'entend que le mugissement sourd de la vague, le cri
« aigu de la mouette tournoyant sous la nue, et la voix
« triste et douce de l'hirondelle de mer.

« Ainsi, s'en allaient vers la cité, pendant si longtemps
« dominatrice et reine, trois obscurs chrétiens, vrais re-
« présentants d'un autre âge pour la simplicité naïve de leur
« foi, à laquelle aussi peut-être se joignait quelque intelli-
« gence de la société présente, de son esprit, de ses besoins
« et de ses vœux, dont nulles résistances n'empêcheront
« l'accomplissement.

« Des notes diplomatiques, — c'est toujours Lamennais
« qui parle, — de l'Autriche, de la Prusse, de la Russie,
« les avaient devancés à Rome. On y pressait le Pape de
« se prononcer contre ces révolutionnaires audacieux, ces
« impies séducteurs des peuples qu'ils poussaient à la ré-
« volte au nom de la religion. Le gouvernement français
« agissait dans le même sens, secondé en cela par le parti
« carliste, à la tête duquel se trouvaient[1]... » Ici, Lamennais donne des noms propres, il incrimine en particulier
la Compagnie de Jésus, contre laquelle sa verve irritée
déborde en une diatribe qui ne respecte rien, pas même

---

[1] LAMENNAIS, *Affaires de Rome*, p. 13 et suiv.

son origine sainte et ses constitutions approuvées par l'É-
glise.

V

Enfin, les voilà à Rome, « après vingt-cinq jours de
voyage ».

Paris, d'où venaient les pèlerins, est à Rome, où ils arrivaient fiévreux et haletants, ce qu'est une frontière sans
cesse inquiétée par l'ennemi à une grande capitale qui
dort tranquille derrière ses hautes murailles, ce qu'est
l'équipage d'un navire au pilote qui le dirige.

De Paris à Rome!... Ils sortaient de la ville où tout est
jeunesse, ardeur, illusion, et ils entraient dans la ville des
vieillards et des sages, dans la ville qui ne s'étonne de
rien, parce qu'elle a vu passer toute grandeur humaine,
comme l'eau du fleuve qui baigne le pied de ses collines
où la vérité seule reste debout, impassible, éternelle.

Lacordaire et Montalembert connurent, presque aussitôt
arrivés, ce salutaire désenchantement.

Ils arrivaient de Paris, en compagnie d'un homme qui
s'était fait un nom aussi grand que l'Europe.

Cet homme avait du génie, une plume éloquente, et des
disciples.

Il avait derrière lui cette grande puissance, qu'on appelle
une École.

Or, cette École le regardait comme le seul sauveur possible de l'Église dans ses démêlés avec la société.

Qu'allait faire l'Église pour le recevoir? Elle prit à peine garde à lui.

Mais il apporte un système qui contient le salut! — Un système? L'Église les a tous vus passer à ses pieds, et le salut ne lui est pas venu de là!

Mais cet homme a les secrets de l'avenir, et il vient dire à l'Église comment elle doit parler aux rois et aux peuples! — L'Église a reçu d'en haut l'esprit de conseil comme l'esprit de vérité. Les sociétés vivent par elle, et elle n'attend d'aucun homme la leçon de ce qu'elle doit aux peuples et aux rois.

Ce calme de la vérité qui a foi en elle, ce sommeil apparent du vicaire de Jésus-Christ sur sa barque, au milieu de la tempête, cette grandeur de Rome chrétienne enfin, fut une révélation pour les jeunes compagnons de Lamennais [1].

Les lettres du Maître à ses amis de France, son livre des *Affaires de Rome*, témoignent du dépit chagrin que lui causa cette réception, pleine de réserve et de prudence.

Le mécontentement, occasionné par la polémique de l'*Avenir*, et augmenté par ce voyage, que les Romains, toujours lents et sages, considéraient comme une mise en demeure publique et quelque peu théâtrale, se traduisait par le silence, un silence froid, mais poli.

Quelques amis essayaient de rendre courage à M. de Lamennais.

Le fameux Père Ventura surtout se prodiguait et s'ingéniait à lui donner l'explication d'une attitude dont cette âme de tribun souffrait indiciblement.

---

[1] CHOCARNE, *loc. cit.*, p. 121.

Il voulut voir le cardinal-vicaire. L'audience fut indi-
quée, et, au jour dit, un billet fort poli, mais très-net, lui
fit connaître que le cardinal-vicaire ne le recevrait pas.

Seul dans le Sacré Collége, le cardinal Pacca, grâce aux
recommandations de l'abbé de Mazenod, s'entremettait en
faveur de Lamennais.

Il voulut voir le Pape.

On le fit attendre un mois.

Le Pape était Grégoire XVI.

Il accorda l'audience aux instances du cardinal Pacca,
mais il y mit pour condition qu'il n'y serait parlé en aucune
manière de ce qui avait amené les trois voyageurs à Rome.

Lamennais n'était pas homme à observer cette condition.

Fin comme un Italien et paternel comme un pape, Grégoire XVI le devina, et rien n'est curieux comme le récit
de cette audience.

Il nous a été conservé dans un livre devenu rare,
écrit par un ami des derniers jours, qui l'avait recueilli de
la bouche de Lamennais[1].

Lamennais fléchit le genou en abordant le Souverain
Pontife.

Grégoire XVI le releva aussitôt, avec un sourire de
bonté. Il tenait à la main une vaste tabatière en lapis-
lazuli, et, après en avoir soulevé le couvercle lentement,
d'un air recueilli :

— En usez-vous? dit-il à l'abbé.

L'abbé accepta une prise, par déférence, en maugréant
et en se disant qu'il n'était pas venu là pour priser.

---

[1] Eug. PELLETAN, *Les uns et les autres* (chap. de l'*Antipape*).

Le Pape en prit une autre à son tour, la huma gravement, et tout en époussetant la devanture de son camail :

— Aimez-vous l'art? dit-il brusquement à Lamennais.

— Quelquefois, Saint Père.

— Quelquefois n'est pas assez.

— Je l'aime à son heure, reprit Lamennais, avec une pointe d'humeur qui frisait l'impertinence, mais aujourd'hui...

— C'est pourtant ce qu'il y a de mieux à Rome, interrompit bien vite le Pape.

— Après une autre chose, répliqua Lamennais, et si Votre Sainteté veut bien me permettre...

Le Pape lui coupa encore la parole.

— Vous avez visité l'église de Saint-Pierre aux Liens, monsieur l'abbé?

— Oui, Saint Père, et plût à Dieu que ce fût la seule église aux liens dans la chrétienté !

Le Pape laissa tomber l'allusion et fit même mine de ne l'avoir pas entendue.

— Et vous y avez admiré le Moïse de Michel-Ange?

— C'est son chef-d'œuvre : mais, pour moi, avec toute la dévotion...

— Vous pourriez vous tromper, reprit vivement le Pape. Je veux vous montrer un autre chef-d'œuvre de Michel-Ange qui pourrait soutenir la comparaison.

Il alla chercher sur son bureau une statuette d'argent :

— Reconnaissez-vous la griffe du lion? ajouta-t-il, en la présentant à Lamennais.

Lamennais la regarda d'un air distrait, en homme préoccupé d'une autre pensée.

— Regardez-la bien, reprit le Pape.

Lamennais la regarda encore.

— Je voudrais pouvoir vous l'offrir, reprit le Pape, mais ici rien ne m'appartient : je l'ai reçue, je dois la transmettre.

Il étendit la main sur la tête de Lamennais.

— Adieu, monsieur l'abbé.

Et il lui donna sa bénédiction.

L'audience était finie. Elle avait duré un quart d'heure.

I

Lamennais sortit de là profondément blessé.

Il a noté ses impressions dans le livre des *Affaires de Rome* :

« Nous avions pu, en combattant l'Église catholique,
« être entraînés trop loin par un zèle, si l'on veut, impru-
« dent et peu éclairé; mais ce zèle était pur, exempt d'ar-
« rière-vues et d'ambition : nous en avions la conscience
« intime, et cela était d'ailleurs assez visible à tous les
« yeux. La voie où nous marchions, hérissée de souffrances
« et de persécutions, ne conduisait qu'aux cours d'assises.
« On ne suit guère une pareille route, à moins d'être sou-
« tenu par une pensée vraie ou fausse de devoir. Or, rien
« ne contriste plus amèrement l'âme que d'avoir cette
« pensée totalement méconnue. Que si, la reconnaissant,
« on n'a pour elle qu'un froid dédain ou une sèche indif-
« férence, il est impossible de se dérober à un sentiment
« plus amer encore. »

Vous pressentez la révolte prochaine. Elle suinte à travers les lignes. Le fier Breton continue :

« Je me suis souvent étonné que le Pape, au lieu de
« déployer envers nous cette sévérité silencieuse dont il
« ne résultait qu'une vague et pénible incertitude, ne nous
« eût pas dit simplement : « Vous avez cru bien faire,
« mais vous vous êtes trompés. Placé à la tête de l'Église,
« j'en connais mieux que vous les besoins, les intérêts, et
« seul j'en suis juge. En désapprouvant la direction que
« vous avez donnée à vos efforts, je rends justice à vos
« intentions. Allez, et désormais, avant d'intervenir en
« des affaires aussi délicates, prenez conseil de ceux dont
« l'autorité doit être votre guide. » Ce peu de paroles aurait
« tout fini. Jamais aucun de nous n'aurait songé à conti-
« nuer l'action déjà suspendue. Pourquoi, au contraire,
« s'obstina-t-on à nous refuser même un seul mot? Je ne
« m'explique ce fait que par les intrigues qui environnaient
« Grégoire XVI, par les secrètes calomnies dont la haine
« de nos adversaires nous noircissait dans son esprit, et
« aussi par cette espèce d'impuissance, qui semble inhé-
« rente à tous les pouvoirs, de croire au désintéressement,
« à la sincérité et à la droiture. »

On le voit, je fais très-impartialement passer sous les
yeux des lecteurs toutes les pièces du procès. Leur sagacité et leur justice sauront bien tirer la conclusion.

Lamennais reprend :

« N'apercevant aucun terme à l'état d'attente où l'on
« paraissait vouloir nous laisser indéfiniment, nous crûmes
« devoir adresser au Pape le mémoire suivant, rédigé pres-
« que en entier par M. Lacordaire, et que le cardinal
« Pacca se chargea fort obligeamment de présenter. »

Suit un long mémoire de cinquante-deux pages sur les doctrines de l'*Avenir,* la conduite de ses rédacteurs et les motifs qui l'ont déterminée.

C'est un chef-d'œuvre de style, d'éloquence et, — qu'on me permette l'expression, — de naïve loyauté.

Ils attendirent quelques jours l'effet produit par le mémoire.

Rien, toujours rien !

Lacordaire rentra en France, Montalembert s'en alla voyager dans le midi de l'Italie.

Lamennais resta. Le Père Ventura, alors général des Théatins, le reçut à Saint-André della Valle.

« Je n'oublierai jamais, dira-t-il plus tard, les jours pai-
« sibles que j'ai passés dans cette pieuse maison, entouré
« des soins les plus délicats, parmi ces bons religieux si
« édifiants, si appliqués à leurs devoirs, si éloignés de
« toute intrigue. La vie du cloître, régulière, calme,
« intime, et, pour ainsi dire, retirée en soi, tient une sorte
« de milieu entre la vie purement terrestre et cette vie
« future que la foi nous montre sous une forme vague
« encore, et dont tous les êtres humains ont en eux-mêmes
« l'irrésistible pressentiment. Espèce d'initiation à la tombe
« et à ses secrets, elle a pour les âmes contemplatives
« une douceur qu'on ne soupçonne pas. Il se trouve aussi
« dans les monastères de remarquables intelligences qui
« comprennent d'autant mieux le monde qu'elles l'ob-
« servent de plus loin, et ne sont offusquées ni par les
« passions ni par ses intérêts; et, par le même motif, c'est
« là que se développent le plus naturellement les nobles
« instincts de l'humanité et les sympathies qui la con-
« solent. Le vrai moine est peuple et ne peut être que

« peuple, ne fût-ce qu'à cause de sa pauvreté, au moins
« individuelle... »

S'attardant volontiers à ces souvenirs, le séduisant écrivain ajoutait :

« Près du palais Barberini, sur une petite place plantée
« de quelques arbres par les Français, je crois, s'élève un
« couvent de pauvres Capucins. C'est là que, dans une
« cellule, meublée d'une couchette, d'une table, de mau-
« vaises chaises, et dont l'étroite fenêtre est close, au lieu
« de vitres, avec un morceau de canevas, continue de
« vivre, selon toute la rigueur de la règle de Saint-François,
« le cardinal Micara, que ses hautes vertus, son austérité
« sans rudesse, sa vive et populaire éloquence, ont rendu
« l'objet d'un respect bien au-dessus de celui qu'on ac-
« corde à la dignité. Aussi le peuple ne s'y trompe-t-il pas ;
« mais le *Capucin,* comme il l'appelle avec un délicat sen-
« timent de la vraie grandeur, est incomparablement plus
« à ses yeux que le *porporato* [1]. »

VII

Mais à toutes ces impressions douces et calmes suc-
cédaient, de temps à autre, des bouffées de colère et des
accès d'impatience.

Il regardait toujours du côté du Vatican, et le Vatican se
taisait !

[1] LAMENNAIS, *Affaires de Rome,* passim.

S'il eût voulu entendre, il y avait dans ce silence une leçon douce et bienveillante qui devait suffire.

Sans blâmer, sans censurer, c'était dire : Arrêtez-vous ! N'allez pas plus loin !

Mais comment accepter cette condamnation muette, tandis qu'on était venu chercher une approbation solennelle ?

Eh bien ! ce que Rome n'a pas voulu accorder de bonne grâce, elle ne le refusera pas sous le coup de la pression.

Substituons la menace à la prière [1].

Ce fut un coup d'audace et de révolte. Rome se vit acculée et mise solennellement en demeure.

C'est un triste récit que je vais faire : l'histoire en est lamentable !

A peu de temps de là, un soir, à la Chesnaie, Lamennais s'écriait, avec une éloquence étrange et pittoresque, devant quelques disciples groupés autour de lui encore, et qui allaient bientôt se disperser avec épouvante :

« Voyez-vous cette pendule, messieurs? On lui dirait : « Si tu sonnes dans dix minutes, on te coupera la tête », « que, dans dix minutes, elle ne sonnerait pas moins ce « qu'elle doit sonner. Faites comme elle, messieurs! Quoi « qu'il puisse arriver, sonnez toujours votre heure. » — Voilà bien Lamennais!...

Noble conseil, a-t-on justement remarqué, quand c'est l'heure libre et lumineuse de la liberté et du devoir... Mauvais conseil, quand c'est, au contraire, l'heure fatale de l'orgueil.

Hélas! lui, Lamennais, n'a pas sonné que l'heure bénie.

---

[1] LADOUE, *Vie de Mgr Gerbet*, t. I, p. 213.

Ah! sur le timbre d'or où, pour son honneur, celle-là avait éclaté avec tant d'harmonie, pourquoi donc l'heure maudite a-t-elle tout à coup si affreusement retenti[1]?

[1] Barbey d'Aurevilly, *loc. cit.*, p. 161.

XI

LA CONDAMNATION.

Le mémoire du 3 février 1832, présenté au Pape par le cardinal Pacca, finissait ainsi :

« O Père, daignez abaisser vos regards sur quelques-« uns d'entre les derniers de vos enfants qu'on accuse « d'être rebelles à votre infaillible et douce autorité ! Les « voilà devant vous ; lisez dans leur âme ; il ne s'y trouve « rien qu'ils veuillent cacher. Si une seule de leurs pen-« sées, *une seule,* s'éloigne des vôtres, ils la désavouent, ils « l'abjurent. Vous êtes la règle de leurs doctrines. Jamais, « non, jamais, ils n'en connaîtront d'autres. »

Voilà ce que Lamennais écrivait au Pape.

Voici maintenant ce qu'il disait à ses intimes :

« Le Pape est un bon religieux, qui ne sait rien des

« choses de ce monde *et n'a nulle idée de l'état de l'Église.* »

Il écrivait à Gerbet :

« Ceux qui mènent les affaires sont ambitieux, cupides,
« avares, lâches comme un stylet, aveugles et imbéciles
« comme les eunuques du Bas-Empire. Voilà le gouverne-
« ment de ce pays-ci. Voilà ceux qui conduisent tout [1]... »

On imagine l'effet produit à Rome, la ville discrète et
réservée, par des excès de langage pareils, d'autant que
les ennemis les exploitaient à plaisir et n'avaient guère de
peine à les envenimer de leurs charitables commentaires.

I

Il est ici-bas une colline auguste qui participe de la
grandeur du Sinaï et de celle du Thabor. — Comme le
Sinaï, elle lance des foudres et des éclairs, et ses foudres
ont exterminé toutes les hérésies, et ses éclairs illuminent
la marche de la civilisation depuis dix-huit cents ans. —
Comme le Thabor, cette colline reçoit des rayons supérieurs aux clartés de notre monde, et ses perspectives
tiennent le milieu entre les visions de la terre et celles de
l'éternité.

Or, ce sommet fatidique a été justement nommé la montagne des oracles, le *Vatican.*

Oui, le Vatican ! la colline habitée par le *Vates,* le voyant
de l'Israël catholique, en qui l'esprit de Dieu réside par

[1] Lettre du 28 janvier 1832.

une assistance perpétuelle, et qui prononce des arrêts irré-formables, toutes les fois qu'il s'y assied sur la chaire de Pierre pour décréter.

Pékin, Constantinople, Pétersbourg et Berlin peuvent disparaître de la terre, la lumière n'en sera point amoindrie. Mais le jour où la ville du Vatican serait effacée de la carte du monde, le monde, semblable à un vaisseau sans falots, serait ballotté dans une nuit effrayante, et les seuls qui n'en sont point effrayés sont, ou les aveugles qui ne souffrent point des ténèbres parce qu'ils n'y voient pas, ou les malfaiteurs qui les aiment parce qu'elles sont favorables à leurs criminels desseins.

C'est un devoir pour tout croyant, et à plus forte raison pour un prêtre! Et tout prêtre qui a des préventions et des antipathies contre Rome, est dans une prédisposition peu favorable à la foi.

C'était devant Dieu et les hommes l'honneur de l'École de Lamennais d'avoir ravivé dans les âmes françaises et au sein du clergé de France cette flamme sacrée que Tertullien désignait par un beau néologisme. Il l'appelait *Romanitas!*

Romanitas! observe très-justement le panégyriste de Lacordaire, c'est le cri de ralliement, le *Schibboleth* des vrais Israélites depuis dix-huit siècles! *Romanitas!* c'est le point d'orientation de l'Église, et même quand les imperfections de la partie humaine de Rome nous sont connues, à la vue de sa partie divine, qui est le Sinaï de la vérité, nous éprouvons encore, comme les fidèles du temps de Tertullien, cette dévotion à part, que le grand Docteur aimait à réchauffer autour de lui[1]!

---

[1] **Chocarne,** *loc. cit.*, p. 120.

Hélas ! Tertullien tomba !

Le Tertullien moderne, comme l'ancien, avait réveillé, dans son Église particulière, l'amour de Rome, et voilà que, comme son modèle des temps antiques, il se retourne, et lance, avant de se retourner, un défi superbe au Vatican.

« L'un des grands jours de ma vie », dit-il à Lacordaire épouvanté, au sortir de cette audience où il avait trouvé le Vatican muet, « l'un des grands jours de ma vie sera « celui où je sortirai de ce grand tombeau, où l'on ne « trouve plus que des ossements et des vers... J'ai besoin « d'air, de mouvement, de foi, d'amour, de tout ce qu'on « cherche vainement au milieu de ces vieilles ruines, sur « lesquelles rampent, comme d'immondes reptiles, dans « l'ombre et dans le silence, les plus viles passions hu- « maines[1]. »

Vous l'entendez. Tertullien marche à l'abîme !

Le cardinal Pacca intervint.

Ce bon et saint vieillard aimait Lamennais.

Il lui écrivit, pour l'engager, au nom du Pape, à quitter Rome et à s'en aller attendre, en France, une décision que la sagesse de l'Église voulait différer encore, sans doute pour « laisser le temps couvrir de ses plis les rédacteurs « de l'*Avenir*, leurs doctrines et leurs actes ».

La lettre du cardinal Pacca fut remise à Lacordaire.

Il la porta immédiatement à M. de Lamennais.

Celui-ci la lut froidement et déclara qu'il resterait à Rome.

Lacordaire se redressa, dans la fierté de son âme loyale :

[1] Lettre de Lamennais à la comtesse de Senfft, 10 février 1832.

— Ou bien il ne fallait pas venir, dit-il résolûment, ou bien il faut nous soumettre et nous taire.

Lamennais répondit :

— Je veux hâter et provoquer une décision immédiate, et je veux l'attendre à Rome, après quoi j'aviserai.

Lacordaire baissa la tête. Dans son âme, il y avait « les plus tristes pressentiments » et dans son cœur « les plus tristes adieux[1] ».

— Maître, dit-il, le silence est, après la parole, la première puissance du monde.

Il s'inclina et sortit.

Montalembert l'attendait au passage.

Il eut à subir un rude assaut, car il aimait l'ardent jeune homme, qui, demeurant sourd à la voix de l'ami, s'obstinait à n'écouter que la voix du Maître.

— Tu es plus jeune que moi, dit-il; par cela seul, tu te trompes plus souvent que moi !

Et comme Montalembert se répandait en reproches :

— Charles, ajouta-t-il, toute ma vie, je défendrai la liberté... Avant que M. de Lamennais dît un seul mot pour elle, la liberté était le fond de mes pensées et déjà toute ma vie. S'il exécute son nouveau plan, souviens-toi que tous ses plus anciens amis et ses plus ardents collaborateurs l'abandonneront, et que, traîné par les faux libéraux dans une action sans possibilité de succès... il n'y a rien, dans le langage, d'assez triste pour dire ce qui arrivera...

Il abaissa sur son ami un de ces longs regards qui transfusent une âme dans une autre âme.

— Charles, écoute bien ce que je vais te dire, n'enchaî-

---

[1] LACORDAIRE, *Notice*, etc., p. 65.

nons pas nos cœurs à nos idées. Les idées de l'homme, semblables aux nuages que traverse le soleil, sont lumineuses et fugitives comme eux [1].

Montalembert parut rester sourd à la voix de Lacordaire [2], et Lacordaire partit.

II

« Savoir se taire », devant ce qu'on regarde comme une injustice, savoir se taire devant le triomphe de l'intrigue, devant les joies haineuses de qui vous a renversé et vous piétine à plaisir, c'est d'une grande âme, cela !

Puisqu'il se croyait victime, pourquoi Lamennais n'a-t-il pas su s'en donner l'auréole et la magnifique abnégation ?

— Puisqu'on ne veut pas me juger, s'écria-t-il, je me tiens pour acquitté !...

Brusquement, il notifia à la Ville et au monde, *Urbi et orbi*, l'intention de reprendre la publication de l'*Avenir*.

Faute immense !

Ainsi défié, le Souverain Pontife ne pouvait se taire.

On le comprit en France, et ce ne sera pas la moindre gloire de la vie de notre grand évêque de Marseille, Eugène

[1] Lettres de Lacordaire à Montalembert, 3 juin, 17 avril, 2 août et 5 août 1834.

[2] Nous nous réservons d'expliquer cette attitude mal comprise dans le volume sur MONTALEMBERT, d'après des documents inédits, que nous devons à l'obligeance de madame la comtesse de Montalembert.

de Mazenod, de l'avoir si bien compris, que lui, l'ardent ami que l'on sait, n'hésita pas à écrire à toutes les maisons de l'Ordre qu'il a fondé, pour interdire à ses Oblats de lire l'*Avenir*.

On se souvient de son départ de France. Lamennais était tout-puissant, non-seulement sur la partie la plus active du clergé français, mais sur tout le parti catholique belge comme sur l'émigration polonaise.

Une parole de lui remuait cette portion de la catholicité comme le vent agite les feuilles du tremble.

Grégoire XVI se décida à parler.

Mais n'anticipons point.

III

Lamennais cependant, une fois sa résolution prise, quitta Rome.

« C'était au mois de juillet, dit-il, vers le soir. Des hau-
« teurs qui dominent le bassin où serpente le Tibre, nous
« jetâmes un triste et dernier regard sur la Ville éternelle.
« Les feux du soleil couchant enflammaient la coupole de
« Saint-Pierre, image et reflet de l'antique éclat de la
« papauté elle-même. Bientôt les objets décolorés dispa-
« rurent dans l'obscurité croissante. A la lueur douteuse du
« crépuscule, on entrevoyait encore çà et là, le long de
« la route, des restes de tombeaux ; pas un souffle n'agitait
« la lourde atmosphère, pas un brin d'herbe ne soupirait :
« nul autre bruit que le bruit sec et monotone de notre

« calèche de voiturier, qui lentement cheminait dans la
« plaine déserte. »

Le voyageur se laisse aller volontiers à ses impressions
de route. Il égaye même son récit par de piquants épisodes.
Celui du conducteur de sa calèche est demeuré légendaire.
Je le cite, ce sera la note gaie sur le fond si triste de ce
chapitre.

« Notre bon Pasquale, — c'est le nom du conducteur, —
« toujours d'humeur gaie, abrégeait nos longues heures de
« marche par sa conversation spirituellement naïve. Repré-
« sentez-vous une large figure, pleine et ronde, empreinte
« d'un singulier mélange de simplicité et de finesse mali-
« cieuse, voilà Pasquale. Il fallait l'entendre raconter com-
« ment, retenu au lit pendant quarante jours par une jambe
« cassée, il revint à Rome, juste à temps pour ne pas trou-
« ver sa femme remariée. — Ce n'est pas que sa douleur
« eût été inconsolable, si le second mariage avait rompu
« le premier; car, libre alors, peut-être serait-il devenu
« cardinal, peut-être pape : qui sait? on a vu des choses
« plus extraordinaires. Pourquoi pas lui autant qu'un
« autre? Ne valait-il pas bien celui-ci, celui-là? Un peu de
« bonheur, un peu de faveur, on arrive à tout avec cela.
« Et quelle douce vie pour Pasquale! Que de loisirs! que
« de repos! que de *far niente!* Je supprime le reste : j'ai
« voulu seulement donner une idée du genre d'esprit qui
« caractérise le peuple romain, et de sa mordante verve! »

La suite du récit de ce voyage mériterait que nous nous
y arrêtassions plus longtemps, si nous n'avions encore
tant de chemin à parcourir pour arriver au bout de notre
sujet.

C'est à regret que je m'en arrache. Comment résister

au charme d'une page délicieuse comme celle que Lamennais consacre à décrire les pays de montagnes qu'il traverse :

« La nature vous y apparaît seule avec ses œuvres,
« toujours les mêmes et toujours nouvelles. Autour de
« vous le silence, ou le bruit monotone d'un torrent qui
« se brise sur des rochers, du vent qui bruit entre les
« feuilles des pins, du murmure à travers les hautes herbes
« des pâturages, quelquefois aussi la voix d'un pâtre, dont
« les chants fantastiques se mêlent dans le lointain au son
« des clochettes et aux mugissements du troupeau. Une
« impression de calme extraordinaire pénètre vos sens,
« au milieu de ces tranquilles scènes et de cette solitude
« majestueuse. Toutefois, les proportions gigantesques des
« masses qui vous environnent y rapetissent trop peut-
« être les autres objets et particulièrement l'homme. C'est
« un des défauts des pays purement de montagnes : ils
« manquent d'une certaine harmonie suave, d'horizons
« vastes et onduleux ; on s'y sent resserré, faible et comme
« opprimé par je ne sais quelle force pesante et fatale... »

S'il s'arrête à Inspruck, c'est pour y rêver devant le tombeau de l'aïeul de Charles-Quint.

« Autour de ce tombeau, dit-il, vingt-huit statues de
« bronze, représentant pour la plupart des empereurs et
« des ducs de Bourgogne dans le costume de leur temps,
« produisent un effet dont la bizarrerie n'est pas dépour-
« vue d'une note de grandeur triste. Il semble que ces
« morts, quittant la fosse où ils dormaient, se sont traînés
« là, sous le poids de leurs vieilles armures, pour se dire,
« après de longs siècles, au pied d'un sépulcre, les mi-
« sères et le néant de la puissance, la vanité de l'ambition

« qui tourmente le monde, pour ne laisser d'elle d'autre
« trace que des ruines et une poignée de cendres [1]. »

Lamennais arriva à Munich.

IV

A Munich, tous les grands noms de la Bavière savante
attendaient, impatients et curieux, les pèlerins de Dieu et
de la Liberté, à leur retour de ce pèlerinage dont la dé-
ception pouvait être si cruelle.

L'illustre Gœrres, le docte Schelling, l'érudit de Baader,
et un jeune abbé déjà célèbre, Dœllinger, avec beaucoup
d'amis, étaient là, et les accueillirent.

Lacordaire cependant manquait, et cette absence de l'un
des trois pèlerins mettait les deux autres dans un pénible
embarras.

Tout à coup, par une simple coïncidence non cherchée,
Lacordaire arrive, et, à peine installé dans son hôtellerie,
voit entrer Montalembert.

Quand on sait l'amitié qui les unissait, on devine l'élan
avec lequel ils se jetèrent dans les bras l'un de l'autre.

« Il me conduisit », raconte Lacordaire dans ses *Mémoires,* « près de M. de Lamennais, qui me reçut avec
« un ressentiment visible. Cependant, la rencontre était
« solennelle ; la conversation s'engagea, et, pendant deux
« heures, je m'efforçai de lui démontrer combien était

---

[1] LAMENNAIS, *Affaires de Rome,* passim.

« vaine l'espérance de reprendre la publication de l'*Avenir*,
« et quel coup il allait porter tout ensemble à sa raison, à
« sa foi, à son honneur. A la fin, soit que mon discours
« l'eût convaincu, soit que ma séparation plus prononcée
« lui eût fait impression, il me dit ces mots : « — Oui,
« c'est juste, vous avez bien vu [1] !... »

La paix était faite. C'était le 29 août.

Le lendemain, 30 août 1832, devait être la grande date
de la seconde vie de Lamennais.

C'est au milieu d'un dîner que la foudre éclata.

Les écrivains et les artistes les plus éminents de Munich
avaient offert un banquet aux trois voyageurs. La réunion
était animée, cordiale. L'un des présidents de la table
venait de boire à l'union des catholiques de France et
d'Allemagne...

Un domestique s'approche de Lamennais, lui dit quelques mots à voix basse. Lamennais quitte la table. On fait
silence.

Peu d'instants s'écoulent. Lamennais revient, la figure
bouleversée, l'œil en feu, tenant à la main un pli, dont le
large sceau avait dû être brisé fiévreusement.

On le regardait, il se tut.

Les conversations essayèrent de se renouer, mais en vain.

On sortit de table.

En quittant la salle du festin, le Maître, d'une voix sac-
cadée, basse, mais résolue, avait dit à ses deux compagnons :

« Je viens de recevoir une Encyclique du Pape contre
« nous... Nous ne devons pas hésiter à nous soumettre [2] !...»

---

[1] LACORDAIRE, *Notice*, etc., p. 65.
[2] *Id., ibid.*, p. 66.

Ce fut le cri du cœur chez ce grand homme si méconnu ! Ce fut le premier accent de sa conscience, le premier élan de sa foi et de son sacerdoce ! Le Pape a parlé, il faut se soumettre. *Roma locuta est, causa finita est !*

Lamennais avait reçu la célèbre Encyclique dite *Mirari vos*.

C'est un usage qui remonte aux premiers siècles de l'Église, qu'au début de son pontificat, le successeur de saint Pierre adresse une lettre encyclique à tous les évêques.

Les troubles des États romains à l'avénement de Grégoire XVI ne lui avaient pas permis de se conformer à cet usage. Il y satisfit au jour solennel de la fête de la sainte Vierge, le 15 août 1832.

Il saisit cette occasion pour s'expliquer sur les doctrines politiques de l'*Avenir* : la liberté de conscience, la liberté des cultes, la liberté de la presse, le droit à l'insurrection contre les pouvoirs établis.

Mais Grégoire XVI avait hérité de Léon XII, au moins en partie, dans l'affection et l'admiration de son prédécesseur pour le grand lutteur catholique, et, tout en condamnant ses doctrines en ce qu'elles avaient de contraire à la saine théologie, il se tint dans les termes les plus généraux et se refusa, malgré les ennemis de Lamennais, à ce que ce grand nom fût désigné, même de la façon la plus indirecte.

Écoutez maintenant comment ce révolté orgueilleux, dont ils nous disent qu'il n'avait plus la foi depuis longtemps, écoutez comment cette victime de la calomnie répondit à Grégoire XVI, dans le premier mouvement de son âme.

Montalembert et Lacordaire l'avaient suivi. Il rentra

chez lui, et là, s'asseyant à l'humble bureau de l'hôtellerie qui devait être témoin de ce grand acte, sans hésiter, laissant courir sa plume, sans parler, ne regardant que dans sa conscience, il écrivit :

« Les soussignés, rédacteurs de l'*Avenir,* membres du
« conseil de l'Agence pour la défense religieuse :

« Convaincus, d'après la lettre encyclique du souverain
« pontife Grégoire XVI, en date du 15 août 1832, qu'ils
« ne pourraient continuer leurs travaux sans se mettre
« en opposition avec la volonté formelle de celui que Dieu
« a chargé de gouverner son Église,

« Croient de leur devoir, comme catholiques, de déclarer
« que, respectueusement soumis à l'autorité suprême du
« Vicaire de Jésus-Christ, ils sortent de la lice où ils ont
« loyalement combattu pendant deux années. Ils engagent
« instamment leurs amis à donner le même exemple de
« soumission chrétienne.

« En conséquence :

« 1° L'*Avenir,* provisoirement suspendu depuis le 15 no-
« vembre 1831, ne reparaîtra plus ;

« 2° L'*Agence générale pour la défense de la liberté reli-
« gieuse* est dissoute à dater de ce jour. Toutes les affaires
« entamées seront terminées, et les comptes liquidés, dans
« le plus bref délai possible. »

Que fallait-il donc de plus?

Le Pape reçut avec une joie paternelle cette déclaration. Il en témoignait tout haut sa satisfaction. Tout l'univers catholique applaudissait. Depuis Fénelon, rien de plus beau n'avait réjoui les âmes croyantes.

Hélas! il y a des gens au monde, — c'est le Dieu fait homme, c'est le Verbe divin lui-même qui l'affirme, — il y a des gens en ce monde qui vous assassinent et vous déshonorent en croyant rendre gloire à Dieu, *obsequium se credent præstare Deo!*

« Dieu, dit Lacordaire dans son admirable simplicité, Dieu nous avait donc réunis à Munich pour signer ensemble une adhésion sincère à la volonté du Père des fidèles, sans distinction, sans restriction, sans même faire la réserve de la manière dont nous avions entendu nos doctrines, et dont elles pouvaient concorder avec la prudence théologique dont avait usé le rédacteur de l'acte pontifical. Contents d'avoir combattu pour l'affranchissement de l'Église et sa réconciliation avec le droit public de notre patrie, nous traversâmes la France en vaincus victorieux d'eux-mêmes [1]. »

Il ajoutait avec Montaigne : « Il y a des défaites triom-« phantes, à l'envi des victoires!... »

V

Ah bien, oui : une victoire!... Il ne fallait pas que cet homme, dont on avait prédit la perte, conservât même l'auréole de la soumission [2]!

---

[1] LACORDAIRE, *Notice*, etc., p. 67.

[2] Qu'on ne nous accuse pas d'exagérer. Un témoin bien placé pour savoir la vérité nous a fourni sur ce douloureux mystère des détails tellement précis que, n'était la crainte de prolonger au delà de telle existence le scandale de cette poursuite systématique, nous pourrions en donner ici des preuves irrécusables. Paix à leur tombe!...

Écoutez — c'est Lamennais lui-même qui va nous révéler ce mystère honteux :

« Ce fut pour moi, je le confesserai, un jour heureux et
« doux que celui où je pus, l'âme tranquille, rentrer dans
« une vie moins agitée. Certes, aucune pensée de nouvelle
« action ne se présenta, même vaguement, à mon esprit.
« C'était bien assez de combats, assez de fatigues. Rome
« me rendait le repos; et j'en embrassai l'espérance avec
« une joie que je me serais presque reprochée, s'il ne
« s'était offert à moi sous la forme du devoir. Tout ce
« qu'avaient promis les rédacteurs de l'*Avenir*, ils le
« tinrent fidèlement. Les affaires de ce journal et celles
« de l'*Agence* furent liquidées. Partout, dans les provinces,
« nos amis montrèrent sans hésiter la même soumission.
« Retiré, loin de Paris, à la campagne, y vivant au sein de
« la nature, dont l'attrait toujours si puissant le devient
« davantage encore lorsqu'on a vu de près les passions
« des hommes et les bruyantes misères de la société, nul
« désir, nul regret, nul ennui n'y vint un seul instant
« troubler la paix de mes solitaires heures d'étude. Cette
« paix cependant ne devait pas être de longue durée.
« — Certaines âmes malheureuses recèlent dans leurs
« tristes profondeurs des animosités que rien ne calme,
« de secrètes haines honteuses d'elles-mêmes, qui éclatent,
« *dès qu'elles peuvent se couvrir d'un prétexte de zèle.* — A
« peine notre déclaration avait-elle paru, que déjà l'on
« murmurait à voix basse des paroles de défiance et de
« mécontentement. — Elle n'était pas assez complète,
« assez explicite; elle rappelait trop le *silence respectueux*
« des jansénistes. (Lamennais janséniste!...) Des intrigues
« s'ourdirent, on sema sourdement la calomnie, on inquiéta

« les âmes timorées par ces charitables impostures, dites
« sur le ton de la douleur, qu'on voudrait ne pas croire,
« qu'on ne croit pas : — tout le monde cependant les
« répète! — Puis vinrent les provocations directes, les
« insultes, les outrages publics. On espérait engager par
« là des discussions aussi délicates que dangereuses dans
« notre position. Nous reconnûmes le piége et nous l'évi-
« tâmes en nous taisant. La colère redoubla. On n'avait
« pas compté sur cette modération, et, pourquoi ne pas le
« dire? sur une patience dans laquelle le mépris se sen-
« tait. »

Nous en ferons le récit au prochain chapitre.

Ici il est nécessaire, avant de finir, d'insister sur ce
point, que le complot réussit beaucoup mieux que Lamennais ne semble le croire, et, en tout cas, beaucoup plus
qu'il ne se l'avoue à lui-même.

Je ferai appel à un souvenir contemporain.

Dans ses *Nouveaux Lundis,* Sainte-Beuve l'a raconté :

« Je me rappelle, dit-il, que lorsque l'abbé Lacordaire
revint de Rome avec M. de Lamennais, étant allé leur faire
visite dans la rue de Vaugirard, où ils étaient logés, je vis
d'abord dans une chambre du rez-de-chaussée M. de Lamennais, qui s'exprimait sur ce qui s'était passé à Rome et
sur le Pape avec un laisser-aller qui m'étonna, puisqu'il
venait de se soumettre ostensiblement. Il parlait du Pape
comme un de ces hommes qui sont destinés à amener
les grands remèdes désespérés. — Au contraire, lorsque
j'allai voir l'abbé Lacordaire. qui était dans une chambre
au premier étage, je fus frappé du contraste; celui-ci
ne parlait qu'avec une extrême réserve et soumission des
mécomptes qu'ils avaient éprouvés, et il employa notam-

ment cette comparaison du « grain, qui, même en le sup-
« posant de bonne nature, a besoin d'être retardé dans sa
« germination, et de dormir tout un hiver sous terre ».
C'est ainsi qu'il expliquait et justifiait, même en admet-
tant une part de vérité dans les doctrines de l'*Avenir,* la
sévérité et la résistance du Saint-Siége. J'en conclus, dit
en terminant le spirituel critique, qu'il n'y avait pas grand
accord entre le rez-de-chaussée et le premier étage [1]. »

Lacordaire avait le cœur trop haut placé pour faillir à
sa mission. Ce n'était pas le moment de laisser M. de Lamennais à lui-même. Il importait, au contraire, de tenter
l'impossible pour dissiper l'orage qui grondait dans son
sein.

Dans cette vue, l'abbé Lacordaire et l'abbé Gerbet l'ac-
compagnèrent à la Chesnaie, à la fin de septembre.

L'exemple de Fénelon, qui naturellement se présentait
à tous les esprits, pouvait consoler l'auteur de l'*Essai,* en
lui prouvant que des torts théologiques, même constants,
ne sont pas incompatibles avec une renommée sans tache
de science et de vertu.

« Si M. de Lamennais, écrit Lacordaire, eût été fidèle à
« son beau mouvement de Munich, il eût grandi dans les
« générations contemporaines par le seul effet de son
« silence, et il ne lui eût pas fallu dix ans pour reconquérir
« toute la splendeur de sa renommée [2]. »

Ils arrivèrent à la Chesnaie.

« En descendant pour la seconde fois dans ce solitaire
« manoir de la Chesnaie, dit l'ami fidèle du malheur, je
« crus y ramener un beau génie sauvé du naufrage, un

[1] SAINTE-BEUVE, *Nouveaux Lundis,* c. IV, p. 450.
[2] LACORDAIRE, *Notice,* etc., p. 68.

« maître plus vénéré que jamais et une de ces infortunes
« qui ravissent l'âme au-dessus d'elle-même en mettant
« sur le front d'un homme ce je ne sais quoi d'achevé *que*
« *le malheur ajoute aux grandes vertus,* selon la parole de
« Bossuet.

« Bientôt, quelques-uns des disciples du maître tombé
« vinrent le rejoindre à la Chesnaie. Cette maison reprit
« son caractère accoutumé, mélange à la fois de solitude
« et d'animation; mais, si les bois avaient leurs mêmes
« silences et leurs mêmes tempêtes; si le ciel de l'Armo-
« rique n'était pas changé, il n'en était pas de même du
« cœur du maître. La blessure y était vivante, et le glaive
« s'y retournait chaque jour par la main même de celui
« qui aurait dû l'en arracher, et y mettre à la place le
« baume de Dieu. Des nuages terribles passaient et repas-
« saient sur ce front déshérité de la paix. Des paroles
« entrecoupées et menaçantes sortaient de cette bouche
« qui avait exprimé l'onction de l'Évangile; il me semblait
« parfois que je voyais Saül; mais nul de nous n'avait la
« harpe de David pour calmer ces soudaines irruptions
« de l'esprit mauvais, et la terreur des plus sinistres pré-
« visions s'accroissait de jour en jour dans mon esprit
« abattu [1]. »

Nous voici au point aigu de la crise. Je vais raconter
les douloureux épisodes de cette agonie morale qui fut,
pour Lacordaire, pour Gerbet et pour tant d'autres, « la
« plus grande épreuve et la plus poignante douleur de
« leur existence ».

[1] LACORDAIRE, *Notice,* etc., p. 69.

XII

LES *PAROLES D'UN CROYANT*.

C'était le 11 décembre 1832.

Dans une chambre solitaire, à côté d'un modeste paquet de hardes qui annonçait un départ imminent, assis devant une large feuille au sommet de laquelle on lisait la suscription : *A M. l'abbé Féli de Lamennais,* un jeune prêtre écrivait, s'interrompant à chaque phrase, pour essuyer les larmes qui venaient, à tout instant, malgré ses visibles efforts de résolution, obscurcir ses yeux enfiévrés.

« Je quitterai la Chesnaie ce soir. Je le quitte pour un motif d'honneur, ayant la conviction que ma vie vous serait désormais inutile, à cause de la différence de nos pensées sur l'Église et la société, différence qui ne fait que s'accroître tous les jours, malgré mes sincères efforts pour suivre le développement de vos opinions.

« Je crois que, durant ma vie et bien au delà, la République ne pourra s'établir ni en France ni en aucun autre lieu de l'Europe, et je ne pourrais prendre part à un système qui aurait pour base une persuasion contraire.

« Sans renoncer à mes idées libérales, je comprends et je crois que l'Église a eu de très-sages raisons, dans la profonde corruption des partis, pour refuser d'aller aussi vite que nous l'aurions voulu. Je respecte ses pensées et les miennes. Peut-être vos opinions sont plus justes, plus profondes, et, en considérant votre supériorité naturelle sur moi, je dois en être convaincu. Mais la raison n'est pas tout l'homme, et, dès que je n'ai pu déraciner de mon être les idées qui nous séparent, il est juste que je mette un terme à une communauté de vie qui est toute à mon avantage et toute à votre charge.

« Ma conscience m'y oblige, non moins que l'honneur, car il faut bien que je fasse de ma vie quelque chose pour Dieu ; et, ne pouvant vous suivre, que ferais-je autre chose que vous fatiguer, vous décourager, mettre des entraves à vos projets et m'anéantir moi-même ?

« Jamais vous ne saurez que dans le ciel combien j'ai souffert depuis un an par la seule crainte de vous causer de la peine. Je n'ai regardé que vous dans toutes mes hésitations, mes perplexités, mes retours ; et, quelque dure que puisse être un jour mon existence, aucun chagrin de cœur n'égalera un jour ceux que j'ai ressentis dans cette occasion. Je vous laisse aujourd'hui tranquille du côté de l'Église, plus élevé dans l'opinion que vous ne l'avez jamais été, si au-dessus de vos ennemis qu'ils ne sont plus rien.

C'est le meilleur moment que je puisse choisir pour vous faire un chagrin qui, croyez-moi, vous en épargnera de bien plus grands.

« Je ne sais pas encore ce que je deviendrai, si je passerai aux États-Unis, ou si je resterai en France, et dans quelle position. Quelque part que je sois, vous aurez des preuves du respect et de l'attachement que je vous conserverai toujours, et dont je vous prie d'agréer cette expression qui part d'un cœur déchiré [1]. »

C'est en effet *le cœur déchiré* que le jeune prêtre signa de son nom cette page touchante, au bas de laquelle on lisait : *Henri Lacordaire* [2].

Il se leva et partit.

« A un certain point de ma route, racontait-il plus tard, je l'aperçus à travers les taillis avec ses jeunes disciples ; je m'arrêtai et regardai une dernière fois ce malheureux grand homme. Je continuai ma fuite, sans savoir ce que j'allais devenir... Tout croulait autour de moi, et j'avais besoin de ramasser les restes d'une certaine énergie naturelle pour me sauver du désespoir. »

[1] LACORDAIRE, *Notice*, etc., p. 69.

[2] Qu'on se représente Lacordaire séparé de Lamennais par des abîmes, et continuant de manger son pain sans qu'il y eût entre eux ni sympathie de caractère ni communauté de vues... Le 11 décembre 1832, il fut question, au dîner, du siége d'Anvers, où le jeune duc d'Orléans venait de se distinguer. Les journaux en rendaient témoignage. M. de Lamennais, incrédule de parti pris, s'en expliquait avec une dérision qui tournait à l'insulte. Lacordaire essaya de le ramener a l'équité : le Maître lui imposa silence avec une hauteur mal comprimée. Ce fut la goutte d'eau qui fit déborder le vase. Lacordaire se tut, mais sa patience était à bout. Une heure après, pendant que M. de Lamennais était à la promenade qui suivait le dîner, Henri, seul, à pied, quittait la Chesnaie pour n'y rentrer jamais. (FOISSET, *Vie du P. Lacordaire*, t. Ier, p. 226.)

Quand Lamennais lut la lettre, il eut un moment de douleur. « Pourquoi s'est-il ainsi enfui, dit-il, comme on « sort d'une place assiégée [1] ? »

Puis, se tournant vers les disciples qui l'observaient :

— Je suis plein de paroles, ajouta-t-il d'une voix sombre et en empruntant la langue même de Job [2], un esprit est en moi qui me presse. Je parlerai et je respirerai un peu. *Loquar et respirabo paululum* [3].

Ah ! que va-t-il donc dire ? Écoutez. C'est un triste récit qu'il nous reste à faire !

I

Le 21 janvier 1833, il écrivit à Montalembert :

« Il est bon de recommencer à parler, pour préparer la « position qui devra être désormais la nôtre, *dès que* nous « serons *suffisamment* dégagés de celle qui nous a valu tant « de déboires. Au lieu de nous faire les champions du « catholicisme, laissons-le entre les mains de la hiérarchie, « et présentons-nous simplement comme les hommes de « la Liberté et de l'Humanité. »

Il ajoutait, à quelques jours de là :

« La vieille hiérarchie, et politique et ecclésiastique, s'en « vont ensemble ; ce ne sont plus que deux spectres, qui

[1] Lettre de Lamennais à Montalembert, 12 février 1833.
[2] *Job,* XXXII, 18-20.
[3] Lettre de Lamennais à Montalembert, 21 janvier 1833.

« s'embrassent dans un tombeau... On n'en savait pas plus
« quand la synagogue expira... » Est-ce clair [1]?

Ainsi, l'Église enseignante, sous Grégoire XVI, c'est la
synagogue sous Caïphe. Il ne croit plus à l'Église, puisqu'il
la déclare aveuglée comme la synagogue expirante, enne-
mie de Jésus-Christ comme le Sanhédrin. Entendez plutôt :
« Jésus-Christ est aujourd'hui le grand ennemi, et là (à
« Rome) comme ailleurs, et plus qu'ailleurs [2]. » C'est
écrit le 6 mars 1833.

L'archevêque de Toulouse, Mgr d'Astros, avait censuré,
de concert avec plusieurs de ses collègues dans l'épiscopat,
un certain nombre de propositions extraites des écrits de
Lamennais.

A Rome, on censura la censure, et l'initiative de ces
adversaires de l'École menaisienne fut sévèrement blâmée [3].

Au lieu de s'en montrer touché, Lamennais écrit à ses
intimes, en leur transmettant la nouvelle : « Depuis que
« j'ai vu de près les ressorts qui font tout mouvoir, ces
« choses-là m'intéressent à peu près autant que ce qui se
« passe en Chine dans le grand *Collège des Mandarins* [4]! »

Les événements vont se précipiter.

L'évêché de Rennes parlait d'interdit.

Grégoire XVI se vit forcé de demander que Lamennais
s'engageât à suivre uniquement et absolument la doctrine
exposée dans l'Encyclique *Mirari vos,* et à ne rien écrire
ni approuver *qui n'y fût conforme.*

Du reste, le Pape n'exigeait cela que pour répondre à

[1] Lettre de Lamennais à la comtesse de Senfft, 25 janvier 1833.
[2] Lettre de Lamennais à la comtesse de Senfft.
[3] 28 février 1833.
[4] Lettre de Lamennais à mademoiselle de Lucinière, 2 mai 1833.

une lettre par laquelle Lamennais venait de le prier de lui *dicter* les termes dans lesquels il devait se soumettre à l'Encyclique, pour faire taire tous ses ennemis.

Lamennais biaisa. Lui, l'homme loyal et précis, il recourut à des subterfuges, absolument en contradiction avec sa nature, avec son passé, avec sa netteté d'esprit.

L'évêque de Rennes, vieux soldat de l'armée de Condé, prononça l'interdit.

Ainsi frappé par son évêque sans avoir été, pensait-il, suffisamment entendu, le prêtre breton bondit.

M. de Quélen intervint. A force de ménagements, de bonté et de tendresse, il obtint de Lamennais la déclaration que voici :

« Je soussigné déclare, dans les termes mêmes de la « formule contenue dans le Bref du Souverain Pontife Grégoire XVI, du 5 octobre 1833, suivre uniquement et abso« lument la doctrine exposée dans l'Encyclique du même « Pape, et je m'engage à ne rien écrire ou approuver qui « ne soit conforme à cette doctrine.

« Paris, 11 décembre 1833.

« F. DE LAMENNAIS. »

La joie fut immense partout.

L'abbé Foisset l'écrivait à M. de Salinis : « Oh! mon bon ami, la douce et consolante nouvelle!... Le grand homme ne doit pas encore attendre de trêve de la part de ses ennemis. Son humble soumission leur causera du dépit, de l'humeur. Ils avaient dit que le bon prêtre lèverait l'étendard de la révolte, qu'il se poserait le chef d'une nouvelle hérésie. Ce serait une déconvenue amère, si tant de sinistres prévisions allaient se démentir. Et ils pousseront encore M. de Lamennais avec aigreur. Ils l'accuseront de nouveau, et calomnieront son silence, ses intentions. Mais nous, qui sommes passionnément épris de son génie et de sa gloire, nous ses admirateurs qui n'avons jamais cessé d'être ses amis, nous le conjurons de ne point s'émouvoir de ces aveugles persécutions. »

A Rome, la joie fut encore plus vive. Le Pape écrivit à Lamennais :

« Nous avons béni le Père des lumières, duquel nous « vient cette si grande consolation, qui, nous le disons « vraiment avec le Psalmiste, a réjoui notre âme en pro- « portion de la multitude de nos douleurs. » Il terminait en disant : « Continuez donc, cher fils, à procurer à l'Église « de pareils sujets de joie dans les routes de la vertu, de « la docilité et de la foi, et employez les dons du talent et « du savoir que vous possédez si éminemment, pour que « les autres pensent et parlent unanimement, suivant la « doctrine tracée dans notre Encyclique[1]. »

A Paris, M. de Quélen continuait de le combler des témoignages les plus vifs de son affection. Le célèbre prélat s'occupait, en ce moment même, de satisfaire aux instances d'Ozanam et de la jeunesse catholique des Écoles, en instituant les Conférences de Notre-Dame de Paris. Il leur présenta M. de Lamennais, en disant :

— Voilà, messieurs, l'homme qui vous conviendrait; si la faiblesse de sa voix lui permettait de se faire entendre, il faudrait ouvrir les grandes portes pour laisser entrer la foule, et la cathédrale ne serait pas assez vaste pour contenir tous ceux qui accourraient autour de la chaire.

[1] Bref du pape Grégoire XVI à Lamennais, 28 décembre 1833.

— Oh! moi, monseigneur, répondit Lamennais, ma carrière est finie[1]!

Cela se passait le 13 janvier 1834.

L'archevêque pressa Lamennais d'écrire une lettre de remercîment au Saint-Père.

— Non, répondit froidement Lamennais, et il sortit du palais archiépiscopal.

A quelques jours de là, Sainte-Beuve recevait de lui un mot, l'adjurant de venir pour une affaire qui pressait. Sainte-Beuve accourut, et, en arrivant, il vit à sa porte un carrosse. En traversant la cour, il rencontra l'archevêque de Paris.

M. de Lamennais était très-agité.

— Mon cher ami, dit-il à Sainte-Beuve, il est temps que *tout cela* finisse.

Puis, ouvrant le tiroir de la petite table de bois près de laquelle il s'était assis : « Voici un petit écrit que je vous « remets, et que je voudrais que vous fissiez paraître le « plus tôt possible. Je pars dans deux jours : arrangez « cela auparavant avec un libraire, *vite*, TRÈS-VITE, je vous « en prie[2]. »

Nous verrons tout à l'heure ce qu'était ce petit écrit, dont Grégoire XVI dira à l'Église catholique que c'était « un livre peu considérable par son volume, mais immense par sa perversité[3] ».

L'auteur s'enfuyait vers la Bretagne.

« Ce soir, écrivait Maurice de Guérin à Eugénie, il sortira de Paris un homme dont je voudrais suivre tous

[1] OZANAM, *Lettres*, 13 janvier 1834.
[2] SAINTE-BEUVE, *Nouveaux Lundis*, t. Iᵉʳ, p. 37.
[3] Encyclique *Singulari nos*, 15 juillet 1834.

les pas et qui reprend le chemin du désert que je regrette :
M. Féli part aujourd'hui pour la Chesnaie... Il veut s'y
tenir désormais tout seul [1] ! »

Hélas ! non, il ne sortait pas du côté de l'Orient, cet
homme : il s'en allait tristement ensevelir sa gloire dans le
lieu qui, après en avoir été le berceau, en devenait la
tombe.

Et il demeura là, seul !...

« Je n'ai de lui aucune nouvelle, écrivait l'abbé Jean-
« Marie : pas plus de rapport entre nous, et encore moins
« que si l'un était au Kamtchatka, et l'autre au fond des
« déserts de l'Afrique. Cela est dur pourtant [2] ! »

Mais, à toutes les instances, Lamennais répondait :

« Laissez-moi respirer, seul, un air que n'ont souillé ni
« la bassesse, ni la lâcheté, ni l'hypocrisie, ni l'avarice...
« Laissez-moi seul. La promenade, la lecture, le travail »
(il ne dit plus la prière) « remplissent mes heures soli-
« taires, et si quelquefois, souvent même, la tristesse les
« obscurcit, l'ennui du moins ne les appesantit jamais [3]. »

La tristesse, la tristesse noire, comme disaient les anciens,
le pire démon des solitaires, disait Eugénie de Guérin, voilà
désormais la vie de Félicité de Lamennais, et cela jusqu'à
la mort, sans un rayon de joie ni de lumière. Ce front
marqué par le génie, ah ! faut-il que je le dise ? désormais,
c'est un front de révolté !...

[1] Lettre de M. de Guérin à sa sœur Eugénie, 9 avril 1834.
[2] *Lettres inédites*, p. 175.
[3] Lettre de Lamennais à la comtesse de Senfft, II, 361.

II

A Paris cependant, le livre s'imprimait.

Lorsqu'il alla à l'imprimerie, pour en revoir les épreuves et en presser la publication, Sainte-Beuve trouva les typographes en révolution. Cette honnête catégorie d'industriels n'a guère l'habitude de lire ce qu'elle fait lire à tout le monde. A l'imprimerie, on lève la lettre aussi vite qu'on peut, mais on s'inquiète peu du mot et pas du tout de la phrase. Les correcteurs d'épreuves en savent quelque chose.

Ce jour-là, il en fut autrement, et quand Sainte-Beuve entra, il trouva les compositeurs qui avaient quitté leurs casses, et qui s'étaient réunis en rond autour de l'un d'entre eux, lequel déclamait, avec un enthousiasme indescriptible, le feuillet de copie qu'il tenait en main [1].

« Il faut avoir vu, dit un contemporain, l'effet magique de ce livre, pour savoir ce qu'il y a de puissance dans un pareil jet de pensée. On eût dit un éclair illuminant à la fois tous les horizons [2]. »

« J'ai lu votre livre, écrivait un ami à l'auteur. Que vous en dirai-je? C'est Job, c'est Isaïe, c'est Jean : c'est plus haut, peut-être, que tout cela encore... c'est vous [3]. »

D'Allemagne, on lui mandait : « J'ai lu votre livre au

[1] SAINTE-BEUVE, *Constitutionnel* du 23 septembre 1861.
[2] BLAIZE, *Notes et souvenirs*, I, p. 111.
[3] Lettre du marquis de Coriolis à Lamennais, *Cor.*, II, 380.

général Skrzinecki. Il m'a chargé *de vous baiser trois fois
les pieds,* en signe de reconnaissance et d'admiration [1]. »

Charles X, dans son exil, s'écriait que cela lui paraissait fort beau.

En France, l'éclat fut énorme.

Le peuple des ateliers, la jeunesse des écoles, s'enivrèrent jusqu'au transport de ce vin fumeux. M. Guizot
disait que, par ce livre, M. de Lamennais tombait parmi les
malfaiteurs intellectuels de son temps [2].

Chez les catholiques, le scandale fut grand.

L'apôtre leur avait appris que le Pouvoir vient de Dieu :
un prêtre de Jésus-Christ se levait pour enseigner que le
Pouvoir vient de l'Enfer.

La forme même de l'ouvrage ajoutait au scandale :
c'était une réminiscence de style biblique, « une Apocalypse toute bariolée de prières et de blasphèmes [3] ».

Le fond du livre restait cependant banal, et l'on peut le
résumer en deux propositions : 1° Les rois sont tous des
monstres ; 2° les prêtres sont les séides des rois.

C'était de la démagogie. Mais l'auteur faisait sur elle le
signe de la croix.

M. Molé disait : « C'est un club sous un clocher. »

Et Royer-Collard avait dit dans le même sens : « C'est
quatre-vingt-treize faisant ses pâques [4]. »

Le livre avait pour titre : *les Paroles d'un croyant.*

Livre étrange, qui fait frémir, qu'on lit avec des protes-
tations incessantes de la part de la conscience et de la

---

[1] *Corresp. Lamennais,* I, 112.
[2] Guizot, *Mémoires,* III, 28.
[3] Nettement, *Histoire de la littérature,* etc., p. 220.
[4] Foisset, *loc. cit.,* p. 267.

raison, sans pouvoir le quitter, quand on l'a pris en main.

Parlons de ce livre.

C'est encore M. Renan [1] qui l'observe :

Tout ce qu'il y avait de passion concentrée, d'orages longtemps maîtrisés, de tendresse et de pitié dans l'âme de Lamennais, lui monta tout à coup au cerveau comme une ivresse et s'exhala en une Apocalypse sublime, véritable sabbat de colère et d'amour.

Les deux caractères essentiels que nous avons notés dans le génie de Lamennais : la simplicité et la grandeur, se déploient à l'aise dans ces quarante-deux petits poëmes.

Renonçant au rhythme poétique, qui ne convenait pas au mouvement plus oratoire que lyrique de sa pensée, il créa, avec des réminiscences de la Bible et du langage ecclésiastique, cette manière harmonieuse et grandiose qui réalise le phénomène unique dans l'histoire littéraire d'un pastiche de génie.

Le style des psaumes et des prophètes lui était devenu si familier, qu'il s'y mouvait comme dans la forme naturelle de son esprit.

La piété d'ailleurs, par un phénomène étrange parmi tous les phénomènes dont abonde cette vie extraordinaire, la piété [2] avait survécu en Lamennais à la foi : il

---

[1] *Loc. cit.*, p. 135 et suiv.

[2] Dans une lettre que Mgr l'évêque de Nimes a insérée dans la *Vie de M. l'abbé Busson*, celui-ci rappelait, en 1849, à M. de Lamennais les souvenirs édifiants de sa première phase : « Non, mon « cher ami, disait-il, je n'oublierai jamais ce que des témoins ocu- « laires m'ont raconté de votre recueillement habituel, de la sainteté « de vos discours, de votre ferveur dans la prière et surtout à « l'autel. Ne vous ai-je pas vu moi-même assis devant une petite « table et portant alternativement vos yeux sur un christ placé près

semble que les parfums de ses premières croyances se fussent ravivés au souffle qui allait en briser le vase fragile.

J'ai relu, après bien des années, ces pages éloquentes. L'impression n'a pas vieilli. Impossible de n'être pas troublé à la contagieuse magie de ces troubles d'une grande âme.

Quelle noire fureur, par exemple, dans le chapitre XIII, celui des *Rois!*

« C'était dans une nuit sombre; un ciel sans astres pesait
« sur la terre, comme un couvercle de marbre noir sur un
« tombeau... et, dans une salle tendue de noir et éclairée
« d'une lampe rougeâtre, sept hommes, vêtus de pourpre
« et la tête ceinte d'une couronne, étaient assis sur sept
« siéges de fer. Et au milieu de la salle s'élevait un
« trône composé d'ossements; et au pied du trône, en
« guise d'escabeau, était un crucifix renversé; et devant
« le trône, une table d'ébène; et sur la table, un vase plein
« de sang rouge et écumeux, et un crâne humain. — Et
« les sept hommes couronnés paraissaient pensifs et tristes,
« et, du fond de son orbite creux, leur œil de temps en
« temps laissait échapper des étincelles d'un feu livide. —
« Et l'un d'eux, s'étant levé, s'approcha du trône en chan-
« celant, et mit le pied sur le crucifix. — En ce moment,

« de vous et un papier où vous traciez des pages immortelles? Vous
« demandiez à Jésus-Christ des pensées et des expressions; vous
« étiez alors son ami, son interprète, son défenseur; vous pouvez
« d'un mot redevenir tout cela. Le Seigneur vous rappelle, l'Eglise
« vous presse de vous rendre, vos amis joignent leurs supplications
« aux siennes. Rendez-nous, disent-ils, tout ce qui nous a été enlevé,
« un disciple, un modèle, un prêtre, un docteur. Rendez-nous un
« ami, un frère, un saint. »

« ses membres tremblèrent, et il sembla près de défaillir.
« Les autres le regardaient immobiles; ils ne firent pas le
« moindre mouvement, mais je ne sais quoi passa sur leur
« front, et un sourire qui n'est pas de l'homme contracta
« leurs lèvres. — Et celui qui avait semblé près de défaillir
« étendit la main, saisit le vase plein de sang, en versa
« dans le crâne, et but. — Et cette boisson parut le forti-
« fier. — Et dressant la tête, ce cri sortit de sa poitrine
« comme un sourd râlement : — Maudit soit le Christ qui
« a ramené sur la terre la liberté! — Et les six autres
« hommes couronnés se levèrent tous ensemble, et tous
« ensemble poussèrent le même cri : — Maudit soit le
« Christ qui a ramené... »

La scène continue longuement, et l'horreur croît toujours, pendant que les sept rois, buveurs de sang humain,
complotent la destruction de tout ce qui est cher à l'homme,
et érigent le bourreau jusqu'à la dignité de premier ministre.

Quand on a lu ce chapitre, et bien d'autres, par exemple
celui des sept ombres maudites et des sept cercueils, on
comprend le mot d'un contemporain, ce mot que Lamennais s'en allait, le répétant dans toutes ses lettres : « C'est
un bonnet rouge planté sur une croix [1]! »

Pourtant, les singularités du caractère breton, où l'austérité confine à la langueur, et où, sous des apparences
de rudesse, se cachent des tendresses infinies, ne tardent
pas à se faire jour dans les *Paroles d'un croyant.*

De brusques passages, des retours étranges, mêlent à
de semblables paroles des rêves d'une ineffable douceur,
véritables îles fortunées semées dans un océan de colère.

[1] Lettre de M. de Vitrolles à Lamennais, 11 mai 1834.

C'est l'observation du célèbre critique que nous avons cité.

Tout se succédait comme un mirage dans cette âme passionnée.

Vous souvient-il du pèlerin du puits de saint Patrice? Revenu de son voyage souterrain, dit la légende ossianesque, il mêlait les visions du ciel aux visions de l'enfer.

Lamennais, comme le pèlerin d'Irlande, entremêle à des pages brûlantes de haine des oasis de verdure, comme celle-ci :

« Lorsque, après une longue sécheresse, une pluie douce
« tombe sur la terre, elle boit avidement l'eau du ciel qui
« la rafraîchit et la féconde. — Ainsi, les nations altérées
« boiront avidement la parole de Dieu, lorsqu'elle des-
« cendra sur elles comme une tiède ondée. — Et la justice
« avec l'amour, et la paix et la liberté germeront dans leur
« sein. — Et ce sera comme au temps où tous étaient
« frères, et l'on n'entendra plus la voix du maître ni la
« voix de l'esclave, les gémissements du pauvre ni les sou-
« pirs des opprimés, mais des chants d'allégresse et de
« bénédiction.

« Les pères diront à leurs fils : Nos premiers jours ont
« été troublés, pleins de larmes et d'angoisses. Maintenant
« le soleil se lève et se couche sur notre joie. Loué soit
« Dieu, qui nous a montré ces biens avant de mourir !

« Et les mères diront à leurs filles : Voyez nos fronts,
« à présent si calmes; le chagrin, la douleur, l'inquiétude,
« y creusèrent de profonds sillons. Les vôtres sont comme
« au printemps la surface d'un lac qu'aucune brise n'agite.
« Loué soit Dieu, qui nous a montré ces biens avant de
« mourir !

« Et les jeunes hommes diront aux jeunes vierges : Vous

« êtes belles comme les fleurs des champs, pures comme
« la rosée qui les rafraîchit, comme la lumière qui les
« colore. Il nous est doux de voir nos pères, il nous est
« doux d'être auprès de nos mères; mais quand nous
« vous voyons et que nous sommes près de vous, il se
« passe en nos âmes quelque chose qui n'a de nom qu'au
« ciel. Loué soit Dieu qui nous a montré ces biens avant
« de mourir!

« Et les jeunes vierges répondront : Les fleurs se fanent,
« elles passent; vient un jour où ni la rosée ne les rafraî-
« chit, ni la lumière ne les colore plus. Il n'y a sur la terre
« que la vertu qui jamais ni se fane ni ne passe. Nos pères
« sont comme l'épi qui se remplit de grain vers l'automne,
« et nos mères, comme la vigne qui se charge de fruits.
« Il nous est doux de voir nos pères, il nous est doux
« d'être auprès de nos mères, et les fils de nos pères et
« de nos mères nous sont doux aussi. Loué soit Dieu qui
« nous a montré ces biens avant de mourir! »

Quelle séduction qu'une idylle aussi pure, aussi délicate, aussi achevée!

Ailleurs, c'est le souvenir des morts que le croyant
évoque, leur disant : « Oh! parlez-moi des mystères de
« ce monde que mes désirs pressentent, au sein duquel
« mon âme, fatiguée des ombres de la terre, aspire à se
« plonger. Parlez-moi de celui qui l'a fait, et le remplit
« de lui-même, et seul peut remplir le vide immense qu'il
« a creusé en moi. — Frères, après une attente consolée
« par la foi, votre heure est venue. La mienne aussi vien-
« dra, et d'autres, à leur tour, la journée de labeur finie,
« regagnant leur pauvre cabane, prêteront l'oreille à la
« voix qui dit : Souvenez-vous des morts! »

15.

La compassion pour l'exilé est comme entrecoupée de larmes. On connaît cette page humide, qu'on ne relit jamais sans émotion. Écoutez encore une fois ces plaintes navrantes :

« Il s'en allait, errant sur la terre. Que Dieu guide le
« pauvre exilé !

« J'ai passé à travers les peuples, et ils m'ont regardé,
« et je les ai regardés, et nous ne nous sommes point
« reconnus. L'exilé partout est seul.

« Lorsque je voyais, au déclin du jour, s'élever du creux
« d'un vallon la fumée de quelque chaumière, je me disais :
« Heureux celui qui retrouve, le soir, le foyer domestique,
« et s'y assied au milieu des siens ! L'exilé partout est seul.

« Où vont ces nuages que chasse la tempête ? Elle me
« chasse comme eux, et qu'importe où ? L'exilé partout est
« seul.

« Ces arbres sont beaux, ces fleurs sont belles ; mais ce
« ne sont point les fleurs ni les arbres de mon pays : ils
« ne me disent rien. L'exilé partout est seul.

« Ce ruisseau coule mollement dans la plaine : mais son
« murmure n'est pas celui qu'entendit mon enfance ; il ne
« rappelle à mon âme aucun souvenir. L'exilé partout est
« seul.

« Ces chants sont doux, mais les tristesses et les joies
« qu'ils réveillent ne sont ni mes tristesses ni mes joies.
« L'exilé partout est seul.

« On m'a demandé : Pourquoi pleurez-vous ? et quand
« je l'ai dit, nul n'a pleuré, parce qu'on ne me comprenait
« point. L'exilé partout est seul.

« J'ai vu des vieillards entourés d'enfants comme l'oli-
« vier de ses rejetons ; mais aucun de ces vieillards ne

« m'appelait son fils, aucun de ces enfants ne m'appelait
« son frère. L'exilé partout est seul.

« J'ai vu des jeunes filles sourire, d'un sourire aussi pur
« que la brise du matin, à celui que leur amour s'était
« choisi pour époux : mais pas une ne m'a souri. L'exilé
« partout est seul.

« J'ai vu des jeunes hommes, poitrine contre poitrine,
« s'étreindre, comme s'ils avaient voulu de deux vies ne
« faire qu'une vie ; mais pas un ne m'a serré la main.
« L'exilé partout est seul.

« Il n'y a d'amis, d'épouses, de pères et de frères, que
« dans la patrie. L'exilé partout est seul.

« Pauvre exilé ! cesse de gémir ; tous sont bannis comme
« toi : tous voient passer et s'évanouir pères, frères,
« épouses, amis.

« La patrie n'est point ici-bas : l'homme vainement l'y
« cherche ; ce qu'il prend pour elle n'est qu'un gîte d'une
« nuit.

« Il s'en va errant sur la terre. Que Dieu guide le pauvre
« exilé ! »

Aussi beau que le chant triste de l'exilé, est cet autre
hymne au défenseur de la patrie, sublime dialogue entre
le croyant qui interroge : « Jeune soldat, où vas-tu ? » et
le soldat qui répond en vaillant et en brave, chacune de
ces réponses lui méritant cette louange : « Que tes armes
soient bénies, jeune soldat ! »

Puis, ce chapitre de la prière, incomparable exhortation,
telle que jamais l'âme du plus ardent des apôtres n'en fit
de pareille :

« Quand vous avez prié, ne sentez-vous pas votre cœur
« plus léger et votre âme plus contente ? »

Et ce modèle de prière, que je voudrais citer en entier, si je n'avais déjà trop cité :

« Seigneur, nous crions vers vous du fond de notre « misère.

« Comme les animaux qui manquent de pâture pour « donner à leurs petits, nous crions vers vous, Seigneur.

« Comme la brebis à qui l'on enlève son agneau, nous « crions vers vous, Seigneur.

« Comme la colombe que saisit le vautour, nous crions « vers vous, Seigneur.

« Comme la gazelle sous la griffe du tigre, nous crions « vers vous, Seigneur.

« Comme le taureau épuisé de fatigue et ensanglanté par « l'aiguillon, nous crions vers vous, Seigneur.

« Comme l'oiseau blessé que le chien poursuit, nous « crions vers vous, Seigneur.

« Comme l'hirondelle tombée de lassitude en traversant « les mers, et se débattant sur la vague, nous crions vers « vous, Seigneur.

« Comme des voyageurs égarés dans un désert brûlant « et sans eau, nous crions vers vous, Seigneur.

« Comme des naufragés sur une côte stérile, nous crions « vers vous, Seigneur.

« Comme celui qui, à l'heure où la nuit se fait, rencontre « près d'un cimetière un spectre hideux, nous crions vers « vous, Seigneur.

« Comme le père à qui l'on ravit le morceau de pain « qu'il portait à ses enfants affamés, nous crions vers vous, « Seigneur. »

Et la merveilleuse litanie se poursuit sur ce ton, où l'on ne sait s'il faut admirer plus la fécondité des images tirées des choses de la nature, ou le sentiment de l'âme qui du visible s'élève à l'invisible à travers les figures du temps.

Il faudrait tout relire, dans ce livre à part, sans modèle connu, sans précédent dans les littératures humaines.

Et cependant, au risque de dépasser les limites ordinaires d'un chapitre, je citerai encore le XXVe chant du poëme.

C'est un touchant appel à la confiance et un hymne à la Providence.

« C'était une nuit d'hiver. Le vent soufflait au dehors,
« et la neige blanchissait les toits. Sous un de ces toits,
« dans une chambre étroite, étaient assises, travaillant de
« leurs mains, une femme à cheveux blancs et une jeune
« fille. — Et, de temps en temps, la vieille femme ré-
« chauffait à un petit brasier ses mains pâles. Une lampe
« d'argile éclairait cette pauvre demeure, et un rayon de
« la lampe venait expirer sur une image de la Vierge, sus-
« pendue au mur. — Et la jeune fille, levant les yeux,
« regarda en silence, pendant quelques moments, la femme
« à cheveux blancs; puis elle lui dit : « Ma mère, vous
« n'avez pas toujours été dans ce dénûment... » Et il y
« avait dans sa voix une douceur et une tendresse inex-
« primables. — Et la femme à cheveux blancs répondit :
« Ma fille, Dieu est le maître, ce qu'il fait est bien fait. —
« Ayant dit ces mots, elle se tut un peu de temps; ensuite
« elle reprit : — Quand je perdis votre père, ce fut une
« douleur que je crus sans consolation : cependant, vous
« me restiez; mais je ne sentais qu'une chose alors. —
« Depuis j'ai pensé que s'il vivait, et s'il nous voyait dans
« cette détresse, son âme se briserait, et j'ai reconnu que
« Dieu avait été bon envers lui. » — La jeune fille ne
« répondit rien, mais elle baissa la tête, et quelques larmes,

« qu'elle s'efforçait de cacher, tombèrent sur la toile qu'elle
« tenait entre ses mains. — La mère ajouta : « Dieu, qui
« a été bon envers lui, a été bon envers nous. De quoi
« avons-nous manqué, tandis que tant d'autres manquent
« de tout? — Il est vrai qu'il a fallu nous habituer à peu,
« et ce peu, le gagner par notre travail; mais ce peu ne
« suffit-il pas? et tous n'ont-ils pas, dès le commencement,
« été condamnés à vivre de leur travail? — Dieu, dans sa
« bonté, nous a donné le pain de chaque jour; et combien
« ne l'ont-ils pas! Un abri, et combien ne savent où se
« retirer! Il vous a, ma fille, donnée à moi : de quoi me
« plaindrais-je? » A ces dernières paroles, la jeune fille,
« tout émue, tomba aux genoux de sa mère, prit ses
« mains, les baisa et se pencha sur son sein en pleurant.
« — Et la mère, faisant un effort pour élever la voix :
« — Ma fille, dit-elle, le bonheur n'est pas de posséder
« beaucoup, mais d'espérer et d'aimer beaucoup. Notre
« espérance n'est pas ici-bas, ni notre amour non plus;
« ou, s'il y est, ce n'est qu'en passant. — Après Dieu,
« vous m'êtes tout en ce monde; mais ce monde s'éva-
« nouit comme un songe, et c'est pourquoi mon amour
« s'élève avec vous vers un autre monde. — Lorsque je
« vous portais dans mon sein, un jour je priais avec plus
« d'ardeur la Vierge Marie; et elle m'apparut pendant mon
« sommeil, et il me semblait qu'avec un sourire céleste
« elle me présentait un petit enfant. Et je pris l'enfant
« qu'elle me présentait, et, lorsque je le tins dans mes
« bras, la Vierge mère posa sur sa tête une couronne de
« roses blanches. Peu de mois après, vous naquîtes, et la
« douce vision était toujours devant mes yeux. » — Ce
« disant, la femme aux cheveux blancs tressaillit et serra

« sur son cœur la jeune fille. A quelque temps de là, une
« âme sainte vit deux formes lumineuses monter vers le
« ciel, et une troupe d'anges les accompagnait, et l'air
« retentissait de leurs chants d'allégresse. »

Voilà ce qu'est ce livre !

Après lui, il y en eut beaucoup d'autres [1]. Celui-là est
resté, et les autres sont tombés déjà dans l'oubli !

[1] « En perdant la foi, Lamennais perdit tout. En dehors même de
toute considération théologique, ce ne fut plus une décadence, mais
une débâcle. Il y eut encore quelques pages d'un beau style descrip-
tif dans les *Affaires de Rome.* A dater des *Amschaspands et Dar-
vands,* — que les Parisiens du boulevard prononçaient *Chenapans
et Dévorants,* — ce ne fut plus qu'un chaos sinistre, où l'injure,
suivant l'expression de Sainte-Beuve, devenait *crasseuse,* où le
cheval de l'Apocalypse galopait dans les ténèbres, où la haine
empruntait son langage tantôt aux furies, tantôt aux sorcières de
Macbeth, tantôt aux tricoteuses de 93, tantôt aux dames de la halle,
où un reste d'eau bénite, oublié dans la chapelle de La Chesnaie, se
noyait dans un déluge de fiel et de venin. A cette consolation, on
pourrait aujourd'hui en ajouter une autre, et le meilleur éloge que
je puisse faire du livre de l'abbé Ricard, c'est que j'y ai songé en le
lisant. La chute de Lamennais, ses révoltes, ses tentatives de schisme
et d'hérésie, les idées qu'il remua, les enthousiasmes qui l'entou-
rèrent, les espérances qu'il trompa, les passions qu'il souleva, les
orages amoncelés sur sa tête et déchaînés sur son chemin, ces tem
pêtes continuelles sous ce crâne osseux, recouvert d'une peau bilieuse,
cette fièvre du mal succédant à cette hypertrophie du bien, tout cela
était chimérique, dangereux, insensé, fatal, effrayant, coupable, ce
n'était pas vil, ce n'était pas mesquin : cela mettait en jeu les plus
grands intérêts de l'âme humaine. Ce Titan blessé au cœur fait
mesurer, en tombant, la hauteur du sommet qu'il essaya de gravir,
la toute-puissance du Dieu qui le foudroya. On est consterné en
regardant cette sombre figure ; on n'est pas humilié ; on n'a pas à
redouter une vague odeur de boudoir. Après la faillite des Rohan,
le prince de Soubise disait avec orgueil que sa maison était seule
capable de faire une faillite aussi belle ; en rappelant la déchéance
de M. de Lamennais, on se dit que la religion est bien haute, qu'il
n'y a qu'un prêtre de génie qui pût tomber de si haut. » (Armand
DE PONTMARTIN, *Gazette de France,* feuilleton du 19 février 1882.)

XIII

LA FIN DE LAMENNAIS.

Sommaire. — Prière de Lacordaire. — Montalembert brise avec Lamennais. — L'encyclique *Singulari nos*. — La dernière messe. — L'attaque du prêtre apostat. — Le livre des *Affaires de Rome*. — Réquisitoire enfiellé. — De chute en chute. — Portrait par M. de Pontmartin. — La douleur d'un frère. — Joie de quelques détracteurs flétrie par M. de Hercé. — Les larmes de Gerbet. — Une étrange visite. — Récit de M. Laurentie. — A Sainte-Pélagie. — La mort.

Le 2 août 1834, dans son humble et fière loyauté, l'abbé Lacordaire écrivait :

— Je ne me réjouis pas de l'abîme creusé par l'opiniâtreté sous un homme qui a rendu tant de services à l'Église. J'espère que Dieu l'arrêtera à temps. — Il ajoutait : — Puissions-nous tous nous pardonner les erreurs de notre jeunesse et prier ensemble pour celui qui les causa, par un excès d'imagination, trop belle pour n'être pas pleurée [1] !

Pendant vingt ans, ces prières sortirent d'une foule de cœurs invinciblement enchaînés à l'espérance [2].

[1] Voir, dans notre volume sur Lacordaire, l'expression des sentiments qu'il nourrit jusqu'à la fin pour son malheureux maître.

[2] « Vous vous croyez oublié, méprisé peut-être de tous vos frères « dans le sacerdoce », écrivait M. l'abbé Busson à Lamennais, en 1849, « détrompez-vous : il en est un dont l'attachement pour vous

Hélas! nul gage de réconciliation, nul signe de repentir n'est venu consoler ceux qui auraient donné mille fois leur vie d'ici-bas pour la vie de cette âme. Il n'est resté à leur confiance d'autre asile que l'impénétrable immensité de la miséricorde divine.

Du moins, M. de Lamennais, en s'enfonçant de plus en plus dans l'abîme, au fond duquel, — il l'avait magnifiquement démontré lui-même et il en avait fait l'exergue de son *Essai sur l'indifférence,* — quand il y est arrivé, l'impie en vient à mépriser toutes choses, même son Dieu, M. de Lamennais n'entraîna personne avec lui, absolument personne.

C'est, si je ne me trompe, le seul exemple, dans l'histoire du christianisme, d'un homme qui, ayant en lui toute l'étoffe du plus redoutable hérésiarque, n'a pas même réussi à détacher du centre de l'unité le moindre des acolytes.

« n'a jamais varié, et qui cent fois depuis vingt ans a pris votre
« défense, toutes les fois qu'il s'élevait sur vous une polémique en
« sa présence. Que de fois il a peint avec complaisance toutes vos
« qualités, la bonté de votre cœur, votre douceur, votre sensibilité,
« l'admirable simplicité de votre caractère! S'animant de toute l'ar-
« deur d'une amitié qui ne craint pas de s'engager, il s'écriait, avec
« l'ardeur de la plus intime conviction : « ...Aidons M. de Lamen-
« nais à pleurer ses fautes en les pleurant d'abord pour lui. Ten-
« dons-lui la main... » Ces paroles, mon bien cher ami, ont été
« souvent suivies d'un heureux effet. Tantôt c'était un assentiment
« unanime, tantôt un silence attendri... »

I

Pourtant, il y eut bien des hésitations.

Lamennais, on le sait, était passionnément aimé. Une école brillante et ardente était fière de dire, en parlant de lui, « le Maître! » Quels déchirements au cœur de cette vaillante jeunesse, quand il fallut se séparer!

Qu'on me permette de raconter l'une de ces séparations, une seule.

Parmi les âmes profondément troublées par l'empire de ce fatal génie, il y en avait une que Lacordaire aimait par-dessus toutes les autres, et qui s'obstinait, après toutes les autres, dans une fidélité désintéressée, moins peut-être à la personne de l'apôtre déchu qu'à la grande idée qui semblait ensevelie dans sa chute.

Avec le vain espoir de se dérober aux douleurs et aux orages d'un conflit trop cruel, ce disciple obstinément fidèle s'était réfugié en Allemagne, où le poursuivaient les appels de Lamennais. Lacordaire vint le chercher et le prêcher auprès du tombeau de sainte Élisabeth de Hongrie, « la chère sainte », dont cet ami écrira si merveilleusement l'histoire. Lacordaire fut repoussé, non sans humeur.

De nouveau séparé par la distance, Lacordaire ne se découragea point, et c'est pour cette âme rebelle aimée qu'il dépensa, plusieurs mois durant, à l'insu du monde entier, les plus riches trésors de son éloquence.

Qu'on en juge par cette page, prise entre cent autres :

« L'Église ne te dit pas : *Vois.* Ce pouvoir ne lui appartient pas. Elle te dit : *Crois.* Elle te dit, à vingt-trois ans, attaché que tu es à certaines pensées, ce qu'elle te disait à ta première communion : Reçois le Dieu caché et incompréhensible; abaisse ta raison devant celle de Dieu et devant l'Église qui est son organe. Eh! pourquoi l'Église nous a-t-elle été donnée, sinon pour nous ramener à la vérité, quand nous prenons l'erreur pour elle?... Tu t'étonnes de ce que le Saint-Père exige de M. de Lamennais... Certes, il est plus dur de se soumettre, quand on s'est prononcé devant les hommes, que lorsque tout se passe entre le cœur et Dieu. C'est là l'épreuve particulière aux grands talents. Les plus grands de l'Église ont eu à briser leur vie en deux, et, dans un ordre inférieur, toute conversion n'est que cela... Écoute cette voix trop dédaignée, car qui t'avertira, si ce n'est moi? Qui t'aimera assez pour te traiter avec pitié? Qui mettra le feu dans tes plaies, si ce n'est celui qui les baise avec tant d'amour, et qui voudrait en sucer le poison au péril de sa vie [1]? »

L'âme, ainsi exhortée, conjurée, résistait toujours. « J'en parle avec confusion, avec remords, — ce sont les propres paroles de celui que Lacordaire aimait tant, — c'est alors, c'est ainsi que j'ai pu plonger dans les derniers replis de cette âme un regard d'abord distrait et irrité, mais depuis et aujourd'hui baigné des larmes d'une reconnaissance éternelle... Captif de l'erreur et de l'orgueil, j'ai été racheté par celui qui m'apparut alors l'idéal du prêtre, tel qu'il l'a lui-même défini : « Fort comme le diamant, et plus tendre qu'une mère [2]! »

[1] Lettre de Lacordaire à Montalembert, 5 août 1834.
[2] MONTALEMBERT, *le P. Lacordaire* (*loc. cit.*, p. 441).

Je n'ai pas besoin de dire que l'heureux racheté s'appelait Charles de Montalembert.

Ainsi, en s'exilant loin de l'Église, Lamennais n'était plus accompagné par aucun de ceux qui avaient partagé ses travaux.

Tous se rangèrent à la droite du vicaire de Jésus-Christ, et ils ne suivirent que de leurs regards attristés celui qui s'engageait à gauche. Est-ce là comme une scène du jugement dernier?

— Ah! répondait Gerbet en pleurs, Dieu lit dans le fond de notre âme. Il y voit le désir de donner, s'il le fallait, tout notre sang pour obtenir à Tertullien tombé la grâce d'une seule larme[1].

Il nous faut reprendre les choses d'un peu haut et revenir en arrière.

II

A la suite de la déclaration du 11 décembre, l'âme de Grégoire XVI, longtemps anxieuse, s'était ouverte à l'espérance, à la joie.

Mais les *Paroles d'un croyant* vinrent tout à coup dissiper les paternelles illusions de son âme de pontife.

— Dissimuler par notre silence un coup si funeste porté à la sainte doctrine, dit-il, nous est défendu par Celui qui nous a placés comme des sentinelles en Israël.

[1] *Univ. cath.*, III, 88.

En conséquence, dès le 15 juillet, adressant à tous les évêques une seconde encyclique, il y exhalait son amère douleur et y formulait la condamnation du livre où, disait le chef de l'Église, « par un abus impie de la parole de « Dieu, les peuples sont criminellement poussés à rompre « les liens de tout ordre public ».

Cette encyclique, connue dans le Bullaire sous la désignation de *Singulari nos,* improuvait, en même temps, le système du sens commun, enseigné par Lamennais comme unique moyen de certitude.

Quand il en eut connaissance, le solitaire de la Chesnaie écrivit :

— Je gémis qu'un pouvoir que j'ai tant aimé, tant vénéré, soit descendu à un pareil degré d'ignominie[1].

A quelques jours de là, il répondait aux instances d'un ami :

— Vous vous trompez, en me supposant des troubles de conscience au sujet de l'encyclique du Pape; je n'en éprouve pas l'ombre, et mon projet est bien de recommencer à dire la sainte messe, dès que j'aurai l'assurance de ne pas être chassé du seul asile que j'eusse en ce monde, par une interdiction publique[2].

Et il ajoutait, avec un superbe dédain :

— Les lignes tracées par Grégoire XVI, et qu'on ne prend pas même la peine de lire, sont comme les bandelettes qui enveloppent la momie : il parle à un monde qui n'existe plus; sa voix ressemble à un de ces bruits vagues qui retentissent, solitaires, dans les tombeaux sacrés des prêtres de Memphis[3].

---

[1] Lettre de Lamennais au marquis de Coriolis, 27 juillet 1834.
[2] Lettre de Lamennais à mademoiselle de Lucinière, 2 août 1834.
[3] Lettre de Lamennais à la comtesse de Senfft, 20 août 1834.

Nous sommes bien près de l'accomplissement de l'oracle, placé, comme une navrante prophétie, sur le titre du premier volume de l'*Essai* : « L'impie, arrivé au dernier terme, méprise ! »

Ne craignez pas pourtant que je me complaise à piétiner ce mort !

Si le poëte a pu dire : « Ah ! n'insultez jamais une « femme qui tombe ! » ce n'est pas moi qui insulterai non plus à une femme tombée, mais à cet astre, dont l'éclipse au firmament de l'Église sera à jamais un deuil et une déchirante douleur pour toute âme qui sait ce que valait cette âme !...

Lamennais vient de dire une parole qui n'aura pas échappé au lecteur. Elle réveille un souvenir. On me permettra de le faire revivre.

C'était le 7 avril 1833, le jour de Pâques.

Par une matinée radieuse, devant quelques jeunes gens agenouillés près de l'autel, dans la chapelle de la Chesnaie, M. de Lamennais célébrait la messe pascale, — sa dernière messe !

Oh ! c'est un beau jour que celui où, les mains encore humides des onctions sacrées qu'il vient de recevoir, un jeune prêtre s'avance vers le sanctuaire, qu'il entrevoyait de loin, à travers les saintes ardeurs de sa foi et de ses pieux désirs. Tout à coup, sa voix a retenti dans le silence du temple, et, tandis qu'autour de lui, son père, sa mère, ses frères, ses amis, sont agenouillés et pleurent de bonheur, lui a dit : « Je monterai à l'autel de Dieu, du « Dieu qui réjouit ma jeunesse. »

Jeunesse sacerdotale ! Saintes ivresses du jour vraiment divin où nous avons célébré pour la première fois le sacri-

fice, qui nous permit de dire, avec autorité, à Dieu lui-
même, reposant entre nos mains tremblantes : « Mon Dieu,
« vous êtes mon fils, je vous ai engendré aujourd'hui sur
« l'autel où ma voix vous a commandé de résider et de
« bénir ! » Souvenirs ineffaçables de la première messe !
Ne se représentèrent-ils pas, ces souvenirs, à l'âme
aimante de ce prêtre, qui, descendant de l'autel, cacha sa
tête dans ses mains, fondit en larmes amères, et se dit :
« Je n'y remonterai plus ! »

Il venait de communier de sa main les jeunes disciples,
qui le croyaient encore fidèle, comme ils l'étaient eux-
mêmes, Élie de Kertangui, Eugène Boré, François du
Breil, Maurice de Guérin, et, regardant cette main : « Elle
« ne touchera plus à l'hostie sainte. Le tabernacle qu'elle
« vient de refermer, je ne le rouvrirai plus jamais ! »

Ah ! la triste histoire !...

« Qui eût dit alors, s'écrie Sainte-Beuve lui-même, qui
eût dit alors à ceux qui se groupaient encore autour du
maître, que celui qui venait de leur donner la communion
ne la donnerait plus à personne, qu'il la refuserait lui-
même à tout jamais, et qu'il allait avoir pour devise trop
vraie un *Chêne brisé par l'orage* avec cette légende altière :
Je romps et ne plie pas ! — Oh ! si l'on nous l'eût dit, écrivait l'un d'eux, quel frisson eût passé dans nos veines [1] ! »

---

[1] SAINTE-BEUVE, *Notice sur M. de Guérin*, p. 20.

III

On raconte [1] que quand les missionnaires de Rome, après avoir converti au christianisme les Saxons de Northumbrie, les engagèrent à renverser eux-mêmes les idoles que jusque-là ils avaient adorées, nul n'osa porter la main sur ces images, longtemps consacrées par la foi et la prière.

Au milieu de l'hésitation générale, un prêtre se leva et abattit d'un coup de hache le Dieu dont il connaissait mieux que personne la vanité.

L'attaque du prêtre a toujours ainsi un caractère particulier de froideur et d'assurance : on sent dans les coups qu'il porte une sûreté de main que le laïque n'atteint jamais. Celui-ci, habitué à regarder de loin le sanctuaire, ne s'en approche qu'avec respect, même quand la divinité l'a quitté ; mais le prêtre qui en connait les secrets, l'ouvre et le livre aux regards avec l'audace d'un familier [2].

[1] RENAN, *loc. cit.*, p. 141.

[2] « L'apostasie de Lamennais fit coup double. Il désespéra et risqua d'entraîner dans sa chute ses disciples de prédilection, d'autant plus exposés qu'il leur inspirait plus de dévouement et de confiance. Il réjouit, émerveilla et affermit dans leur scepticisme les ennemis de l'Église. Il leur apparut comme la justification vivante de leur impiété. Il faut relire la *Revue des Deux Mondes* de 1834, --- après l'explosion des *Paroles d'un croyant,* — pour se faire une idée de cette allégresse. L'archange déchu était accueilli et salué dans son nouveau domaine avec les honneurs dus à son rang. Au moment où Lamennais hésitait ou avait l'air d'hésiter encore, Lherminier publiait

Mais quand l'apologiste devient apostat, quand le prêtre laisse par testament une sanglante injure au dogme qu'il a servi, alors c'est un trouble profond dans les âmes, et je ne sais si, depuis Tertullien, le monde a vu un signe de ce genre aussi frappant que celui que Lamennais réservait à notre âge.

Écoutez plutôt.

Quand il apprit la soumission de Montalembert, Lamennais poussa un cri d'hyène blessée aux sources de la vie.

un article d'invitation au schisme, dont j'ai retenu ces deux phrases : « Il insulte avec des ressources infinies » ; — et : « Il a le goût du schisme, qu'il en ait le courage ! » Lorsqu'il ne fut que trop prouvé que Lamennais avait ce courage, Sainte-Beuve ouvrit le feu des panégyriques, — feu d'artifice s'il en fut. Il s'y prit avec ces malices félines, ces ménagements doucereux, ces sous-entendus sournois qui marquèrent sa première manière. Le Pape était seul mis en cause. La chaire de Saint-Pierre devenait une sellette. En rompant brusquement avec la cour de Rome, l'illustre rebelle faisait acte de chrétien et de catholique. « — Sans rien espérer actuellement de Rome et de ce qui y règne, écrivait le futur initiateur des enterrements civils, nous sommes trop chrétien et catholique (!) sinon de foi, du moins d'affinité et de désir, pour ne pas déplorer tout ce qui augmenterait l'anarchie apparente de ce grand corps déjà si compromis *humainement.* » — Puis vint madame Sand, excellent juge, comme chacun sait, en fait d'hygiène religieuse et morale. Sous sa plume, les effusions lyriques, les divagations, en pays de bohème, des *Lettres d'un voyageur,* — aujourd'hui plus vieilles que le *Voyage du jeune Anacharsis,* — passèrent du poëte de *Namouna* à l'auteur des *Paroles d'un croyant,* d'un croyant qui s'exerçait à se faire incrédule. Naturellement, ce fut encore le bon Grégoire XVI qui fit les frais de ce dithyrambe à grand orchestre, confié aux échos des lagunes et de la Brenta. « — Les foudres de Rome sont éteintes, et le feu de la colère brûle en vain les entrailles des hommes de Dieu. Leur anathème n'est plus qu'un son dont le vent se joue comme de l'écume d'un flot grondeur... Restez en paix, mes frères! Dieu n'épouse pas les querelles du Pape. » — Suivent deux pages d'un vrai galimatias, qui avait des admirateurs en 1834. (A. DE PONTMARTIN, *loc. cit.*)

16

Pendant plus d'un an, il avait gardé un silence mutin. Il en sortit pour en appeler du jugement du Pape à l'opinion publique, ou plutôt pour citer le Pape devant le tribunal des peuples.

Son réquisitoire plein de fiel porte le nom d'*Affaires de Rome,* parce qu'il était censé y raconter seulement les phases diverses des négociations qui aboutirent à l'encyclique *Mirari vos.*

Au point de vue religieux, le nouveau christianisme dont il se fait le prophète aboutit à un fade déisme dans le genre de l'*Émile* [1] ; la théorie politique n'est autre chose que la reproduction de la doctrine du *Contrat social.*

Quel châtiment! Prêtre, l'abbé de Lamennais avait conquis une gloire éclatante en réfutant Rousseau, et, lorsqu'il cesse d'être soumis, il en est réduit, comme expiation, à habiller d'un habit nouveau les sophismes du philosophe de Genève.

Déiste comme Jean-Jacques en religion, il devient à sa suite révolutionnaire et démagogue en politique.

On n'attend pas ici que j'expose en détail ces doctrines et ces livres : *Amschaspands et Darvans,* le *Livre du peuple, Esquisse d'une philosophie* [2], et cent brochures, qui

---

[1] Béranger lui-même s'en épouvantait : « Je tremble, écrit le chansonnier, quand je vois disséquer Dieu, si respectueux que soit l'opérateur. C'est que moi je crois comme les petits enfants, ce qui semble ne m'aller guère. J'en ai connu un qui avait un Jésus en cire; sa bonne, en touchant à la statuette, la brise. L'enfant se mit à pleurer en disant : « Je n'ai plus de bon Dieu, je vais mourir! » Bien que je sache que mon Dieu ne finira pas en poussière sous les coups d'un puissant génie, toujours est-il que je suis tenté de crier au génie : Croyez, et fermez les yeux. »

[2] La théorie de Lamennais, dans cet ouvrage où il traite de l'art, n'est pas irréprochable pour les vues d'ensemble. Mais elle se dis-

tous se résument comme je viens de le faire : Déisme et Démagogie !

Lorsque 48 arriva, il poussa la glorification et l'apothéose de son nouvel Évangile jusqu'à la frénésie, et, dans le *Peuple constituant,* il devint l'apôtre de la licence et de la révolte, après avoir été le héraut de l'absolutisme le plus pur.

J'ai déjà raconté comment ils se rencontrèrent, à l'Assemblée, sur les mêmes bancs, avec son ancien disciple, devenu le Père Lacordaire, député de Marseille à la Constituante de 1848.

Un contemporain, Armand de Pontmartin, qui l'a bien connu alors, en a tracé ce portrait :

« Bilieux, ombrageux et irascible, l'abbé Féli devient, à chacun de ses pas vers l'abîme, plus taciturne et plus sinistre. En vain, semblable aux poltrons, pour se rassurer, écrit-il que ses nouvelles convictions lui donnent plus de paix et de bonheur qu'il n'en goûta jamais en aucun temps de sa vie. » — Il s'inflige à lui-même, à tout instant, les plus inflexibles démentis. Son visage jaune et ridé porte le deuil de ses croyances et refuse de se parer des mensonges. Sa conscience le met à l'index comme le Saint-Siége : le sceau de la réprobation s'incruste peu à peu sur ce large front qu'illuminaient autre-

tingue par la grâce des détails. Lamennais y fait du temple chrétien une description magnifique où le sentiment religieux qui l'avait jadis animé semble respirer encore. Il nous le montre enveloppant dans son ample sein toutes les formes de l'existence, depuis la plante jusqu'à l'homme, et donnant successivement naissance à tous les arts, à la sculpture, à la peinture, à la musique, à la danse, à la poésie, à l'éloquence elle-même, qui parle du ciel, par la voix du prêtre, aux multitudes agenouillées. (FERRAZ, *loc. cit.*, p. 258.)

fois les clartés célestes de l'apologétique chrétienne. Ce n'est plus un homme, c'est un anathème qui marche; son attitude méfiante, son air farouche[1], serrent le cœur; il repousse les témoignages d'admiration et de sympathie : il semble constamment redouter une allusion à ce qu'il a été, à ce qu'il n'est plus; les louanges lui font l'effet d'un reproche, parce qu'il se demande avec angoisse si elles s'adressent au Lamennais de l'*Essai sur l'indifférence* ou au Lamennais des *Affaires de Rome*. Il ne veut qu'on lui parle ni de son passé qui le condamne, ni de son présent qui l'importune, ni de son avenir qui l'épouvante. Il cherche dans les combinaisons mécaniques d'une partie d'échecs un moyen de ne rien dire, de ne rien entendre, de ne pas penser, de tout oublier. Son abord est si glacial et si lugubre, qu'il décourage l'amitié, et qu'on finit par l'éviter au lieu de le plaindre. Les rares compagnons de ses belles années qui ne consentent pas à le délaisser absolument ne savent plus si, pour persister à le revoir de loin en loin, ils ont à surmonter la répugnance que soulève le renégat ou l'effroi qu'inspire le désespéré.

Quel tableau et quelle chute!...

Avec le *Livre du peuple* et les dernières pages des

---

[1] En 1848, au lendemain des journées de juin et de la mort de M. de Chateaubriand, l'Assemblée nationale fit célébrer une grand'-messe pour le repos de l'âme de l'immortel défunt. Un de mes amis, Jules Renouvier, député de l'Hérault, républicain assez peu catholique, me dit, en sortant de Notre-Dame : « Le hasard m'avait placé à côté de M. de Lamennais. Je ne suis pas dévot, et pourtant l'attitude de ce prêtre m'a serré le cœur. A l'élévation, il s'est redressé de toute la hauteur de sa petite taille, et a fixé sur l'hostie un regard injecté de haine — qui sait? peut-être d'épouvante. Ce n'est plus un déserteur, c'est un possédé. » (A. DE PONTMARTIN, *Gazette de France* du 17 février 1882.)

Affaires de Rome, commence pour Lamennais une troisième phase intellectuelle. A la fin de ce dernier ouvrage, il se demande ce que la papauté va faire, maintenant qu'elle a rompu si radicalement avec la société moderne.

Continuera-t-elle à combattre les aspirations des peuples?

Mais le mouvement qui les emporte est si irrésistible et si général que les résistances que Rome y opposerait ne sauraient l'arrêter, et qu'elle y perdrait le peu de popularité qui lui reste.

Renoncera-t-elle aux maximes qu'après un mûr examen elle a cru devoir embrasser?

Mais ce serait s'infliger à elle-même le plus éclatant démenti et donner à toutes les nations le signal du mépris de son autorité.

Confondant le dogme avec l'appréciation des formes politiques où l'assistance du Saint-Esprit n'a point été promise au Pape, Lamennais conclut que l'Église est dans une impasse d'où il lui sera impossible de sortir, si le christianisme ne subit pas quelque grande transformation.

On voit la progression.

Lamennais a passé successivement du catholicisme autoritaire et ultramontain de l'*Essai sur l'indifférence* au catholicisme libéral de l'*Avenir,* puis au christianisme révolutionnaire des *Paroles d'un croyant,* pour aboutir à la religion progressive des *Affaires de Rome* et du *Livre du peuple*[1].

[1] Nous tenons de M. Aurélien de Courson le récit suivant. En 18.., lorsque fut découverte la conspiration ourdie contre l'Autriche par Mazzini, ce dernier licencia ses principaux lieutenants, parmi lesquels se trouvait M. Ruffoni, son secrétaire intime, lequel avait siégé au parlement italien. Ruffoni ayant été obligé de se réfugier en France, Mazzini lui remit, le jour de son départ, une lettre

IV

On se souvient de l'abbé Jean-Marie, ce frère tant aimé et si justement vénéré par Féli !

Sa douleur fut immense : « C'était plus qu'un frère, c'était un fils qu'il avait enfanté à la foi, c'était un génie qu'il avait donné à l'Église; c'était la gloire, la consolation de la moitié de sa vie, qui venait de porter le dernier coup à sa vieillesse [1]. »

de recommandation pour l'abbé F. de Lamennais. Or, voici ce qui se passa, le jour où cette lettre fut remise à M. de Lamennais. Ce dernier l'ouvrit tout de suite, et, selon sa coutume, il se mit à la commenter tout haut, à mesure qu'il lisait. Mazzini, très-découragé, écrivait à l'abbé : « D'ici bien longtemps nous n'aurons rien à espérer « en Italie; rien de plus rare en ce pays que de vrais patriotes. Il « faut nous attendre à toutes sortes de trahisons, même de la part « des nôtres. Donc, peu d'espoir de nous revoir ici-bas; mais il est « un monde meilleur, etc. » A ces mots, Lamennais, se parlant à lui-même, s'écria : « *Un monde meilleur !* Sait-il plus que nous s'il existe un monde meilleur ! » Ce scepticisme absolu révolta Ruffoni. qui, tout révolutionnaire qu'il était, n'avait jamais cessé de croire.

Faut-il voir là une preuve de l'incrédulité absolue de M. de Lamennais à la fin de sa vie, ou bien une simple boutade? Un autre récit que nous tenons de M. Rosin, auteur dramatique de grand talent, nous fait incliner vers la seconde de ces alternatives : Rosin entrait à Saint-Eustache à Paris et se croisait avec Lamennais, qui sortait derrière un convoi qui prenait le chemin du Père-Lachaise : « Eh bien, dit Rosin, en s'adressant à Lamennais, en désignant le mort qu'on emportait, voilà donc où tout finit!... — Dites plutôt, riposta Lamennais, dites plutôt que c'est là où tout commence! »

[1] DE LA GOURNERIE, *loc. cit.*, p. LV.

De semaine en semaine, il adresse à Féli des lettres éplorées; Féli ne répond pas, et brise impitoyablement les derniers nœuds qui l'attachent à sa famille.

Un évêque, celui de Nantes, ancien disciple de la Chesnaie, adjurait les adversaires de ne pas triompher devant cette chute [1] :

« Le génie, s'écriait Mgr de Hercé, est une véritable « royauté, et toute royauté déchue mérite des égards. » Il ajoutait :

« Saint Jean était apôtre : il gouvernait toutes les Églises « d'Asie, il avait reposé sur la poitrine adorable du Sau- « veur, et cependant nous le voyons aux pieds d'un chef « de brigands, baisant sa main ensanglantée et l'arro- « sant de ses larmes... Ah! certes, je ne ressemble à saint « Jean que par le caractère épiscopal; mais je suis disposé, « pour l'imiter, à me transporter à Paris, à me jeter aux « pieds de celui qui fut mon maître, et à les lui embrasser, « en le conjurant de ne pas retourner ainsi le poignard « dans le sein maternel qui l'a porté [2]. »

[1] Louis Veuillot écrivait le 24 mai 1846 à Désiré Carrière, un vrai poëte chrétien, qui lui avait envoyé des satires à insérer dans l'*Univers* : « Quant à votre Lamennais, c'est autre chose, et je vous dois les raisons de notre refus. La cause principale en est que M. de Coux a conservé avec M. de Lamennais des relations d'amitié que sa charité ne veut point rompre. Il ne consentira jamais à courir le risque d'ulcérer ce pauvre homme en lui disant inutilement des choses aussi dures que vous en avez mis dans vos alexandrins. Je vous avoue que je partage son sentiment. Nous ne pouvons oublier que M. de Lamennais a rendu à la religion d'immenses services; il a eu le premier toutes les idées que nous défendons, il a fait la brèche par où nous essayons de passer, et, tout en détestant ses fautes, il nous appartient bien plus de le plaindre et de prier pour lui que de l'invectiver. »

[2] MAUPOINT, *Vie de Mgr de Hercé*, p. 188.

S'il eût voulu entendre ce langage sublime de la charité et de l'apostolat, peut-être serait-il revenu !

Mais, poursuivi par les diatribes offensantes d'hommes qu'il ne croyait autorisés ni à le condamner ni même à lui répondre, Félicité de Lamennais, par le fait même de ses grossières attaques, se retrancha de plus en plus dans l'orgueil de son génie, et l'aigle, ainsi harcelé, exagéra de plus en plus les écarts de son vol.

Qu'il entendait mieux sa mission, ce disciple cher entre tous, le Mélanchthon du nouveau Luther, quand, forcé de réfuter les erreurs de son ancien maître, il écrivait :

— Grand Dieu ! pourquoi faut-il que ce soit moi qui sois chargé de montrer le fond de ce précipice?

Après ce cri du cœur, l'abbé Gerbet rappelait un touchant souvenir :

« Il y a dix ans, raconte-t-il, ayant accompagné M. de Lamennais devant un tribunal où il avait été cité à comparaître, je l'entendis déclarer qu'il conserverait et défendrait la foi de Rome jusqu'à son dernier soupir, et peu de temps après, étant tombé malade, il fut pendant quelques jours environné des ombres de l'agonie, et plus environné encore de ces clartés qui commencent à poindre dans les saintes morts. Et pendant que je veillais sur lui, pendant une nuit que je croyais être la dernière, j'ouvris au hasard l'*Imitation,* ce livre de l'âme que son âme avait traduit peu de temps auparavant; j'y lus ces seules paroles : « Et vous aussi, apprenez donc à quitter pour l'amour de Dieu l'ami le plus cher »; et toutefois, je priai, comme tout ami l'eût fait pour un ami dont il sentait la vie bien plus précieuse que la sienne, je priai Dieu d'accepter la mienne en échange, et j'offris à cette intention le saint sacri-

fice. » Après avoir rappelé cet émouvant épisode, Gerbet,
avec un accent où l'on sent le prêtre encore plus que
l'ami, s'interrompt pour s'écrier : « Cette intention, ô mon
Dieu, ce vœu, cette prière, je vous la renouvelle en ce
moment, où je vois dans une fatale vision sa foi pâle et
épuisée, s'agitant convulsivement au sein de la révolte
comme sur un lit de mort. Je vous renouvelle cette offrande,
toute chétive qu'elle est, non plus seulement, comme autrefois, pour vous demander que des jours soient ajoutés à
des jours, mais pour appeler le vrai, l'unique jour, le jour
de la miséricorde; j'unis ma pauvre prière à ces gémissements infinis des saintes âmes qui s'élèvent vers vous de
tous les coins du monde où son nom est parvenu, afin que
la vraie vie lui revienne avec abondance et surabondance,
afin qu'il porte le repentir si haut que les anges du ciel
aient bien peu à descendre pour se réjouir près de lui, afin
que le Père commun, de ses bras toujours ouverts, le pressant contre son cœur, le bénisse de ces bénédictions que
saint Ambroise fit descendre sur Augustin repentant, que
ses amis, dans la vivacité de leur joie, doutent de leur douleur passée comme un songe, et que son frère oublie
même qu'il l'a pleuré [1]. »

Le 27 juillet 1836, le même abbé Gerbet, écrivant à
Albertine de la Ferronnais, la conjurait, avec des accents
déchirants, de prier avec lui pour son ami obstiné : « Priez
pour lui, chère enfant, recommandez-le à votre Albert...
Cette longue et profonde amitié brisée est chose bien
amère... Cette conversion ferait tant de bien à mon cœur
d'homme et de prêtre!... »

[1] GERBET, *Univ. cath.*, III. 77.

Que répondait donc Lamennais à toutes ces instances?
Rien, absolument rien.

Vers 1835, il reçut une étrange visite.

C'était quelque temps après la publication des derniers livres qui avaient si bruyamment proclamé sa défection. Mais ce bruit toutefois n'avait, paraît-il, pu pénétrer chez un brave Juif allemand, en train de lire l'*Essai sur l'indifférence*.

Or, il advint qu'ébranlé par les démonstrations de l'écrivain catholique, l'Israélite quitta son pays pour venir chercher les derniers éclaircissements auprès de l'homme qui avait si puissamment remué sa conscience. Mais quoi! l'auteur de l'*Essai* était déjà l'auteur des *Paroles*.

Il écouta cependant avec tristesse son visiteur, et, au lieu de le détourner de son dessein, il le renvoya à l'abbé Auger, vénérable prêtre de Notre-Dame.

Quand le visiteur fut sorti, Lamennais entra dans un morne silence, qu'il garda obstinément pendant plusieurs jours.

A dix ans de là, M. de Lamennais se trouva un jour dans l'abandon le plus complet. Ses amis d'autrefois n'osaient plus l'aborder, et les amis du lendemain, ceux qui viendront bientôt surveiller sa vieillesse, ces amis des derniers jours n'étaient pas encore venus. Tout lui manquait : la gloire de la veille, la popularité du lendemain. Il y eut là des jours de vide et d'angoisse.

« On vint me dire, raconte M. Laurentie, qu'il était cruel de laisser cette âme dans l'isolement, et que tous ceux qui avaient aimé M. de Lamennais devaient aller l'entourer d'affections, que leur présence lui serait un bon souvenir, et qu'elle suffirait pour réveiller sa vieille foi. Un petit billet devait me donner le droit de franchir les barrières de sa solitude, et il attestait le désir de me revoir. J'allai donc frapper à cette porte, qui depuis si longtemps ne s'était pas ouverte pour moi, et ce fut M. de Lamennais qui vint me l'ouvrir. Quelle entrevue! et quel entretien! Trois heures durant, toutes les vieilles questions furent remuées, et comme elles l'étaient en sens contraire de ma croyance de chrétien et de catholique, j'étais navré, et je dis à M. de Lamennais ma douleur. Il se méprit à mes paroles, et s'écria avec tendresse : — Oh! mon ami, je serais le plus malheureux des hommes, si ce que je vous dis devait vous ôter votre foi! — Mais, repris-je, c'est sur vous que je gémis du fond du cœur, vous qui nous avez enseigné à défendre le christianisme, et qui n'êtes plus chrétien! — Vous vous trompez, je suis chrétien toujours. — Expliquez-moi donc comment vous l'êtes, je vous sup- plie; car, pour moi, le christianisme est quelque chose de très-précis; c'est un ensemble de vérités, ou, si vous voulez, de dogmes, de croyances, de mystères, de sacre- ments, et, pour vous tout dire en un mot, cet ensemble repose sur un dogme fondamental, celui de la présence réelle dans l'Eucharistie. — Et il m'interrompit à ce mot. — Mais, dit-il, *je garde* l'Eucharistie. — Comment! vous gardez l'Eucharistie? — Oui, répondit-il, l'Eucharistie est partout : l'homme mange l'homme, il mange le fruit de son travail; il mange sa sueur [1]... »

Hélas! tout était consommé! A la place de la foi du prê- tre, il n'y avait plus que la chimère du panthéiste.

Un jour, à la Chesnaie, Berryer avait visité Lamennais.

[1] LAURENTIE, *Union* du 10 mars 1864.

Tous les deux, le grand écrivain et le grand orateur, penseurs et poëtes l'un et l'autre, s'acheminèrent au loin, dans la campagne bretonne, et arrivés à un lieu d'où le regard s'étendait sur une nature resplendissante, ils s'assirent et se mirent à échanger leurs pensées sur les richesses de la création. L'abbé de Lamennais prit alors son élan, et laissa voler son intelligence au travers des mondes. Il disait une partie des choses qu'il a depuis exposées dans les livres qui suivirent les *Paroles d'un croyant,* et Berryer l'écoutait, surpris et captivé. Tout à coup, Berryer se lève, en criant avec cette voix vibrante qui remuait les entrailles : « Mon ami, vous me faites peur ! Vous serez « sectaire, et je pressens le mal que vous ferez, à l'empire « qu'en ce moment vous exercez sur moi. » Lamennais le regarda : « Puissé-je, répondit-il à Berryer, puissé-je rentrer plutôt dans le ventre de ma mère [1]!... »

V

Quand il eut soixante ans, Dieu lui ménagea une grande grâce, celle du recueillement que donne la solitude absolue [2].

C'était à Sainte-Pélagie.

Au plus haut de la prison, sous les toits, dans une assez

---

[1] NETTEMENT, *Histoire de la littérature sous la Restauration,* t. II, p. 225.

[2] Lamennais avait été condamné à un an de prison pour délit de presse, par la cour d'assises de la Seine, le 20 décembre 1840.

grande pièce basse, dans une sorte de cachot aérien,
Lamennais a passé sa soixante et unième année.

Il devait vivre encore treize ans.

Dans quelle tristesse! dans quelle amertume [1]! On peut

[1] Un de ceux qui le fréquentaient dans les derniers temps de sa
vie nous a raconté que, pendant qu'il traduisait Dante, Lamennais
lui donna un jour le spectacle d'une scène vraiment saisissante. Il
en était à cet endroit où Dante, arrivé au troisième degré du septième
cercle de l'enfer, aperçoit Capanée, l'impie dont les tortures n'ont
pas brisé l'orgueil, et qui blasphème encore. Il interroge Virgile,
son guide :

Chi è quel grande, che non par che curi
Lo' ncendio, e giace dispettoso e torto
Si, chè la pioggia non par che 'l maturi!
E quel medesmo, che si fue accorto,
Ch'io dimandava 'l mio Duca di lui,
Gridò : Qual io fui vivo, tal son morto.
Se Giove stanche il suo fabbro, da cui
Crucciato prese la olgore facuta,
Onde l'ultimo dì percosso fui ;
E s'egli stanchi gli altri a muta a muta
In Mongibello all fucina negra ;
Gridando : Buon Vulcano, aiuta, aiuta,
Si com' ei fece alla pugna dì Flegra,
E me saetti di tutta sua forza,
Non ne potrebbe aver vendetta allegra *.

Quelle est cette grande ombre à la flamme insensible?
Ce damné qui gît là, dédaigneux et terrible,
Sans que la pluie ardente ait brisé son orgueil?
Le pécheur, à ces mots, qu'il entendit peut-être,
Devançant aussitôt la réponse du maître,
Cria : « Tel je vécus, tel je suis mort. »
Quand même Jupiter lasserait le ministre
Qui lui forgea sa foudre et, dans un jour sinistre,
Arma pour me frapper son furieux transport ;
Quand il fatiguerait tour à tour mains et forges,
Tous les marteaux qu'Etna renferme dans ses gorges,
En criant : Bon Vulcain, au secours, au secours !...
Comme il fit au combat du Phlégra ; fureur vaine !
Quand il épuiserait ses flèches et sa haine,
La joie à sa vengeance aura manqué toujours ** !

A ce dernier vers, Lamennais bondit de sa chaise, dans un élan

* DANTE, *Inferno,* canto decimo quarto, t. 16-21.
** L'*Enfer de Dante,* traduit en vers par Louis RATISBONNE, t. I⁰ʳ, p. 221 et 223.

en juger en lisant les pages désolées où dès longtemps auparavant il racontait l'état de son âme dans la dernière partie de sa vie.

Quels sombres retours sur lui-même! Quelle peinture lugubre de « l'aridité de son âme, que rien ne rafraîchit, « que rien ne rassérène, ni le soleil, ni le chant de l'oi- « seau, ni le bourdonnement de l'insecte sur l'herbe!...

« Mon âme, pourquoi es-tu triste? s'écriait-il sans cesse. « Mon âme, pourquoi pleures-tu? »

Et il ajoutait : « Ah! laissez, laissez pleurer ceux qui « n'ont pas de printemps. »

Il appelait la mort!

La mort arriva!

Il habitait alors, et depuis longtemps, Paris.

Dans la rue du Grand-Chantier, parallèle à la rue du Temple, le vieillard occupait le troisième étage d'une maison tout en pierres de taille, non loin de l'hôtel Carnavalet, qu'habita madame de Sévigné.

La porte cochère, large, mais noire et surbaissée, est ornée d'un grand médaillon qui la surmonte. Une sorte de casque phrygien vient s'y adapter et lui donne un aspect étrange. On dirait un reste de 93. Les conventionnels devaient habiter de ces maisons-là.

Au fond d'une cour peu spacieuse et sévère, un auvent protége le perron et l'escalier d'honneur.

subit, et sa physionomie s'éclaira d'un feu sinistre. Son jeune interlocuteur en fut épouvanté. « Qu'avez-vous, monsieur de Lamennais? » fit-il. — Puis, réfléchissant à la pensée exprimée par la *vendetta allegra,* il ajouta : « Serait-ce parce que vous vous reconnaissez là? » Lamennais le regarda fixement, l'œil rayonnant, et laissa échapper un oui! dont M. E... ne perdra jamais le souvenir.

Vous montez au troisième étage, c'est-à-dire celui qui n'est séparé du toit que par les mansardes.

C'est là, dans une chambre où il n'y avait ni crucifix, ni statuette de la Vierge, ni bénitier, rien de ce qu'on trouve dans les chaumières et les manoirs de Bretagne, dans une chambre froide et désolante, où rien n'annonçait le prêtre; c'est là que mourut Lamennais.

Un dimanche de février 1854, ses nouveaux amis entouraient la couche où le malade respirait à peine.

Il pressa leurs mains : « Ce sont les bons moments », dit-il.

L'un d'eux répondit : « Nous serons toujours unis avec vous! »

Il fit un signe de tête : « C'est bien, nous nous retrouverons. »

La nièce du moribond, appelée de l'Abbaye-aux-Bois, arriva. Elle vit d'un coup d'œil l'imminence de la mort.

— Féli, dit-elle en s'agenouillant, veux-tu un prêtre?... Tu veux un prêtre, n'est-ce pas?

— Non, répondit Lamennais.

— Je t'en supplie, reprit la nièce.

— Non, qu'on me laisse en paix!

On emmena la visiteuse éplorée dans le salon.

— Il est bien triste de le voir mourir comme cela, disait-elle, car enfin, c'est lui qui m'a faite chrétienne.

Lamennais sembla se ranimer.

— Je veux être enterré, dit-il, au milieu des pauvres, et comme les pauvres. On ne mettra rien sur ma tombe, pas même une simple pierre.

Le curé de la paroisse vint frapper à la porte du malade. On l'éconduisit.

Il avait écrit dans son testament :

« Mon corps sera porté directement au cimetière, sans
« être présenté à aucune église. »

Un des amis qui veillaient autour de sa couche lui dit :

— Comment vous trouvez-vous?

— Toujours plus tranquille, répondit-il.

Puis, la main d'un assistant ayant voulu écarter le rideau
pour lui faire voir le jour une dernière fois :

— Laissez, dit-il, il vient me chercher!

Il vécut encore sept heures.

On lui dit que l'archevêque de Paris demandait à le voir.

Il voulut parler.

Mais, ne pouvant plus se faire comprendre, il se retourna
vers la muraille avec un mouvement d'impatience décou-
ragée.

Que se passa-t-il, à ce moment, dans son âme?

C'est le secret de Dieu.

Il se retourna péniblement [1].

Puis il promena autour de lui un regard douloureux,
et peut-être ne voyant pas ceux qu'il cherchait, il se prit
à pleurer.

L'agonie vint. Le regard perdu dans le vague, il cherchait toujours, et, à travers les ombres, il interrogeait.

Une larme, la dernière, coula lentement sur sa joue
creuse.

Il était mort!...

---

[1] Dans la première édition de cet ouvrage, sur la foi d'un biographe,
nous avions ajouté : « Il fit signe qu'il voulait parler. D'une voix
« éteinte, on l'entendit qu'il murmurait ces mots, les derniers qu'il ait
« prononcés : — Où est Lacordaire? » Un témoin des derniers moments nous a affirmé l'inexactitude de ce détail.

Sa vie, comme il l'a définie lui-même, avait été une de ces vallées étroites et longues qui commencent par un beau ciel, par un sol fécond, et qui finissent par des nuages sombres, par un sol aride, par des rochers mornes et des arbres déracinés.

Ainsi disparut de ce monde cet homme né pour être grand ;

Ce rare esprit, victime de sa force de logicien impitoyable mise au service d'un principe faux ;

Ce prêtre, qui finit par être un sectaire, et un sectaire sans dogme ;

Ce philosophe, qui ne fut plus à la fin qu'un rêveur ;

Ce journaliste, qui n'était plus qu'un pamphlétaire ;

Ce politique, qui aboutit au démagogue.

Un ami courut chez Gerbet.

Il le trouva avec Salinis, alors évêque d'Amiens. Gerbet l'écouta, atterré, et, quand le récit lugubre fut fini, trop affecté pour pouvoir parler longuement, Gerbet tomba à genoux, fondant en larmes, et disant : « Seigneur, grâce « et miséricorde [1] ! »

Les funérailles eurent lieu presque furtivement. L'heure en fut avancée par la police, qui craignait des troubles. Six personnes suivaient le corbillard, dont la force armée écartait la foule. Mort le 27 février, il fut enterré le 1ᵉʳ mars 1854.

Le cercueil, raconte son neveu, exécuteur testamentaire des volontés du défunt, fut descendu dans une de ces longues hideuses tranchées où l'on enterre le peuple.

Lorsqu'il fut recouvert de terre, le fossoyeur demanda :

[1] LADOUE, *Vie de Mgr Gerbet*, t. Iᵉʳ, p. 291.

— Y a-t-il une croix?

Barbet répondit : « Non! »

Et les amis partirent.

Ainsi finit le prêtre qui était né pour être le Bossuet du dix-neuvième siècle!

FIN

TABLE DES MATIÈRES.

VI. — FONDATION ET DÉBUTS DE L'ÉCOLE MENAISIENNE.

VII. — LES ŒUVRES ASCÉTIQUES DE LAMENNAIS.

XI. — LA CONDAMNATION.

XII. — LES *Paroles d'un croyant*.

XIII. — LA FIN DE LAMENNAIS.

FIN DE LA TABLE DES MATIÈRES.

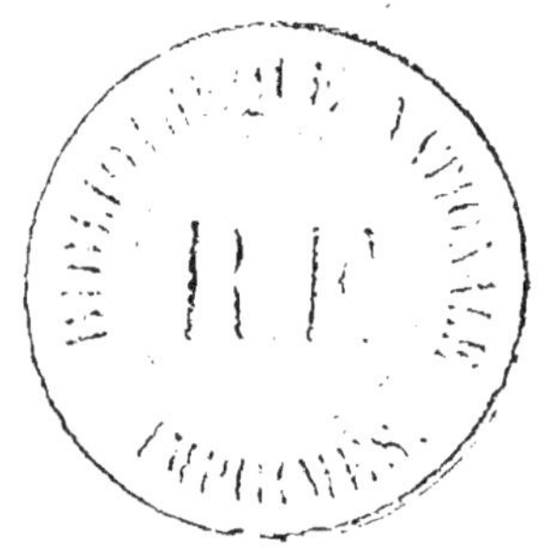

PARIS. TYPOGRAPHIE DE E. PLON, NOURRIT ET Cⁱᵉ, RUE GARANCIÈRE, 8.

9 782011 289261